佛祖 禪文化研究院

研究시리즈Ⅶ

頓悟入道要門論

鄭 唯 眞 譯註

경서원
2009

*이 저서는

동국대학교 저서 번역 장려금 지원에 의하여 이루어졌음*

머 리 말

마조도일(709~788)의 문하에서 6년간 수행하여 확철대오했다고 전해지는 대주혜해의 『돈오입도요문론』은 혜해 자신의 선수행체험을 바탕으로 하여 쓴 것이다. 다시 말해서 대주는 마조로부터 선체험을 인가받았지만 『돈오입도요문론』은 불법의 정신을 자신이 직접 체험한 사상을 토대로 하여 觀心釋하고 있다. 예를 들면 유무, 선악, 시비, 증애 등 양변을 동시에 초월하는 것을 대주는 二性空으로 표현하고 있는데 이는 대승불교에서 주장하고 있는 반야바라밀과 같은 의미이다.

반야바라밀이란 '공' 그 자체도 공하기 때문에 공을 뛰어넘는 것을 말한다. 간단히 말해서 공에 투철하는 것이 반야바라밀이다. 그러므로 반야바라밀은 어디에도 머무르지 않는 무한한 초월을 의미한다. 이 반야바라밀이라는 말은 육조혜능(638~713)이나 하택신회(684~758)의 시대까지 자주 쓰이다가 마조 이후가 되면 잘 쓰이지 않게 된다. 대주도 이런 전통불교의 용어인 반야바라밀이라는 말 대신 二性空이라는 새로운 말을 창안하여 자신의 선체험 정신을 역설하고 있다.

앞에서 언급한 바와 같이 대주는 분명히 마조로부터 인가를 받았지만 그의 사상은 신회의 사상을 계승하고 있다. 그 증거로서 그의 어록 도처에 신회의 말을 그대로 옮겨 놓은 것이 한 두 곳이 아니다. 또 "선은 반야다"라고 선언한 사람이 신회이다. 이런 신회의 반야사상을 계승하여 대주는 반야바라밀에 철저히 하는 입장을 二性空이라는 말로 표현하고 있다.

『돈오입도요문론』은 초기 선사상을 이해하기 위해서는 반드시 읽어야 할 필독서이다. 이 어록을 읽을 때는 또 사상적으로 유사한 『신회어록』과 그리고 돈황본 『육조단경』을 함께 서로 비교하여 읽어야 선사상의 추이를 알 수 있다.

明나라 홍무7년(1374)에 처음으로 본서를 편집한 묘협은 이 책에 '諸方門人參問語錄1권'을 더하여 상하 두 권으로 나누었으며, 후에 또 '初祖菩提達磨大師安心法門'을 부록으로 첨가하여 『돈오입도요문론』이라고 제명했지만 본 원고에서는 初祖菩提達磨大師安心法門은 대주와 상관없기 때문에 제외했으며, 諸方門人參問語錄은 돈오입도요문론 다음에 이어서 게재했다.

끝으로 부처님의 말씀을 전파하기 위하여 불철주야로 노력하고 계시는 경서원 이규택 사장님을 비롯한 임직원 모두에게 부처님의 두터운 가호를 빕니다.

불기 2553(2009)년 1월 16일

금곡산하 불조선문화연구원에서 活空唯眞 화남

차 례

諸方門人參問語錄

<부록>

미리 봐 두기

(1) 본 역주본은 平野宗淨, 『頓悟要門』(禪の語錄6), 筑摩書房, 昭和45년판을 참조하여 번역한 것이다.

(2) 원문은 正保3년(1646)판을 저본으로 하여 속장경본, 중화민국6년 長沙刊本, 岩波文庫本, 金澤文庫本 등 諸本과 校合했다.

(3) 본문의 字句에 의심스러운 부분이나 중요한 차이가 발견되는 부분에 대해서는 중점적으로 주기를 했다.

(4) 出典은 이해의 편의상 필요하다고 생각되는 경우에는 원문에 인용된 것 이에 전후의 글을 더 인용해 두었다.

(5) 단락을 나눈 것과 각 단락의 번호는 암파문고본에 따랐다.

(6) 각 단락의 標題는 그 단락의 내용에 의거하여 붙인 것이다.

(7) 『頓悟入道要門論』의 주기 가운데 특히 신회의 말과 일치하는 부분은 신회의 원문과 해석을 병기하여 비교해서 볼 수 있도록 했다.

『頓悟入道要門論』에 대하여

平野宗淨

—1—

『돈오입도요문론』(*A Treaties on the Essence of Sudden Awakening*)은 중국 당대의 선장 마조도일(709~788)의 法嗣인 大珠慧海(생몰 년대 미상)의 어록이다. 어록이라 해도 후대 유명하게 된 『임제록』과 『벽암록』 등과는 그 성질이 다르다. 일반적으로 선의 어록이라 하는 것은 선의 師匠의 언행을 그 제자나 손제자들이 기록한 것이 많다. 다시 말해서 『諸方門人參問語錄』이라 제목을 붙인 것이 그것에 상당할 것이다. 그것에 대하여 『돈오입도요문론』은 저자 大珠慧海가 스스로 붓을 잡고 찬술한 것으로 그 이름도 「語錄」이 아니라 「論」이라고 이름을 짓고 있는 것으로도 알 수 있지만 선의 문헌으로서는 그 형식상에서 오래된 방식에 속한다. 부연하면 어록이라는 것은 선장의 말과 행동을 본인이 직접 기록하지 않고 제3자인 제자나 손제자들이 기록해 놓은 일종의 言行錄이다. 그러나 『돈오입도요문론』은 자필로 찬술한 것이고, 그 이름도 「어록」이라 하지 않고 「論」이라고 한 점에 주목을 해야 한다. 이와 같이 초기에는 어록이라는 말을 쓰지 않고 「語本」·「要語」·「廣語」라 했고, 아니면 간단하게 「語」라고도 했다. 『보림전』과 『조당집』은 물론이고, 심지어 『경덕전등록』에서 조차도 어록이라는 구체적인 술어는 보이지 않는다. 아마 선종에서 어록이란 말이 최초로 등장하는 곳은 宋初의 『송고승전』일 것이다.

이것에 대해서는 나중에 다시 고찰하기로 하고, 도대체 이 『돈오입도요문론』은 중국에서 어느 정도 널리 읽혀졌던 것일까? 송초의 『종경록』에는 「大珠和尙云」이라고 하면서 『돈요입도요문론』하권의 제11단, 제35단의 각단부터 인용한 글이 있지만 현재 『돈오입도요문론』에 없는 부분을 포함하고 있어서 당시에는 여러 종류의 異本이 존재했을 것이라고 추측된다. 金澤文庫本 『돈오입도요문론』의 寫本은 그 서문의 처음에 建安魏信刊이라고 있기 때문에 唐의 福建省 甌縣이나 송초의 江蘇省 儀徵縣, 그 둘 중 어느 한 쪽의 建安에서 開版되어 있었던 것이 확실하다. 『종경록』에 인용된 것과 함께 생각해 보면 『돈오입도요문론』은 아주 옛날부터 널리 읽혀지고 있었던 것이 아닐까 추측해 본다.

그런데 일본에서는 언제인지는 확실하게 알 수 없지만 金澤文庫本이 稱名寺 2세 劍阿上人(1261~1338)의 글씨라고 하기 때문에 가장 오래된 사본임에 틀림없다. 그러나 이것이 창고 안에 깊숙이 잠자고 있어서 萬曆版의 復刊인 正保3년(1646)판이 나올 때까지 전혀 그 이름조차도 알려지지 않았던 것이다. 더구나 그 후의 일본에서 역대 선장의 언행록이나 저서를 보아도 본서에 대하여 언급하고 있는 것은 거의 없다. 필자가 알고 있는 한에서는 無著道忠(1653~1745)의 『五家正宗贊助桀』 무렵일 것이다. 明治 이후의 각파 전문도량에서도 특별히 제창하거나 강의한 적은 없었던 것 같다. 『임제록』·『벽암록』『무문관』 등의 어록류에 견주어 보아 결코 손색이 없음에도 불구하고 형식이 소박하다는 것과 提唱하기에 적합한 내용이 아니라고 하는 것과 또 특히 白隱 이후 공안선과는 상당히 어조가 다르기 때문에 칭찬받지 못했던 것이다. 昭和가 되어 宇井伯壽가 암파문고에서 교정본을 내고 나서는 새로 재인식하기 시작한 것 같다.

—2—

대주혜해가 생존한 서력 800년 전후 중국 선종의 상태를 조망해 보면 동산법문과 우두선과의 대결, 육조혜능(638~713)의 대두, 그리고 하택신회(684~758)와 신수계인 북종선과의 대결 등이 있은 후 마조도일(709~788)이 나왔다. 그 문하의 융성함은 空前絶後, 바야흐로 중국선의 황금시대가 출현한 것이다. 대주혜해와 거의 동시대 생존한 유명한 선장들을 들어보면 같은 마조계에서는 石鞏慧藏·百丈懷海(749~814)·盤山寶積·麻谷寶徹·塩官齊安(?~842)·大梅法常(752~839)·南泉普願(748~834) 등이 있고, 靑原行思(?~740)의 계통에는 石頭希遷(700~791)·藥山惟儼(751~834) 등이 있다. 또 대주에게 가장 많은 영향을 주었다고 생각되는 荷澤神會(684~758)는 마조도일(709~788)과 거의 동시대 인물이다. 신회의 5세라고 자칭하는 규봉종밀(780~841)은 그 약간 아래이다. 화엄 쪽에서는 징관(738~839)이, 천태 쪽에서는 湛然(711~782)이, 일본에서는 最澄이 거의 동시대에 출현했다.

그런데 대주혜해의 전기에 대해서는 그다지 명료하지 않다. 생년도 몰년도 정확하게 알 수 없다. 성은 朱씨이고, 建州(福建省)에서 태어나 越州(절강성)의 大雲寺 道智和尙 밑으로 출가하여 得度했다. 뒤에 강서의 마조도일에게 참알하여 확철대오하고 6년간 수행했지만 受業의 스승인 도지화상이 연로하여 쇠약했기 때문에 대운사로 되돌아가 그대로 거기에서 생을 마친 것 같다. 마조를 6년간 隨侍했다고 하는 것만이 유일한 단서이다. 거기서부터 전후의 연대를 추량하는 것 이외에 별다른 방법이 없다.

선사가 「大珠」라고 부르게 된 인연에 대해서는 그의 法嗣인 玄晏이라는 사람이 스승의 『돈오입도요문론』의 원고를 가지고 마조도일의 처소로 가서 그것을 그에게 보이자 도일은 한 번 읽고 크게 칭찬하면서 말하기를, "월주에 大珠(큰 구슬)가 있는데 그 둥글고 밝은 광명이 제 마음대로 투과하며 자유자재로 막히는 곳이 없다"고 하며 인가했다고 전한다. 「大珠」라고 하는 것은 그의 속성인 「朱」를 같은 字音의 「珠」와 통하게 하여 「큰 진주」라는 의미를 가지게 한 것이다. 그 이후 혜해를 대주화상이라 부르게 되었다고 한다. 이것에 대해서는 본서 『제방문인참문어록』의 제1단에 진술하고 있다.

—3—

이 책은 『돈오입도요문론』만이 원래의 모양이었다. 이 책을 최초로 편집했다고 생각되는 명나라 초기의 妙叶이 洪武2년(1396)에 허물어진 상자 가운데서 발견했다고 하는 것은 바로 이 『돈오입도요문론』뿐이었다. 더구나 그것이 사본이었는지 판본이었는지조차도 알 수 없다. 묘협의 후서에 의하면 그는 그것에 『諸宗所問語錄』1卷을 보태어 상하2권으로 편집하고, 또 그 후에 달마대사의 『안심법문』을 덧붙여 모두 『돈오요문』이라고 제명했다고 하기 때문에 현재 본서의 체재는 묘협에 의하여 결정된 것임을 알 수 있다.

그런데 그가 『諸宗所問語錄』이라 하고 있는 것은 현재의 텍스트에 『諸方門人參問語錄』으로 되어 있는 것과 서로 다르지 않다. 이 篇名은 후대의 萬曆版이라든가 혹은 그 이전의 판본에서 변경한 것일 것이다. 그 내용은 실제로 『경덕전등록』 가운데 혜해에 관한 기록을 발췌하여 재구성한 것이다. 다시 말해서 본서의 『제방문인참문어록』제1단부터 제9단까지는 『경덕전등록』권6의 「大珠慧海禪師傳」의 부분을 그대로 게재한 것이며, 같은 제10단부터 마지막의 제40단까지는 同書 권28의 「大珠慧海和尙語」를 그대로 게재한 것이다. 양쪽을 합하여 『제방문인참문어록』이라고 이름붙인 것이다.

『경덕전등록』보다 50여년 빠르게 편집된 『조당집』(952년 성립)에도 혜해의 어록이 수록되어 있지만 『전등록』과 비교해 보면 내용의 상이는 상당히 크다. 『조당집』권14에 4페이지를 차지하는 그 어록 중에 전반 2페이지는 『제방문인참문어록』 제11단의 중간부터 제20단의 중간까지에 해당하며, 그 다음의 부분은 제3단부터 제4단까지, 그 후 끝까지는 제14단의 중간까지에 상당한다. 이것을 보아도 『경덕전등록』이 『조당집』을 답습했다고 생각하지 않는다. 『조당집』은 청원계를 먼저 수록하고, 남악계를 나중에 수록하고 있는데 반해 『전등록』은 남악계를 먼저 쓰고, 청원계를 나중에 쓰고 있어서 양자의 입장은 명확히 다르다. 남악계인 대주혜해의 어록의 게재량이 『조당집』에서 훨씬 적은 이유 중 하나는 바로 여기에 있다. 어쨌든 『돈오입도요문론』과 『경덕전등록』에서 집성한 『제방문인참문어록』과 『조당집』의 세 가지에 의하여 대주혜해의 언행은 모두 미루어 알 수 있는 것이다. 또 묘협이 편집에 사용한 『경덕전등록』은 校合의 결과로부터 보면 송판 혹은 원판 중 그 어느 것이며, 분명히 명판은 아니다.

최후에 부가된 『안심법문』에 대해서는 이것이 본서와는 원래 하등의 관계도 없다. 『안심법문』은 본 총서(선의 어록1)에 柳田聖山이 역주한 『達摩の語錄』 가운데 이미 취급되어 있기 때문에 본서에서는 제외한 것이다. 편자 묘협이 굳이 이 一篇을 부록한 것은 우정백수가 추찰한 것처럼 아마 그 당시 이것이 대단히 귀중한 자료이었기 때문일 것이다.

그런데 『돈오입도요문론』의 필자는 『제방문인참문어록』의 주인공인 대주혜해와는 別人이 아닐까하는 의문이 있다. 그 근거를 들어보면 우선 이 『돈오입도요문론』의 형식이 매우 오래되었다고 하는 것이다. 이러한 문답체 형식은 대개 마조 이전의 것으로 『이입사행론』·『절관론』·『무심론』·『觀門』·『수심요론』 등이 그러하며, 그 밖에 돈황사본에도 많이 보인다. 또 최초의 제1단에 「稽首하여 十方諸佛…」이라고 하는 귀경게가 있는 것도 옛날 禪書의 통례이고, 또 「무생심」·「무주심」이라는 철학적인 용어는 신회의 시대나 혹은 그 이전의 것이다. 그 외 인용되고 있는 경전을 보더라도 오늘날 돈황사본 이외는 볼 수 없는 『선문경』·『불설법구경』·『방광경』·(또는 『대승오방편』) 등이 인용되고 있다고 하는 것도 본서가 오래 되었음을 보여주는 것이 아닐까? 그러나 『제방문인참문어록』과의 내용적인 연결은 역시 대단히 깊은 것이 있기 때문에 이것만의 근거로써 『돈오입도요문론』과 『제방문인참문어록』과를 끊어 버릴 수는 없을 것이다. 현재의 단계에서는 다만 의문을 남겨 둘 수밖에 없다.

—4—

편자 묘협, 서문을 쓴 崇裕(1304~1378), 후서를 쓴 萬金에 대해서는 우정백수가 조사한 이상의 것은 알 수 없다.

숭유(1304~1378)는 扶宗法師라고 한다. 阿育王山(절강성

鄞縣의 동쪽, 그 산에 아육왕사가 있음)에 주석했으며, 『補續高僧傳』에 전기가 실려 있다. 후서를 쓴 만금에 대해서는 전혀 알 수 없다. 편자 묘협에 대해서는 숭유의 서문에 의하면 四明(절강성 鄞縣의 서남쪽, 余姚縣의 남쪽) 翠山의 大中理라는 사람의 제자이고, 維那(지금의 유나와는 달리 대중을 단속하는 役)의 소임을 보고 있었다는 것을 알 수 있다. 묘협은 따로 『寶王三昧念佛直指』 상하2권(『대정장』 권47)을 편집했다. 이것은 홍무28년(1395)의 일이다. 숭유의 서문이 홍무6년(1373) 봄에, 萬金의 後序가 동년 가을에, 묘협의 후서가 홍무7년(1374) 봄에 각각 이루어졌기 때문에 1373년 봄부터 1374년 봄까지의 사이에 묘협이 편집한 『돈오입도요문론』 2권의 초판이 公刊된 셈이다. 그러나 이 판은 현재 볼 수 없다. 그 후 만력25년(1597) 여름에 徑山의 興聖萬壽寺에서 吳江居士 吳瑞徵이 죽은 부모의 명복을 빌기 위하여 역시 상하2권으로 하여 간행했지만 이것도 또한 볼 수 없다. 이 형의 판본으로서 우리들이 볼 수 있는 가장 오래된 것은 일본에서 正保3년(1646) 봄에 中野是誰에 의해서 간행된 이른바 正保版이다. 이 奧書에는 「正保丙戌仲秋吉旦, 中野氏是誰重刊行」이라고 있지만 이 「重刊行」이라는 의미는 아마 만력판을 중간했다고 하는 것일 것이다. 그러한 것은 그 권말에 吳江居士가 出資한 유래와 만력25년이라고 하는 년호를 그대로 간직하고 있기 때문이다. 다만 오서의 「中野氏是誰重刊行」이라는 8자를 빼고, 그 대신에 「開版之」라는 것이 들어가 있다. 또 만력판의 오서는 정보판에 의하여 보면 상권에는 吳瑞徵의 아버지의 명복을 위하여, 하권에는 그 어머니의 명복을 위하여라고 하는 말이 각각 있다. 또 판본의 刻者 이름이 상권에는 堯刻, 하권에는 舜刻이라고 나누어 쓰고 있던 것이 貝葉本에서는 하권 쪽은 모두 빠져 있다. 이밖에 『대일본속장경』에 수록되어 있지만 이본에서는 『돈오입도요문론』과 『제방문인참문어록』은 별책으로 보고 있다. 속장경본이 이와 같이 두 책으로 나눈 것은 우정백수가 말한 것처럼 속장경의 편집자가 『돈오요문론』이라 한 것은 『돈오입도요문론』의 약칭이며, 『제방문인참문어록』을 포함해서는 안 된다고 생각한 것이다. 그래서 전자를 나누어 독립시키고, 후자를 별책으로 한 것일 것이다. 宇井伯壽는 그 증거로서 속장경본의 『돈오입도요문론』에는 崇裕의 서를 특히 原序라고 하여 덧붙여져 있는 것을 지적하고 있다. 속장경 외에 중화민국6년(1917)에 長沙刻經處刊本이 있는데 이것은 숭유의 서를 「大珠禪師語錄原序」라고 하고 있기 때문에 속장경본을 저본으로 하여 교정한 것일 거라고 추측된다. 또 만금의 후서를 권두에 序로서 게재하고, 하권의 권말에는 묘협의 후서만을 두고, 이것에 「大珠禪師語錄後序」라고 제명하고 있다. 그 내용은 속장본을 조금 校改하고 있다. 이 본은 또 홍콩 선학회가 불기2507년이라는 年號를 넣어 『전심법요』의 광서10년(1884)의 金陵刻本과 합하여 1책으로 영인한 것이 있다.

이상의 외에 가장 주목하지 않으면 안 되는 것은 전술한 금택문고본이다. 이번에 아쉽기는 하지만 교합하여 출판하지 못했다(총서 <선의 어록6>을 말함). 이 고사본은 유포본의 상권, 『돈오입도요문론』에 해당하며, 유포본과는 다른 서문이 붙어 있다. 建安魏信刊이라고 명기하고 있기 때문에 이미 건안의 위신이라는 사람이 開版했다고 하는 것이며, 묘협이 발견한 본은 혹시 이 판본이었는지도 모른다. 또한 이 금택금고본에 대해서는 『인도학불교학연구』제18권 1호에 柳田聖山이 「선종어록의 형성」이라는 제목의 논문에 상술되어 있기 때문에 참조하면 된다.

여하튼 현재까지 공간된 텍스트로써 가장 특필할 만한 것은 역시 소화13년(938)에 우정백수가 교정하고 주석한 암파문고본이다. 본문에 구두점을 붙이고, 단락을 새로 나눈 것 외에 읽어 내려가는 글을 첨부하여 正保本・續藏本・中華本(宣統2년, 常州刊本)・『경덕전등록』・『조당집』등과 교합하여 주기를 붙인 것은 지금까지 그다지 햇빛을 보지 못했던 이 책을 전문가뿐만 아니라 일반 독서인에게도 널리 소개한 최초의 것으로서 대단히 의미가 깊은 것이다. 이전에 목판본의 表題가 『돈오요문론』으로 되어 있던 것을 묘협의 발문으로부터 추론하여 상하의 합본은 바르게 『돈오요문』이라 명명하지 않으면 안 된다고 생각한 것은 어쩌면 우정백수의 탁견이다. 다만 본문의 句讀과 읽어 내려가는 방법에 적지 않은 오류가 보이는 것은 아쉽다.

앞서 말한 것처럼 우리의 눈으로 볼 수 있는 판본으로서 본서의 역사는 극히 짧지만 그러나 『돈오요문론』 그 자체의 역사는 약 1180전까지 거슬러 올라가는 것이다. 형식이나 내용으로부터 말을 해도 그 유래는 확실히 오래된 것이라고 말하지 않으면 안 된다.

—5—

이 책을 한마디로 평가한다고 한다면 소박하다는 말로 다할 수 있을 것이다. 후세에 유행하는 선어록처럼 함부로 棒喝을 휘두르는 것 등은 전혀 없고, 또 난해한 말이 많이 나오지도 않는다. 오히려 평범하다는 생각이 들 정도이다. 아니, 실은 참된 선이라고 하는 것은 사람을 놀라게 하거나 사람이 할 수 없는 것을 해 보이거나 하는 것은 없다.

우선 주목해야 하는 것은 대주혜해라고 하는 사람이 경·율·론의 불교학을 대강 근거로 하고 있다는 점이다. 이 책을 통독하면 불교학의 기초적인 단어는 대충 나오는 것을 알 수 있다. 또 깊은 의미의 선학입문이라고 말해도 좋을지 모른다. 그러나 입문서라고 말해도 단순히 <입구>라든가 <초보>만을 의미하는 것은 결코 아니다. 입문서임과 동시에 奧義書이기도 하다. 선의 奧義는 여기에 다하고 있다고 말해도 좋다. 이것 이상 어려운 어떠한 것이 있다고 생각하면 틀린 것이다. 『제방문인참문어록』에서 이루어지고 있는 화엄종 스님이나 천대종의 스님, 율종의 스님 등 각 종파의 승려들과의 문답을 보면 알 수 있는 것처럼 매우 난해한 교의와 관련된 질문에 대해서도 바로 그 자리에서 명쾌한 해답을 준다. 이것은 깊은 선체험과 불교학 전반에 걸친 높은 교양이 이와 같은 자유자재의 해답이 되어 나타난 것이라고 말해도 좋다.

그런데 그의 불교학은 무엇이 중심이 되어 있었던 것일까? 본서의 가운데서 가장 많이 인용되고 있는 경전은 우선 『유마경』을 들 수 있다. 전체 약 24개소에 나온다. 다음으로 『금강경』이 약 14개소, 그 다음은 『열반경』·『능가경』·『화엄경』·『기신론』·『법화경』 등이 수시로 인용된다. 그것에 『선문경』이 두 세 개소에 인용되고 있는 것은 조금 드문 예이다. 그 중에서도 『유마경』이 초기의 선종과 밀접한 관계를 가지고 있는 것은 말할 필요도 없다. 달마의 어록이라고 말해지는 『이입사행론』이나 우두법융(594~657)의 저작이라고 하는 『절관론』 등에도 특히 『유마경』의 인용이 많다. 이 『돈오입도요문론』과 같은 계열로 조금 뒤에 나온 『전심법요』에서도 『유마경』과 『금강경』이 가장 많이 인용되고 있는 것과 비교하면 매우 비슷한 점이 있는 것이 확실하다. 선을 사상적으로 표현하려면 반야사상을 빌려오는 것이 가장 손쉽고 빠른 방법이다. 초기 선사상의 근저는 대개 유마적 발상의 반야사상임에 틀림없다. 예를 들면 본서의 상권 『돈오입도요문론』제14단에서 「만약 이러한 뜻을 깨달으면 곧 바로 증득할 것도 없음을 알게 될 것이다. 얻을 것도 없고 증득할 것도 없는 것이 곧 불법을 증득하는 것이다」고 한 것이나 제31단의 「비록 공을 닦을지라도 공으로써 깨달음을 삼지 않고, 비록 보리·열반·무상·

무작을 닦을지라도 무상과 무작 등으로써 깨달음을 삼지 않는 것」이라고 한 것 등은 그 하나의 예에 불과하지만 이와 같은 발상은 여러 곳에 보인다. 그렇다고 할지라도 대주는 특별히 어떤 불교사상이나 선사상을 연구하거나 발표하기 하기 위하여 『유마경』을 인용한 것이 아니라 그의 선체험을 표현하기 위하여 우연히 『유마경』에 비교적 그것에 가까운 말이 있었기 때문에 그것을 인용했을 뿐이다. 따라서 대주의 사상은 유마라든가 반야라든가 하는 것에 한정해 버리는 것은 천박한 것이어서 대주의 진의를 잃어버리는 것이 될 것이다.

본서를 읽고 대주 사상의 특징으로서 눈에 띄는 말은 「二性空」이다. 이것은 『돈오입도요문론』만의 독특한 사상이기도 하다. 『돈오입도요문론』제9단과 제10단에서 이 말에 대한 친절한 설명이 있으며, 제12단 제15단, 제21단, 제25단, 제34단, 제41단의 각단에 각각 자유롭게 구사되어 있다. 그런데 『제방문인참문어록』을 통독해 보면 알 수 있지만 거기에는 이 말이 한 번도 나오지 않는다. 「無生心」 「無住心」 등도 그러하다. 물론 『돈오입도요문론』과 『제방문인참문어록』은 성질이 다르다. 전자는 자신이 직접 쓴 것이지만 후자는 대기설법을 제자들이 필사한 것이기 때문에 그와 같은 상위가 있는 것은 당연하다고 말할 수 있을 것이다. 다시 말해서 『돈오입도요문론』은 논문이기 때문에 반야사상을 표현하기 위하여 적절한 용어를 숙고한 끝에 「二性空」이라는 말을 찾아내어 그것을 적극적으로 사용한 것일 것이다. 『제방문인참문어록』에는 이 「이

성공」이란 말이 없는 것이 이상하게 여겨지지만 대기설법이라는 성질로부터 생각해 보면 이와 같이 특별한 理念用語를 고집하고 있지 않은 것이 오히려 자연스러울지도 모른다. 그러나 사고방식을 바꾸면 이것이 『돈오입도요문론』과 『제방문인참문어록』과의 연계에 대한 의문의 재료도 되는 것이다.

—6—

앞에서 서술한 경전류 외에 본서에는 전대의 禪書로부터의 투영도 상당히 농후한 것이 있다. 그 주된 것으로써 『신회어록』·『육조단경』·『절관론』·『수심요론』 등이 있다. 이들의 서명은 본문에는 전혀 거명하고 있지 않지만 내용을 보면 거의 틀림없다. 그 중에서도 특히 『신회어록』의 영향은 가장 크다. 이것 외에 같은 신회의 『현종기』와 『남양화상돈교해탈선문직료성단어』로부터의 인용이 전부 18곳이 보인다. 어떤 부분은 인용하고 있다기보다 오히려 그것을 그대로 옮겨 놓은 듯한 것도 있다. 그에게 있어서 神會的 발상의 가장 현저한 예는 『돈오입도요문론』 제38단의 「문, "어떤 것이 중도의 뜻인가?" 답, "가(邊)의 뜻이 중도의 뜻이다." 문, "지금 중도의 뜻을 물었는데 무엇 때문에 가의 뜻이 중도의 뜻이라고 하는가?" 답, "<가>는 <중간>을 말미암아 세워지고 <중간>은 <가>를 말미암아 생겨난다. 만약 본래 <가>가 없다면 <중간>은 어디에 있을 수 있겠는가"」에 나타나 있다. 이것은 『

신회어록』제5단의 내용과 완전히 같으며, 이 논법은 같은 제2단의 「질문, "무엇이 항상의 뜻입니까?" 대답, "무상이 항상의 뜻입니다." 또 질문, "지금 항상의 의미를 물었는데 어찌하여 무상이 항상의 뜻이라고 대답하십니까?" 대답, "무상이 있으므로 인하여 비로소 항상을 설하는 것입니다. 만약 무상이 없다면 또한 항상의 뜻(常義)도 없는 것입니다. … 」라고 한 것 외에 『신회어록』의 도처에 보인다. 본서 『돈오입도요문론』제37단의 「문, "어떤 것이 무위법인가?" 답, "유위법이 무위법이다. … "」라는 것도 역시 같은 예이다.

그런데 신회로부터 깊은 영향에 대해서는 상술한 여러 예들 외에도 『제방문인참문어록』제9단에 석정본 『남양화상문답잡징의』제30단에 나오는 「青青翠竹盡是法身, 鬱鬱黃花無非般若.(푸르고 푸른 취죽이 모두 다 법신이며, 우거진 황화가 반야 아닌 것이 없다.)」라는 구를 인용하고 있고, 그리고 신회와 같이 「無情有佛性」의 설을 인정하고 있지 않는 것은 특히 주목해야 하는 것이다. 이것에 대해서는 大慧普覺禪師가 그의 『普說』권15에 혜충국사의 법신설과 함께 상세하게 논하고 있기 때문에 참조하기 바란다. 대주자신이 마조문하이면서 계통이 다른 신회의 영향을 이 정도로 강하게 받고 있다고 하는 것은 오늘날 우리들의 눈으로 보면 불합리한 것 같은 기분마저 든다. 이 『돈오입도요문론』을 마조가 칭찬했다고 하기 때문에 마조나 대주는 본서에 관한한 종파근성이라는 것이 없다. 이 점에 대해서만은 너그럽다고 말할 수 있을 것이다. 그러나 반대로 생각하면 그 내용으로부터 추찰하여 대주가 마조문하이었다고 하는 통설에 대한 의문이 여기에서 생기게 된다.

그밖에 다른 禪書와 관계가 깊은 말에 「見性」이라는 말이 있다. 이것은 우두계통의 선서나 『신회어록』 『육조단경』 등에 보이는 것이지만 이것을 가장 강조한 어록이 『혈맥론』이다. 본서의 「見性」을 다루는 방법에 있어서 『돈오입도요문론』과 『제방문인참문어록』의 양자는 상당히 다르다. 『돈오입도요문론』에서는 「聞의 性」 등과 같은 의미로써 「見의 性」이라는 형태(제8단)로 사용되고 있지만 『제방문인참문어록』에서는 완전히 오늘날 말하고 있는 「깨달음」과 같은 의미로 사용되고 있다(제14단, 제15단, 제19단, 제22단, 제28단, 제30). 다시 말해서 우두계나 신회의 근처로부터 영향을 받은 「見性」이란 말은 오히려 『제방문인참문어록』 쪽에서 더 많이 수용되어 있다. 더구나 발전시키고 있는 것 같은 느낌이 있다. 거기에는 『혈맥론』과의 관계가 간파된다. 『혈맥론』이 대주에게 영향을 준 것인지, 아니면 역으로 대주가 『혈맥론』에 영향을 준 것인지에 대해서는 알 수 없다(『혈맥론』이 달마의 찬술이 아니라 마조계의 후인이 擬作한 것임에 틀림없다고 하는 것은 주지하는 바와 같다). 예를 들면 『제방문인참문어록』 제14단의 「만약 본성을 본 사람이라면 <무엇이다>라고 말해도 좋고, <무엇이 아니다>라고 말해도 좋다」라든가 같은 제15단의 「본성을 본 사람은 이미 범부가 아니며, 최상의 불법을 돈오하여 범부도 성인도 모두 초월해 버린다」고 하는 글을 『혈맥론』의 「만약 견성하면 부처이고, 견성하지 못하면 중생이다. … (若見性即是佛, 不見性即是衆生. …) →(『대정장』권48, p.374상)」과 「만약 부처를 찾고자 한다면 곧 바로 견성해야 한다. 본성이 부처이다. 부처는 자유로운 사람으로서 일도 없고 짓는 것도 없는 사람이다(若要覓佛, 直須見性. 性即是佛. 佛即是自在人, 無事無作人.) →(『대정장』권48, p.373하)」라고 한 것과 비교해 보아도 그 사상과 내용이 극히 가까운 것을 알 수 있다(실은 본서에 『혈맥론』의 인용은 거의 없다). 또 이 「無事無作의 人」이라는 말과 관계가 깊은 『제방문인참문어록』제10단의 「여러분들은 다행히 본래부터 온화하고 선량한 자기의 소유자인데 …(諸人幸自好箇無事人 …)」와 「자연히 편안하게 된다(自然無事去)」고 한 등을 『전심법요』제10단 「다만 겉과 속을 녹이고 知情이 소멸하여 전혀 의지하거나 집착이 없는 사람, 이것이 <일 없는 사람>이다.(但銷融表裏, 情盡都無依執, 是無事人)」와 同書 제7단 「等閑無事」 등과 비교해 보면 본서의 저작이 『전심법요』의 저자 黃檗希運과 깊은 法緣이 있는 것을 느끼게 한다. 그리고 그것은 『임제록』과의 연계도 있다. 『제방문인참문어록』제10단, 제15단, 제16단 등을 읽으면 역시 『임제록』과의 연계가 확실히 간파된다. 「無事」라는 사상이 대주와 황벽을 통하여 임제에게 전개되었다고 말하는 것은 아닐까? 「무사」의 오래된 출전으로는 『寶藏論』(『대정장』권45, p.144하)에 「오직 도에 있어서 무사한 것이야말로 언제나 항상 귀하다」(唯道無事, 古今常貴.)라고 하는 말이 있지만 『절관론』제49단부터 제56단에 걸쳐서 무사를 유마의 이른바 「보살은 도가 아닌 것을 행한다」(『대정장』권14, p.549상)의 해석에 이용하고 있는 것이 아마 선서에서의 가장 오래된 예가 아닐까라고 생각해 본다.

또 「일행삼매」와 「守一」이라는 술어도 주의해서 보아야 한다. 대주에 있어서의 용법은 혜능·신회와 거의 차이가 없지만 완전히 반야적이고, 또 선적이다. 달마 이후의 초기 선서에 보이는 「교에서 선으로」라는 가르침을 통한 선이 여기에 상징적으로 보이는 것을 주의하고 싶다.

—7—

이 책의 제목에 「頓悟」라는 말의 해석은 주기에 써 놓았지만 그것에 대하여 조금 더 追記해 두고 싶다. 「頓悟」의 오래된 출전은 竺道生(355～434)이다. 중국의 학자 胡適과 湯用彤 등이 축도생의 「頓悟」를 선종의 「頓悟」와 질적으로 동일시하여 도생의 돈오설을 선종의 시조로 보고 있지만 『돈오입도요문론』을 고찰해 보면 질적으로 완전히 다른 것을 명백히 알 수 있다. 이것은 鎌田茂雄도 그의 저서 『중국화엄사상사의 연구』(p.413) 중에서 명백하게 밝히고 있다. 더구나 계속해서 겸전무웅이 말하는 것처럼 『돈오요문』 중에 확실하게 보이는 반야사상 등을 고찰할 때 거기에 사상사적인 연계가 어떠한 형태로든 존재한다고 하는 것은 당연한 것이라고 말할 수 있을 것이다.

또 頭初에 말한 것처럼 제명 중의 「돈오」라고 하는 말은 본서의 내용과 거의 관련이 없다. 아마 저자가 이름붙인 것이 아니라고 추측된다. 신회와 혜능의 무렵에 사용된 「돈오」는 이른바 南頓北漸이라는 말에 보이는 것과 같이 신수 일파에 대립적인 의미를 깊이 가지고 있었던 것이다. 그 후 신수계가 쇠미하고 혜능문하가 융성하게 됨에 따라 「돈오」의 말에는 이전의 격심한 대립감은 없게 되고, 오히려 내용이 문제가 되었다. 그래서 「돈오」라는 말이 선종의 대명사로서 일반화되어 온 것이 틀림없다. 그것은 『종경록』권42(『대정장』권48, p.663 중)에 「돈오직입을 선종이라고 이름한다」(頓悟直入名禪宗.)고 한 것을 보아도 명백하다. 그러므로 『돈오요문』이라는 제명은 『禪宗要門』의 다른 이름이라고 보는 것이 적당할지도 모른다. 그러나 이와 같은 제명에 고집하거나 본서와 그 저자 대주혜해를 어떠한 틀에 집어넣으려고 하는 것은 대단히 잘못된 것일 것이다. 참으로 스케일이 큰 대륙적이고 茫洋한 세계가 거기에 있기 때문이다.

본서에는 John Blofeld가 영역한 "*The Zen Teaching of Hui Hai on Sudden Illumination*"(Rider & Company, London, 1962)이 있지만 그다지 잘된 번역이라고 할 수 없다. 이번에 거의 참고하지 않았다. 또 해설로서는 平野宗淨, 「돈오요문론」(『講座禪』제6권에 수록, 축마서방, 소화43년<1968>간)이 있다.

그리고 또 참고문헌으로서 中村元, 『東洋人の思惟方法, 第1

部』(1948년 간)・荒木見悟, 『佛教と儒教』(1963년 간)・鎌田茂雄, 『中國華嚴思想史の研究』(1965년 간)・柳田聖山, 『初期禪宗史書の研究』(1967년 간)・鈴木大拙, 「臨濟の基本思想」(『鈴木大拙全集』제3권, 1968년 간)의 5책을 들어 두고자 한다. 요처요처에 보이는 본서로부터의 인용에 의하여 더욱 넓은 시야와 다양한 관점을 시사하고 있기 때문이다.

頓悟入道要門論

崇裕序

夫善知識者，如巨海舟航，能度迷類，長夜明炬，善破群昏. 大珠和尙，首參馬祖，使入慧海之法界，令開寶藏於自家. 所以靈辯滔滔，譬大川之流水，峻機疊疊，如圓器之傾珠. 於是曲設多方，垂慈利物，發揚至道. 烏可以筆舌讚嘆哉. 妙叶維那，四明翠山大中理公之神足，夙具靈根，素培智種. 禪餘之暇，閱此老語錄，有所證入. 平生礙膺之物，脫然而去，從上佛祖舌頭，一無所疑矣. 此亦古塔主覩雲門語而嗣之，正所謂也. 故捐資鏤板，以廣其傳，期以後之來者，同一了悟. 存此心者，豈淺淺耶. 此之功勳不墜，行願彌堅，蓋可見矣. 所幾法流不泯，派永接於曹谿，燈焰長存，光愈明於少室者也.

時歲在癸丑春孟十日.

阿育王山沙門釋崇裕，書於無異堂.

숭유의 서문

대개 훌륭한 지도자는 마치 큰 바다의 배가 길을 해매는 사람을 건네주는 것과 같고, 긴 밤의 밝은 횃불이 어두움을 거두어 주는 것과 같다. 대주화상은 처음 마조를 참례하고 그의 가르침으로 지혜의 대해인 법계에 들어갔으며, 자기의 보장인 불성을 깨닫게 되었다. 그 때문에 영묘한 언설의 도도함은 마치 큰 내에 물이 흐르는 것과 같았고, 높은 기용의 첩첩함은 마치 둥근 그릇에 구슬을 굴리는 것과 같았다. 게다가 화상은 자세하게 여러 가지 방편을 시설하여 자비로써 중생을 이롭게 했으며, 지극한 도를 발휘하도록 했다. 어찌 그 위대함을 필설로써 다 찬탄할 수 있으리오.

묘협유나는 사명취산의 대중리라고 하는 고승문하의 걸물이다. 일찍이 순수한 도심을 갖추고 평소에 지혜의 종자를 길렀다. 참선하는 여가에 대주화상의 어록을 읽고 크게 깨달은 바가 있어서 평생 가슴속에 응어리져 있던 것을 홀가분하게 벗어 버렸다. 그래서 지난날 불조의 말씀에 조금도 의심이 없게 되었다. 이것은 또한 저 고탑주가 운문의 어록을 보고 그 遺風을 이어 받았다는 말과 똑같은 것이다. 이런 인연으로 자금을 모아 어록을 판에 새겨 세상에 널리 유포하여 장래에 도를 구하고자 하는 사람이 똑같이 깨닫기를 기대한다. 이러한 그의 마음이 어찌 얕다고 할 수 있겠는가. 이러한 공덕은 없어지지 않을 것이며 행원은 더욱 굳어지는 것을 볼 수 있을 것이다. 불법의 흐름이 끊어지지 않고 그 맥이 영원히 조계를 이어서 남종선의 법등이 길이 밝게 빛나고 그 광명이 소실의 유풍을 더욱 빛나게 하기를 바라는 바이다.

계축년 정월 십일.

아육왕산의 사문인 석숭유가 무이당에서 씀.

【注記】

○ **馬祖(마조)** : 馬祖道一(709~788)·「石門道一禪師碑銘」(『全唐文』권501)·『祖堂集』권40·『景德傳燈錄』권6 등에 그의 전기가 실려 있다. 四川漢州 출신이며, 육조혜능의 法嗣인 남악회양에게 師事하여 그의 법을 이었다. 후에 江西의 洪州(南昌縣 서부)를 중심으로 교화를 펼쳤다. 그의 제자는 84명이었다고 하지만 그 진위는 알 수 없다. 다만 많은 제자들이 있었던 것만은 사실이다. 『四家語錄』중에 『馬祖語錄』이 수록되어 있다.

○ **妙叶(묘협)** : 『돈오요문론』을 편집한 編者이다. 四明(절강성 은현의 서남부와 余姚縣의 남쪽 지역) 취산의 大中理라고 하는 사람의 제자이며, 유나의 소임을 맡은 것 같다. 그는 또 『寶王三昧念佛直指』상하2권(『대정장』권47)을 편집하였다.

○ **維那(유나)** : 紀綱이라 한다. 승단의 질서를 바로 잡거나 대

중을 기쁘게 한다는 뜻으로 次第 또는 悅衆이라고도 한다. 총림에서 대중의 수행을 지도하고 승당 내를 감독하기도 하며, 독경할 때 제목이나 회향문을 읽는 것을 주요 직무로 하는 스님이다.

○ **古塔主(고탑주)** : 饒州의 薦福承古禪師를 가리킨다. 어느 날 운문선사의 어록을 읽다가 대오했으며, 그 후 雲居道膺(?~902)의 묘답을 지켰기 때문에 '고탑주'라고 불렀다.

○ **曹谿(조계)** : 육조혜능은 소주의 조계(광동성 곡강현의 동남부 지역)에 살았기 때문에 혜능을 조계라고 한다.

○ **少室(소실)** : 하남성 등봉현의 북쪽에 위치한 숭산의 서쪽 봉우리를 가리키며, 그 산의 이름을 소실산이라 한다. 달마대사가 여기서 9년간 면벽좌선했기 때문에 소실은 곧 보리달마를 지칭하는 말이다.

○ **癸丑(계축)** : 洪武6년, 즉 1373년이다.

○ **阿育王山(아육왕산)** : 절강성 은현(鄞縣)의 동쪽에 있는 산을 가리키며, 또 무산(鄮山)이라고도 한다. 西晉의 太康년간(280~289)에 劉薩訶가 아육왕의 사리를 가져와 이곳에 탑을 세웠기 때문에 '아육왕산'이라 한다.

○ **崇裕(숭유)** : 扶宗大師(1304~1378)를 가리킨다. 아육왕산에 살았으며, 『補續高僧傳』에 그 전기가 실려 있다.

1. 불보살께 獻辭

稽首和南十方①諸佛, 諸大菩薩衆. 弟子今作此論, 恐不會聖心, 願賜懺悔. 若會聖理, 盡將廻施②一切有情, 願於來世, 盡得成佛.

【校記】

正保3年版을 「저본」이라 하고, 필사본인 金澤文庫本을 「金本」이라 약칭한다.

① 금본에는 「十方」 다음에 「盡虛空界一切」의 6자가 더 있음.

② 금본에는 「施」가 「向」자로 되어 있음.

【번역】

시방의 모든 부처님과 여러 훌륭한 보살님들께 머리 숙여 예배를 올립니다. 제자가 지금 이 논을 지었지만 성인의 마음에 부합하지 못하였을까 염려되오니 만약 그렇다면 참회를 내려주시기 바랍니다. 만약 불법의 진리를 깨달았다면 그 모든 공덕을 장차 일체의 중생들에게 회향하여 내세에 다 함께 성불하기를 바라옵니다.

【注記】

○ **稽首(계수)** : 禮拜와 같은 뜻이다. 머리가 땅에 닿도록 공손하게 절을 하는 예법이다.

○ **和南(화남)** : 범어 vandana를 음사한 말이다. 공경·歸禮·경례라 번역한다. 앞의 계수와 같이 長上에 대하여 경의를 표하는 일종의 예법이다.

○ **十方(시방)** : 시방이라고 음독한다. 동서남북의 사방과 동북·동남·서남·서북의 四維와 그리고 상하를 말한다. 즉 온 세계를 가리키는 말이다. 대승불교에서는 十方에 무수한 세계와 부처가 있다고 한다.

○ **菩薩(보살)** : 범어 bodhisattva를 음사한 말이다. 부처의 깨달음을 얻는 것을 목표로 하지만 그는 항상 자기 자신보다도 남을 먼저 배려하는 이타의 정신으로 무장되어 있다. 이들을 성취하기 위한 실천덕목은 육바라밀이다.

○ **迴施(회시)** : 廻向과 같은 말이다. 자기의 공덕을 널리 다른 사람에게 베푸는 것을 뜻한다.

○ **有情(유정)** : 범어 sattva를 번역한 말이다. 중생이라고도 번역한다. 생존하는 자란 뜻이다. 특히 유정이라 함은 마음을 가지고 살아 있는 것을 말하고, 이에 비해 산천·초목·대지 등은 非情이라 한다. 그러나 『成唯識論述記』권1에는 유정과 비정을 합하여 중생이라고 한다.

2. 돈 오

問,[①] 欲修何法, 卽得解脫.

答,[②] 唯有頓悟一門, 卽得解脫.

問,[③] 云何爲頓悟.[④]

答, 頓者頓除妄念, 悟者悟[⑤]無所得.

問, 從何而修.

答, 從根本修.

問,[⑥] 云何爲根本.[⑦]

答, 心爲根本.

問,[⑧] 云何知[⑨]心爲根本.

答, 楞伽經云, 「心生卽種種法生, 心滅卽種種法滅.」 維摩經云, 「欲得淨土, 當淨[⑩]其心, 隨其心淨, 卽佛土淨.」 遺敎經云, 「但制心一處, 無事不辨.」 經[⑪]云, 「聖人求心不求佛, 愚人求佛不求心, 智[⑫]人調心不調身, 愚人調身不調心.」 佛名經云, 「罪從心生, 還從心滅.」 故[⑬]知善惡一切, 皆由自心. 所以⑭心爲根本也. 若求解脫者, 先須識根本. 若不達此理, 虛費功勞. 於外相求, 無有是處. 禪門經云, 「於外相求, 雖經劫數, 終不能成, 於內覺觀, 如一念頃, 卽證菩提.」

【校記】

① 금본에는 「問」 다음에 「曰」자가 더 있음.

② 금본에는 「答」 다음에 「曰」자가 더 있음. 이하 금본에는 「問答」 다음에 「曰」자가 더 있음.

③ 저본에는 「問」자가 없음. 금본에 의거하여 校補함. 단 금본에는 「問曰」로 되어 있음.

④ 금본에는 「云何爲頓悟」가 「何爲頓悟」로 되어 있음.

⑤ 금본에는 「悟」자가 없음.

⑥ 저본에는 「問」자가 없음. 금본에 의거하여 교보함. 단 금본에는 「問曰」로 되어 있음.

⑦ 저본에는 「云何爲根本」가 「云何從根本修」로 되어 있음. 금본에 따름.

⑧ 저본에는 「問」가 없음. 금본에 의거하여 교보함. 단 금본에는 「問曰」로 되어 있음.

⑨ 금본에는 「云何」 다음에 「知」자가 없음.

⑩ 금본에는 「當」 다음에 「淨」자가 없음. 경문에 의거하여 교정함.

⑪ 금본에는 「經」자 앞에 「又」자가 더 있음.

⑫ 금본에는 「智」가 「知」자로 되어 있음.

⑬ 금본에는 「故」가 「欲」자로 되어 있음.

⑭ 금본에는 「所以」 다음에 「云」자가 더 있음.

【번역】

問, "어떤 법을 닦아야 해탈할 수 있는가?"

답, "오직 돈오라고 하는 하나의 실천방법만을 닦아야 해탈할 수 있다."

문, "돈오란 무엇인가?"

답, "「돈」이라는 것은 단번에 망념을 제거하는 것이고, 「오」라는 것은 무소득을 깨닫는 것을 말한다."

문, "무엇으로부터 닦는가?"

답, "근원으로부터 닦는다."

문, "무엇이 근원인가?"

답, "마음이 근원이다."

문, "어떻게 마음이 근원인 줄을 아는가?"

답, "『능가경』에 「망념이 일어나면 여러 가지 대상경계가 따라서 일어나고, 망념이 소멸하면 갖가지 대상경계가 따라서 소멸한다」고 하고, 『유마경』에 「정토를 얻고자 할 때는 반드시 그 마음을 청정히 해야 하고, 그 마음이 청정해 짐에 따라서 곧 불토도 청정해진다」고 하며, 『유교경』에 「단지 마음을 한 곳에 통일하여 제어하면 어떤 일이든 성취하지 못 할 것이 없다」하며, 또 경에 「성인은 마음을 찾고 부처를 찾지 아니하며, 어리석은 사람은 부처를 찾고 마음을 찾지 아니하며, 지혜로운 사람은 마음을 조절하고 몸을 조절하지 아니하며, 어리석은 사람은 몸을 조절하고 마음을 조절하지 아니 한다」고 하며, 『불명경』에 「죄는 마음으로부터 생겨났다가 도리어 마음으로부터 없어진다」고 한다. 그러므로 선악의 모든 것이 전부 자기의 마음으로부터 생겨나는 것인 줄을 알아야 한다. 따라서 마음이 근원이 되는 것이다. 만약 해탈하고자 하는 사람은 먼저 반드시 근원을 알아야 한다. 만약 이러한 도리를 통달하지 못하면 헛되이 시간과 정력만 낭비할 것이다. 바깥 대상으로부터 근원(마음)을 찾으려고 하는 것은 옳지 않다. 『선문경』에 「바깥의 형상에서 근원을 구하려고 하면 비록 여러 겁에 걸쳐 닦을지라도 끝내 성불하지 못할 것이며, 안으로 깨달아 관찰하면 찰나사이에 곧 바로 보리(깨달음)를 이룰 것이라」고 한다."

【注記】

○ **解脫(해탈)** : 범어 vimukti · vimoksa와 팔리어 vimutti · vimokkha를 번역한 말이다. 번뇌의 속박이나 일체의 괴로움에서 벗어나는 것을 의미한다. 중국의 선사들은 이 말 대신에 자유나 자재라는 말을 더 즐겨 쓴다.

○ **頓悟(돈오)** : 『능엄경』권10(『대정장』권19, p.155상)에 "이치로는 단번에 깨닫고, 깨달으면 모두 소멸하지만 사로는 단번에 제거하는 것이 아니라 차례로 없어진다(理則頓悟, 乘悟併銷. 事非頓除, 因次第盡.)"고 한 말을 근거로 한 것이다. 惠達의 『肇論疏』에 "竺道生이 돈오하여 이르기를, 돈이란 이치를 밝히는 것이고, 오란 極을 비추는 것이다. 이

둘이 하나인 이치를 깨닫는 것을 돈오라 한다"고 했다. 어떤 방편을 빌리거나 순서를 거치지 않고 일념 자각에 의하여 곧 바로 구경의 깨달음에 이르는 것을 「돈오」라 하고, 이에 비해 점차적인 단계를 밟아서 깨달음으로 나아가는 것을 「점수」라 한다. 즉 갖가지 수단과 방법을 사용하지 않고, 또 철학적·教義的 개념을 매개로 하지 않고 진리를 깨닫는 것을 돈오라 한다. 신회의 『南陽和尙問答雜徵義』 제26단(정유진, 『신회의 문답잡징의 연구』<불조선문화연구원 연구시리즈Ⅳ>, 서울 : 경서원, 2009, p.302)에 돈오의 뜻을 다음과 같이 주장하고 있다. "모름지기 현상법은 근원적인 도리와 지혜로써 해석해야 하는데 이것을 돈오라고 한다. 모든 계단과 점차를 연유한 것이 아닌 자연, 바로 이것이 돈오의 뜻이다. 자기의 마음이 본래부터 공적한 것이 돈오이다. 마음에 얻을 바가 없는 것이 돈오이다. 마음, 바로 그 자체(卽心)가 도인 것이 돈오이다. 마음이 어디에도 머무르지 않는 것(無住)이 돈오이다. 법이 있음을 마음으로 깨닫고, 또 마음에 소득이 없는 것, 이것이 돈오이다. 일체법이 일체법인 줄 아는 것이 돈오이다. 공을 설하는 것을 듣고 공에도 집착하지 않고, 또 不空에도 집착하지 않는 것이 돈오이다. 자아를 설하는 것을 듣고 아에도 집착하지 않고, 또 무아에도 집착하지 않는 것이 돈오이다. 생사를 버리지 않고 열반에 드는 것이 돈오이다(事須理智兼釋, 謂之頓悟. 竝不由階漸[而解], 自然是頓悟義. 自心從本已來空寂者, 是頓悟. 卽心無所得者, 爲頓悟. 卽心是道爲頓悟. 卽心無所住爲頓悟. 存法悟心, 心無所得, 是頓悟. 知一切

法是一切法, 爲頓悟. 聞說空不著空, 卽不取不空, 是頓悟. 聞說我不著[我], 卽不取無我, 是頓悟. 不捨生死而入涅槃, 是頓悟.)"고 한다. 그리고 돈오를 「돈」과 「오」로 나누어 설명하는 것은 중국인들이 논리를 표현하는 형식의 하나이다. 예를 들면 『菩提達摩南宗定是非論』제13단(정유진, 『신회의 남종정시비론 연구』<불조선문화연구원 연구시리즈Ⅲ>, 서울 : 경서원, 2009, p.127)에 比量을 설명함에 있어서 "어떤 것이 比이며, 어떤 것이 量입니까? 「比」라고 하는 것은 순타에 比準되는 것이고, 「量」이라고 하는 것은 순타와 동등한 것입니다(何者是比, 何者是量. 所言比者, 比於純陀. 所言量者, 量等純陀.)"라고 한 것과 『南陽和尙問答雜徵義』제20단(정유진, 『신회의 문답잡징의 연구』, 경서원, p.296)에 무념을 설명함에 있어서 "없다는 것은 무엇이 없다는 것이며, 생각한다는 것은 무엇을 생각한다는 것인가? 없다는 것은 유무 등의 분별심이 없다는 것이며, 생각한다는 것은 오직 진여만을 생각하는 것이다(無者無何法, 是念者念何法. 無者無有二法, 念者唯念眞如.)"라고 한 것을 들 수 있다. 이와 동일한 내용의 주장이 돈황본 『육조단경』제17단(정유진, 『돈황본 육조단경 연구』<불조선문화연구원, 연구시리즈Ⅴ>, 서울 : 경서원, 2007, p.213)에도 나온다. 또 『남양화상문답잡징의』제52—2단(정유진, 『신회의 문답잡징의 연구』, 경서원, p.493)에 "선사께서는 어떤 법을 닦으며, 어떤 행을 실천하십니까? 반야바라밀법을 닦고, 반야바라밀행을 실천한다(禪師修何法, 行何行. 修般若波羅蜜法, 行般若波羅蜜行.)"라고 한 것과 돈황본 『육조단경』제19단

(정유진, 『돈황본 육조단경 연구』, 경서원, p.230)에 좌선의 정의에서 "좌선이란 무엇인가? 망념이 일어나지 않는 것을 「좌」라 하고, 본성을 깨달아 어지럽지 않는 것을 「선」이라 한다(何名坐禪. 念不起爲坐, 見本性不亂爲禪.)"고 한 것 등을 들 수 있다.

○ **根本(근본)** : 여기의 근본은 근원, 本源의 뜻이다.

○ **心生則種種法生(심생칙종종법생)**… : 『대승기신론』(『대정장』권32, p.577중)에 나오는 말이다. 『능가경』에도 비슷한 구로서 동일한 의미를 제시하고는 있지만 『기신론』과 똑같은 구로 되어 있지는 않다.

○ **欲得淨土(욕득정토)**… : 이 경문은 『유마경』'불국품'(『대정장』권14, p.538하)에 나온다.

○ **但制心一處(단제심일처)**… : "정신을 한 곳에 집중하면 어떤 일이든 이룰 수 있다(精神一到何事不成)"고 한 말과 뜻이 비슷하다. 이 구는 『佛垂般涅槃略說敎誡經』(『대정장』권12, p.1111상)에 나온다. 『佛垂般涅槃略說敎誡經』은 일명 『遺敎經』이라고도 한다.

○ **經云, 聖人求心(경운, 성인구심)**… : 이 경은 어떤 경인지 알 수 없다. 『絶觀論』(돈황사본 P.2885호. 鈴木大拙, 『禪思想史硏究』第2, p.203)에 "智者는 마음을 구할 뿐 부처를 구하지 않는다"는 말이 보인다.

○ **罪從心生(죄종심생)**… : 『佛說救疾經』(『대정장』권85, p.1362중)에 이와 통하는 구가 있다. 『천수경』에 "죄는 자성이 없어서 마음으로부터 일어난다. 그러므로 마음이 만약 멸하면 죄도 또한 없어진다(罪無自性從心起. 心若滅時罪亦亡

.)”고 한 게송도 참고가 된다.

○ **於外相求**(어외상구) : 『유마경』‘부사의품’(『대정장』권14, p.546상)에 “법을 구하는 사람은 부처에 집착해서 법을 구해서도 안 되고, 법에 집착해서 법을 구해서도 안 되며, 스님에 집착해서 법을 구해서도 안 된다(夫求法者, 不著佛求, 不著法求, 不著衆求.)”고 했고, 『南陽和上頓教解脫禪門直了性壇語』제20단(정유진, 『신회의 단어 연구』, 경서원, p.224)에 “마음을 일으켜 밖에서 법을 구하려고 하는 것은 삿된 구함이다(起心外求者, 卽名邪求.)”고 했으며, 『임제록』에도 도처에서 “밖을 향해 마음을 구하려고 하지 말라(莫向外馳求.)”고 강조하고 있다. 『南陽和上頓教解脫禪門直了性壇語』는 이하 줄여서 『壇語』라고 한다.

○ **無有是處**(무유시처) : 후세의 어록에 나오는「無是處」「沒是處」와 같은 뜻이다.

○ **禪門經**(선문경) : 이 위경은 S.5532호 본이 완전한 텍스트이다. 이구는 『歷代法寶記』와 『宗鏡錄』에도 인용하고 있는데 『종경록』에는 『禪要經』이라고 되어 있다. 스타인 본에는「於外」가「若外」로 되어 있고,「成」은「得」으로 되어 있으며,「證菩提」는「得阿耨多羅三藐三菩提」로 되어 있다.

○ **劫**(겁) : 범어 kalpa를 音略한 말이다. 長時라 번역한다. 극히 긴 시간을 뜻한다.

○ **覺觀**(각관) : 지혜를 가지고 대상을 조견하는 것을 말한다. 관찰이나 觀念과 같은 의미이다. 또 주의해야 할 것은 똑같은 각관이 번뇌의 뜻으로 쓰일 때가 있다. 각은 거친 번

뇌를, 관은 미세한 번뇌를 각각 가리키는 경우가 있다. 이 때 각은 尋(vitarka)과 같은 뜻이며, 관은 伺(vicāra)와 같은 의미이다. 이 두 번뇌는 모두 선정을 방해한다.

○ **菩提(보리)** : 범어 bodhi를 음사한 말이다. 위없는 지혜란 뜻이다. 깨달음(覺)이라고도 번역한다.

3. 선 정

問, 夫修根本, 以何法修.

答, 惟[①]坐禪禪定卽得. 禪門經云, 「求佛聖智, 要須[②]禪定, 如[③]無禪定, 念想喧動, 壞其善根.」

問, 云何爲禪, 云何爲定.

答, 妄念不生爲[④]禪, 坐見本性爲定. 本性者是汝無生心. 定者對境無心, 八風不能動. 八風者, 利衰毀譽稱譏苦樂, 是名八風.[⑤] 若得如是定者, 雖是凡夫,[⑥] 卽入佛位. 何以故.[⑦] 菩薩戒經云, 「衆生受佛戒, 卽入諸佛位.[⑧]」 得如是者, 卽名解脫. 亦名達彼岸, 超[⑨]六度, 越[⑩]三界, 大力菩薩, 無量力尊, 是大丈夫.

【校記】

① 금본에는 「惟」가 「唯」자로 되어 있음.

② 저본에는 「要須」가 「卽要」로 되어 있음. 금본에 따름.

③ 저본에는 「如」자 없음. 금본에 의거하여 교보함.

④ 금본에는 「爲」가 「名」자로 되어 있음.

⑤ 금본에는 「是名八風」이 「是也」로 되어 있음.

⑥ 금본에는 「夫」 다음에 「身」자가 더 있음.

⑦ 금본에는 「何以故」가 「以故」로 되어 있음.

⑧ 금본에는 「位」 다음에 「也」자가 더 있음.

⑨ 금본에는 「超」가 「越」자로 되어 있음.

⑩ 금본에는 「越」가 「超」자로 되어 있음.

【번역】

문, "대개 근원을 닦음에 있어서 어떤 방법으로써 닦아야 하는가?"

답, "오직 좌선하여 선정을 닦으면 근원을 체득할 수 있다. 『선문경』에 「부처의 성지, 정각을 얻고자 하면 반드시 선정을 닦아야 하며, 만약 선정을 닦지 않으면 망념이 시끄럽게 일어나 정각을 구하고자 하는 선근을 허물어 버린다」고 한다.

문, "선이란 무엇이며, 정이란 무엇인가?"

답, "망념이 일어나지 않는 것을 「선」이라 하고, 앉아서 본성을 깨닫는 것을 「정」이라 한다. 본성이라는 것은 자신의 생함이 없는 마음이다. 정이라는 것은 대상을 접함에 무심하여 팔풍에도 동요하지 않는 것을 말한다. 팔풍이라는 것은 이익과 손실, 헐뜯음과 높이 기림, 칭찬함과 나무람, 괴로움과 즐거움이다. 만약 이와 같이 정을 얻은 사람은 비록 범부일지라도 바로 부처의 자리에 들어가게 된다. 왜냐하면 『보살계경』에 「중생이 부처의 계를 받으면 곧 바로 모든 부처의 지위에 들어간다」고 하기 때문이다. 이러한 선정을 얻은 것을 해탈이라 한다. 또한 피안에 이르렀다고도 하고, 六度를 뛰어넘었다고도 하며, 삼계를 초월했다고도 하고, 큰 힘을 가진 보살이라고도 하며, 무량한 힘을 가진 존귀한 사람이라고도 하는데 이런 사람이 대장부인 것이다."

【注記】

○ **卽要禪定(즉요선정)** : 원문에는 「要卽禪定」이라고 되어 있다. 스타인 본 『선문경』에는 「須要禪定」으로 되어 있다. 다음의 「若無禪定」이 스타인 본에는 없다. 그 다음의 두 구도 약간 차이가 나지만 의미는 같다.

○ **善根(선근)** : 범어 kuśala-mūla를 번역한 것이다. 「뿌리」라고 하는 이유는 모든 선을 생하는 근원이 되기 때문이다.

○ **妄念不生爲禪(망념불생위선)**… : 신회의 『보리달마남종정시비론』제22단(정유진, 『신회의 남종정시비론 연구』, 경서원, 2009, p.194)에 "지금 좌라고 하는 것은 망념이 일어나지 않는 것을 「좌」라 하고, 지금 선이라고 하는 것은 본성을 깨닫는 것을 「선」이라고 한다(今言坐者, 念不起爲坐, 今言禪者, 見本性爲禪.)"고 한 주장과 『남양화상문답잡징의』제52—1단(정유진, 『신회의 문답잡징의 연구』, 경서원, 2009, p.487)에 "좌란 망념이 일어나지 않는 것을 「좌」라고 하고, 본성을 깨닫는 것을 「선」이라고 한다(坐念不起爲坐, 見本

性爲禪.)"고 한 주장을 계승한 것이다. 그리고 돈황본 『육조단경』 제19단(정유진, 『돈황본 육조단경 연구』, 경서원, 2009, p.230)에는 "망념이 일어나지 않는 것을 「좌」라고 하고, 본성을 깨달아 어지럽지 않는 것을 「선」이라고 한다(念不起爲坐, 見本性不亂爲禪.)"고 한다. 신회와 혜능은 「念不起」라고 한 것을 혜해는 「妄念不生」이라 하여 념이 망념임을 분명히 지적하고 있다.

○ **無生心(무생심)** : 『金剛三昧經』 '無生行品'에 자주 언급되고 있는 말이다. 또 『절관론』(鈴木大拙, 『禪思想史硏究』 第2, p.202)에도 보인다. 생함이 없는 무생은 인연화합이 되기 이전의 본래세계를 가리키는 말이다. 따라서 무생심은 空寂心과 같은 것이다.

○ **八風不能動(팔풍불능동)…** : 『大乘無生方便門』(『대정장』 권85, p.1274하)에도 같은 말이 나온다.

○ **菩薩戒經(보살계경)** : 天台智顗(538~597)가 『梵網經』을 주석한 후 「범망경소」라 하지 않고, 『菩薩戒經疏』라고 이름을 붙인 이후로 『범망경』이란 본래의 이름보다 오히려 『菩薩戒經』이란 이름으로 세상에 더 많이 알려지게 되었다. 이 경에 대한 주석서는 천태지의 외에도 당 법장의 소가 있다. 中唐 이후(형계담연 이후)가 되면 대승계율이 중심적인 자리를 확고히 굳히게 된다. 본문의 게송은 『대정장』 권24, p.1004상에 나온다.

○ **彼岸(피안)** : 此岸과 상대되는 말이다. 차안과 피안이 갈라지는 원인은 분별심 때문이다. 만약 양자를 갈라놓는 번뇌망념의 분별심이 없다면 차안이 그대로 피안이 되는 것이

다. 그래서 돈황본 『육조단경』 제26단(정유진, 『돈황본 육조단경 연구』, p.272)에 "만약 물에 파랑이 있게 되면 곧 바로 차안과 피안으로 나누어진다(如水有波浪, 卽是於此岸.)"고 한 것이다. 여기 파랑은 분별심을 가리킨다.

○ **六度(육도)** : 육바라밀을 가리킨다. 度는 범어 pāramitā를 음사한 것이다. 대승의 보살이 실천수행해야 할 여섯 가지 실천덕목, 즉 布施·持戒·忍辱·精進·禪定·智慧를 6도라 한다. 六道와 혼동하지 않도록 해야 한다. 여기서 六度는 문맥상으로 보아 六道가 더 타당한 것 같다.

○ **三界(삼계)** : 生死流轉하는 미혹한 중생의 세계를 세 가지, 즉 欲界·色界·無色界로 나누어 놓은 것이다.

○ **大力菩薩(대력보살)** : 『금강삼매경』 '入實際品'에 가장 많이 언급되고 있는 말이다. 『修心要論』(鈴木大拙, 『鈴木大拙全集』 第2, p.308)에 "똑똑히 정념을 잃지 않고, 중생을 제도하는 자를 대력보살이라 한다(了然不失正念, 而度衆生者, 是大力菩薩.)"고 하고, 『二入四行論』(柳田聖山, 『達摩の語錄』 <禪の語錄1>, p.108)에 "현실에서 살지만 거기에 얽매이지 않는 사람을 대력보살이라 한다(卽事不牽者, 可謂大力菩薩.)"고 한 말이 있다.

○ **無量力尊(무량력존)** : 五大力尊의 하나라고 하지만 분명하게 알 수 없다.

○ **大丈夫(대장부)** : "장부는 스스로 하늘을 찌르는 기개가 있기 때문에 여래가 간 길을 따라 가지 않는다(丈夫自有衝天志, 不向如來行處行.)"고 한다(해인사승가대학, 『新編緇門警訓』, p.17).

4. 머무름이 없는 곳과 머무름이 없는 마음

問, 心住何處卽住.

答, 住無住處卽住.①

問, 云何是無住處.②

答, 不住一切處, 卽是住無住處.③

問,④ 云何是不住一切處.

答, 不住一切處者,⑤ 不住善惡有無, 內外中間, 不住空, 亦不住不空, 不住定, 亦不住不定, 卽是不住一切處. 只箇⑥不住一切處, 卽是住處也. 得如是者, 卽名無住心也. 無住心者是佛心.

問, 其心似何物.

答, 其心⑦不青不黃, 不赤不白, 不長不短, 不去不來, 非垢非淨, 不生不滅, 湛然常寂. 此是本心形相也,⑧ 亦是本身. 本身者卽佛身也.

【校記】

① 금본에는 「住無住處卽住」가 「心住無住處卽是住無住處」로 되어 있음.

② 금본에는 「問, 云何是無住處」의 7자자 없음.

③ 금본에는 「不住一切處, 卽是住無住處」가 「不住一切□□□□□卽住」로 되어 있음.

④ 저본에는 「問」자가 없음. 금본에 의거하여 교보함. 금본에는 이 「問」자 다음에 「ㅁ(曰)云何是無住處. 答曰, 不住一切處卽是住無住處」의 20자가 더 있음.

⑤ 금본에는 「不住一切處者」의 6자가 없음.

⑥ 금본에는 「只箇」가 「只也空箇」로 되어 있음.

⑦ 금본에는 「其心」의 2자가 없음.

⑧ 금본에는 「也」자가 없음.

【번역】

문, "마음이 어디에 머물러야 곧 머무는 것인가?"

답, "머무름이 없는 곳에 머무는 것이 곧 머무는 것이다."

문, "머무름이 없는 곳이란 무엇인가?"

답, "일체의 모든 곳에 머무르지 않는 것이 곧 머무름이 없는 곳에 머무는 것이다."

문, "일체의 모든 곳에 머무르지 않는 것이란 어떤 뜻인가?"

답, "일체의 모든 곳에 머무르지 않는다는 것은 선악과 유무와 내외와 그리고 중간의 어디에도 머무르지 않는 것을 말하며, 공에도 머무르지 않고, 또한 공하지 않는 데도 머무르지 않으며, 선정에도 머무르지 않고, 또한 선정이 아닌데도 머무르지 않는 것이 곧 일체의 모든 곳에 머무르지 않는 것이다. 단지 일체의 모든 곳에 머무르지 않는 것이 곧 머무는 곳이다. 이와 같은 도리를 체득한 것을 머무름이 없는 마음이라 한다. 머무름이 없는 마음이라는 것은 곧 부처의 마음이다."

문, "그 마음은 무엇과 같은가?"

답, "그 마음은 푸르지도 않고, 누렇지도 않으며, 붉지도 않고, 또한 희지도 않으며, 길지도 않고, 짧지도 않으며, 오는 것도 아니고, 가는 것도 아니며, 더럽지도 않고, 깨끗하지도 않으며, 생하지도 않고, 멸하지도 않아서 항상 담연하여 적정하다. 이것이 본심의 모습인 것이며, 또한 본신이라고도 한다. 본신이란 것은 곧 불신을 말한다."

【注記】

○ **住無住處卽住(주무주처즉주)** : 『二入四行論』(柳田聖山, 『達摩の語錄』<禪の語錄1>, pp.136・143)에 "머무름이 없는 곳에 머무는 것을 머무름이라 한다(住無住名爲住.)"고 한다.

○ **無住心(무주심)** : 『금강경』(『대정장』 권8, p.749하)의 "마땅히 주착함이 없이 그 마음을 내어야 한다(應無所住, 而生其心.)"고 한 사상을 근거로 한 말이다. 이 무주는 得通己和(1376~1433)의 『金剛般若波羅蜜經五家解說誼』'曹溪六祖禪師序'(『한국불교전서』 제7책, p.14상)에 "무주를 근본으로

한다(無住爲本)"고 한 것과 같이 『금강경』의 근본사상이기도 하다. 이는 일체의 모든 존재는 고정불변한 자성이 없기 때문에 고정된 상태로 있을 수 없다는 뜻이다. 우리의 마음도 역시 실체가 없기 때문에 고정된 상태로 가만히 있지 않는다. 돈황본 『육조단경』 제17단에 "머무름이 없는 것은 사람의 본성이기 때문에 생각 생각마다 머무르지 않아서 전념의 생각 생각과 후념의 생각 생각이 서로 상속하여 끊어지지 않는다(無住者, 爲人本性, 念念不住, 前念念念, 後念念念, 相續無有斷絶.)"고 한 말도 참고가 된다. 따라서 마음을 대상경계에 고정시키는 것은 곧 자기 자신을 죽이는 것과 같다. 여기의 무주는 마음을 대상경계에 고정시키지 않는 공의 실천을 대변하는 말이다. 그래서 신회는 『단어』 제14단(정유진, 『신회의 단어 연구』, 경서원, p.173)에 "무주는 적정이다(無住是寂靜.)"이라고 한 것이다. 또 그는 『단어』 제12단정유진, 『신회의 단어 연구』, p.152)에 비유를 들어 무주심을 강조하고 있다. 즉, "비유컨대 마치 새가 허공을 나는 것과 같다. 만약 새가 허공에 머물러 버리면 반드시 떨어질 위험이 있다. 만약 도를 배우는 사람이 머무름이 없는 마음을 닦지만 마음이 법에 머물러 버리면 곧 住着하게 되어 해탈할 수 없게 된다(譬如鳥飛於空. 若住空, 必有墮落之患. 如學道人, 修無住心, 心住於法, 卽是住著, 不得解脫.)"고 하고, 또 『남양화상문답잡징의』 제20단(정유진, 『신회의 문답잡징의 연구』, 경서원, p.258)에 "단지 무주심을 얻으면 즉시 해탈할 수 있다(但得無住心, 卽得解脫.)"고 한다. 『단어』 제14단(정유진, 위의 책, p.174)에 "應

無所住 而生其心"을 다음과 같이 觀心釋하고 있다. 즉, "「마땅히 머무는 바가 없다」고 한 것은 지금 여러분의 머무름이 없는 마음을 추지하는 것이며, 「그 마음을 일으킨다」고 한 것은 마음이 무주인 사실을 아는 것을 말한다(應無所住者, 推知識無住心是. 而生其心者, 知心無住是.)"고 하고, 또 『남양화상문답잡징의』제5—2단(정유진, 『신회의 문답잡징의 연구』, p. 124) '與拓拔開府書'에서는 「應無所住」는 「본래 공적한 심체(本寂之體)」라 하고, 「而生其心」은 「근본지의 작용(本智之用)」이라고 한다. 이것도 역시 선정과 지혜를 따로 나누어 설명한 것이다. 전자는 선정의 당체인 공적심을, 후자는 그 공적심 위에 반야지가 작용하고 있는 것을 나타내고 있다. 그러나 설명상 이렇게 나누어 놓은 것일 뿐 반야의 체와 용은 不二의 관계에 있기 때문에 절대 분리될 수 없다. 이런 사상을 계승하여 『宗鏡錄』권97(『대정장』권48, p.941상)에는 "무주라는 것은 본래 자성의 본체가 공적한 것을 말하고, 그 마음을 낸다고 하는 것은 반야지의 작용을 가리킨다(無住是本自性體寂, 而生其心, 是照用.)"고 한다. 또 『남양화상문답잡징의』제20단(정유진, 위의 책, p.258)단에도 "무주의 본체에 본래 자연지가 있다(無住體上自有本智.)"고 한 것과 같이 本知를 강조하고 있다. 그리고 『단어』제25단(정유진, 『신회의 단어 연구』, 경서원, p.256)에 "만약 망념이 일어나면 망념이 일어난 사실을 곧 바로 자각하라. 망념이 일어난 사실을 자각하면 곧 망념은 없어지고 깨달음까지도 없어지면 이 때 바로 본성은 무주심이 된다(若有妄起卽覺, 覺妄俱滅, 卽是本性無住心.)"

고 한 것은 무주(空)의 구체적인 실천법을 제시한 말이다.

○ **不靑不黃(불청불황)**… :『열반경』15권(『대정장』권12, p.708상)에 “법이 만약 항상 하면 얻을 것도 없고 생 할 것도 없다. 마치 불성에는 얻을 것도 없고 생 할 것도 없는 것과 같다. 세존이시어, 도라는 것은 물질도 아니고 물질이 아닌 것도 아니며, 길지도 않고 짧지도 않으며, 높지도 않고 낮지도 않으며, 생하지도 않고 멸하지도 않으며, 붉지도 않고 희지도 않으며…(法若常者, 無得無生. 猶如佛性無得無生. 世尊, 夫道者非色非不色, 不長不短, 非高非下, 非生非滅, 非赤非白…)”라고 한 말을 근거로 한 주장이다. 신회는『남양화상문답잡징의』제6—2단(정유진, 위의 책, p.139)에서 위의『열반경』의 말을 응용하여 “불성이라는 것은 얻을 것도 없고, 생겨나는 것도 없다. 왜냐하면 그것은 물질도 아니고 물질이 아닌 것도 아니며, 길지도 않고 짧지도 않으며, 높지도 않고 낮지도 않으며, 생하지도 않고 멸하지도 않기 때문이라(佛性者, 無得無生. 何以故. 非色非不色, 不長不短, 不高不下, 不生不滅故.)”고 한다. 또『남양화상문답잡징의』제17단(정유진, 위의 책, p.233)에 “진여의 본체는 본심이기 때문에 또 靑・黃의 모양이 없다(眞如之體, 以是本心, 復無靑黃之相.)”고 하고,『단어』제14단(정유진, 위의 책, p.173)에 “마음은 시비가 없고, 거래가 없으며, 靑·黃·赤·白 등의 색깔도 없고, 머무는 곳도 없다(心有是非不. 答, 無. 心有去來處不. 答, 無. 心有靑黃赤白不. 答, 無. 心有住處不. 答, 心無住處.)”고 한다.『傳心法要』제1단(入矢義高,『傳心法要・宛陵錄』<禪の語錄8>, p.6)

에 "이 마음은 본래부터 일찍이 생하거나 멸한 적도 없고, 푸르지도 않고, 누렇지도 않으며, 형상도 없고, 있다 없다고도 할 수 없으며, 새롭거나 오래되었다고도 할 수 없고, 길지도 않고, 짧지도 않으며, 크지도 않고, 적지도 않으며, 모든 한계와 이름과 자취와 상대를 초월해 있는, 이것이 바로 마음의 당체이다(此心無始已來, 不曾生, 不曾滅, 不靑不黃, 無形無相, 不屬有無, 不計新舊, 非長非短, 非大非小, 超過一切限量名言, 蹤跡對待, 當體便是.)"고 한다. 또 『曹溪大師傳』(石井修道 譯, 『大乘佛典』第12卷<中國・日本篇>, 東京： 中央公論社, p.22)에 "나(혜능)에게 하나의 법이 있다. 이것은 이름도 없고, 눈・귀・코・혀・몸・의식 등의 감각기관도 없으며, 말로 표현할 수도 없고, 머리와 꼬리도 없으며, 내외와 중간도 없고, 가고 옴도 없으며, 청・황・적・백・흑 등의 색깔도 없고, 있다 없다고도 할 수 없으며, 인과도 없다"고 한 혜능의 법문에 대하여 신회는 "이것은 바로 부처의 本源이다"고 한다. 법의 본체를 이렇게 말하고 있는 것이다.

○ **湛然常寂(담연상적)**：담연은 물이 깊어서 움직이지 않고 고요하게 있는 상태를 가리키는 말이다. 우리의 심체도 이와 같아서 항상 고요하고 적정하다.

○ **佛身(불신)**：범어 buddha-kāya를 번역한 말이다. 불신은 법신(dharma-kāya)・보신(saṁbhoga-kāya)・응신(nirmāṇa-kāya)의 삼신을 통합한 말이다.

5. 자성이 봄

問, 身心[①]以何爲見, 是眼見, 耳見, 鼻見, 及身心等見.[②]

答, 見無如許種見.

云, 旣無如許種見, 復[③]何見.

答, 是自性見. 何以故. 爲自性本來淸淨, 湛然空寂, 卽於空寂體中,[④] 能生此見.

問, 只如淸淨體, 尙不可得, 此見從何而有.

答, 喩如明鑑, 中雖無像, 能見一切像. 何以故. 爲明鑑無心故. 學人若心無所染, 妄心不生, 我所心滅, 自然淸淨. 以淸淨故, 能生此見. 法句經云, 於畢竟空中, 熾然建立, 是善知識也.

【校記】

① 금본에는 「身心」 앞에 「如是」 2자가 더 있음.

② 금본에는 「耳見, 鼻見, 及身心等見」이 「及耳鼻身心見」으로 되

어 있음.

③ 금본에는 「復」 다음에 「是」자가 더 있음.

④ 금본은 「卽於空寂體中」 이하부터 다음 제6단의 「是名不可見也. 然」까지 결락되어 판독이 불가능함.

【번역】

문, "몸과 마음은 무엇으로써 보는가? 눈으로 보는가? 귀로 보는가? 코로 보는가? 내지 몸과 마음 등으로 보는가?"

답, "본다고 하는 것은 이와 같은 감각기관으로 보는 것이 아니다."

문, "이미 이러한 감각기관으로 보지 않는다면 또 어떻게 보는가?"

답, "자성이 보는 것이다. 왜냐하면 자성은 본래 청정하고 담연하여 공적하기 때문에 공적한 본체 중에 능히 이 보는 작용을 일으키는 것이다."

문, "단지 이러한 청정한 본체는 오히려 가히 얻을 수 없는데 보는 것은 어디에서 나오는가?"

답, "비유하면 마치 밝은 거울은 그 가운데 비록 모양이 없지만 능히 일체의 모양을 볼 수 있는 것과 같다. 왜냐하면 밝은 거울은 무심(본래청정)하기 때문이다. 만약 학인의 마음이 경계에 물들지 않아 망심이 생겨나지 않고 주관과 객관에 대한 집착심이 없어지면 자연히 청정하게 된다. 청정하기 때문에 능히 보는 작용이 일어나는 것이다. 『법구경』에 「모든 空도 역시 공하다고 하는 절대의 공

가운데 명확히 대자비를 베푸는 사람이 선지식이라」고 한다."

【注記】

○ **見(견)** : 이 견은 신회나 혜능이 주장하는 見과 다르다. 즉 신회나 혜능은 견을 깨달음의 의미로서 사용하고 있는 반면에 대주는 견의 본성을 강조하고 있는 점이 상이하다. 신회는 『보리달마남종정시비론』제14단(정유진, 『신회의 남종정시비론 연구』, 경서원, p.136)에서 "자신은 이 「見」이라는 한 글자를 가지고 30년(평생) 동안 공부했다(神會三十餘年所學功夫唯在「見」字.)"고 스스로 밝히고 있는 것처럼 그의 선사상을 이해하는데 핵심이 되는 말이다. 그는『단어』제21단(정유진, 『신회의 단어 연구』, pp.228~229)에서 불성의 지혜작용을 「見」과 「知」로 나누어 이 양자를 분명하게 구별하고 있다. 즉 "여러분 자신의 몸속에 불성을 가지고 있으면서 아직 분명히 보지 못하고 있다. 왜냐하면 마치 이곳에서 여러분들 각자의 가정에 있는 주택이나 의복·와구 및 일체의 여러 가지 가재도구들을 생각한다고 할 때 자세하게 그 도구들이 있는 것을 알고 다시는 의심하지 않는 것과 같기 때문이다. 이러한 경우 知(안다)라고 하지 見(본다)이라고 하지는 않는다. 만약에 직접 주택에까지 가서 분명히 위에서 말한 물건들과 같다면 見이라고 하지 知라고는 하지는 않는다(知識自身中有佛性, 未能了了見. 何以故. 喩如此處各各思量家中住宅衣服臥具及一切等物, 具知有, 更不生疑. 此名爲知, 不名爲見. 若行到宅中, 具如

上所說之物, 卽名爲見, 不名爲知.)"고 한 것과 『돈오무생반야송』(정유진, 『신회의 단어 연구』<佛祖禪文化硏究院硏究시리즈Ⅱ>, 서울 : 경서원, 2009, p.294)에 "「知」는 항상 공적함을 아는 것이고, 「見」은 곧 무생을 직접 보는 것이다.(知卽知常空寂, 見卽直見無生.)"고 한 것과 또 『돈오무생반야송』에 "「知」는 공적한 그대로인 채 법신을 명확히 안다(知空寂而了法身.)"고 한 설명에서 알 수 있듯이 견은 직접 눈으로 보고 확인하는 것을 가리킨다. 그러면 불성은 본래 청정하여 육안으로는 볼 수 없는데 어떻게 그는 견성이란 말을 썼을까 의심이 가지 않을 수 없다. 신회가 주장하는 견은 육안으로 보는 것이 아니라 心眼으로 보는 것이다. 그는 단지 육안으로 직접 보아 확인하는 의미를 심안의 작용에 轉移하여 사용했을 뿐이다. 따라서 견은 직접 보고 확인했기 때문에 추호도 의심이 없는 확신, 즉 깨달음을 나타내는 말임을 알아야 한다. 참고로 『중론』'觀六情品第3'(『대정장』권30, p.11상)에 "보는 작용이 보고 있지 않을 때는 본다고 말할 수 없는데 보는 작용이 능히 본다고 말한다. 이런 일은 있을 수 없다(見若未見時, 則不名爲見, 而言見能見, 是事則不然.)"고 한 것과 "보는 작용에 보는 것이 있을 수 없다. 보는 작용이 아닌 것에도 보는 것이 있을 수 없다. 만약 이미 보는 작용이 없다면 결국 보는 자도 없다(見不能有見. 非見亦不見. 若已破於見, 則爲破見者.)"라고 한 것은 「보는 자」와 「보는 대상」을 부정하고 있는 내용이다.

○ **身心以何爲見**(신심이하위견)··· : 이 문장은 신회의 『보리달

마남종정시비론』 제14단(정유진, 『신회의 남종정시비론 연구』, 경서원, p.136)의 내용을 이어받아 주장하고 있는 것이다. 즉 「숭원법사가 말하기를, “나(숭원) 또한 신회선사가 주장한 견에 대하여 다시 한 번 다음과 같은 질문을 해 보고 싶습니다. 법사가 말하는 견이란 도대체 눈으로 보는 견을 말합니까? 귀로 보는 견을 말합니까? 코로 보는 견을 말합니까? 몸으로 보는 견을 말합니까? 마음으로 보는 견을 말합니까?” 신회화상이 말하기를, “본다는 것은 그러한(如許=如此) 종류로 보는 것이 아닙니다.”(法師言, 崇遠亦欲得重問禪師, ‘見’爲是眼見, 爲是耳見, 爲是鼻見, 爲是身見, 爲是心見. 和上答, ‘見’無如許種.) 」

○ **自性見(자성견)** : 자성은 범어 svabhāva를 번역한 말로서 모든 존재의 不變不改의 존재성을 의미한다. 여기의 자성견은 마음의 눈으로 본다는 뜻이다.

○ **自性本來淸淨(자성본래청정)** : 우리 인간이 본래부터 가지고 있는 마음의 자태는 청정(공적)하다는 뜻이다. 그래서 「心性本淨」이라고도 한다. 이 마음을 또 「自性淸淨心」이라고도 하고, 대승불교에서는 「如來藏心」 또는 「佛性」이라고 한다.

○ **空寂體中(공적체중)…** : 『단어』 제14단(정유진, 『신회의 단어 연구』, p.173)에 “무주는 적정이며, 적정한 본체는 「정」이다. 적정한 본체에 자연지(근본지)가 있어서 능히 본래 적정한 본체를 알 수 있는 것을 「혜」라 한다(無住是寂淨, 寂淨體卽名爲定. 從體上有自然智, 能知本寂淨體, 名爲惠.)”고 한 내용과 동일한 주장이다. 공적체상에 작용하는 자연지에

대해서는 『단어』 제15단「마음의 본체는 공적하지만 그 공적한 본체 상에 반야지가 일어난다(本體空寂, 從空寂體上起知.)」, 『보리달마남종정시비론』 제15단「선정이라고 하는 것은 그 本體를 파악할 수 없지만 지혜라고 하는 것은 가히 얻을 수 없는 본체를 능히 보며, 항상 湛然히 상적하여 항하사와 같이 많은 지혜의 작용이 있다(言其定者, 體不可得, 言其慧者, 能見不可得體, 湛然常寂, 有恒沙之用.)」, 『돈오무생반야송』「진여인 무념은 분별심으로써 능히 알 수 있는 것이 아니다(眞如無念, 非念想能知.)」, 『하택대사현종기』(眞如無念, 非想念而能知), 『남양화상문답잡징의』 제20단「무주의 본체상에 본래부터 근본지가 있다(無住體上自有本智.)」와 동 제31단「반야바라밀체상에 지혜가 있다(般若波羅蜜體自有智.)」, 『남양화상문답잡징의』 제5—1단「무념체상에 본래 지혜의 생명이 있다(無念體上自有智命.)」 등에도 나온다. 그리고 돈황본 『육조단경』 제12단(정유진, 『돈황본 육조단경 연구』 <불조선문화연구원 연구시리즈Ⅴ>, p.190)에 “깨달음의 반야지를 세상 사람들은 본래부터 가지고 있다(菩提般若之智, 世人本自有之.)”라고 한 것도 같은 내용이다.

○ **明鑑(명감)** : 마음을 거울에 비유하여 설명하고 있는 내용이다. 『능가경』(『대정장』 권16, p.505중)과 『화엄경』(『대정장』 권10, p.717상)에 마음을 거울에 비유하여 「心鏡」이라고 한 말이 보이고, 또 길장의 『삼론현의』(『대정장』 권45, p.3하)에 「明殊鏡」이란 말이 있다. 그리고 『반주삼매경』에는 明鏡의 비유가 나온다. 그 밖에 『장자』 제7장에 3~4경의

장자가 "至人은 자기의 마음을 거울과 같이 쓴다(至人之用心若鏡.)"고 했고, 노자의 『도덕경』제10장에도 마음을 거울에 비유하여 설명하고 있다. 신회는 이와 같은 경론의 사상을 근거로 하여 거울의 철학을 세웠다. 그가 주장하는 거울의 철학에는 두 가지 의미가 있다. 하나는 무분별의 작용이고, 다른 하나는 常照의 작용이다. 전자의 경우를 예를 들어 설명하면 거울은 그 앞에 어떠한 대상이 나타나더라도 그 대상을 있는 그대로 비추어 주는 작용을 말하며, 후자의 경우는 거울은 그 앞에 대상이 나타나든 나타나지 않든 그 비추는 작용은 항상 변함없는 것을 말한다. 후자의 경우를 신회는 거울의 妙用이라고 했다<『남양화상문답잡징의』(楊曾文, 『神會和尙禪話錄』, p.88 참조)>. 신회의 거울철학은 돈황본 『육조단경』에 신수와 혜능의 菩提樹偈에도 응용되고 있다.

○ **法句經(법구경)**… : 『佛說法句經』(『대정장』권85, p.1433하)에 "선지식이란 심오한 법의 공한 모습은 지음도 없고 생함도 없으며 멸함도 없는 줄 안다. 또 그는 본래부터 모든 법은 구경에는 평등하여 업도 없고 과보도 없고 원인도 없고 결과도 없기 때문에 본성과 겉모습이 如如하여 항상 근본에 머무는 줄을 요달하지만 필경공 가운데 熾然히 방편을 건립하는 것을 선지식이라 한다(善知識者, 善解深法空相, 無作無生無滅. 了達諸法從本已來究竟平等, 無業無報無因無果, 性相如如, 住於實際. 於畢竟空中, 熾然建立, 是名善知識.)"고 한다.

○ **畢竟空(필경공)** : 공 역시 공하다(空亦復空)고 주장하는 究

極의 공·절대의 공을 필경공이라 한다.

○ **善知識**(선지식) : 범어 kalyāṇamitra를 번역한 말이다. 善友·勝友란 뜻이다. 『법화경』'妙莊嚴王本事品'(『대정장』권9, p.60하)에 "선지식은 큰 인연이다. 왜냐하면 중생을 교화하고 부처를 깨닫게 하며 아뇩다라삼막삼보리심을 일으키게 하기 때문이다"라고 했고, 돈황본 『육조단경』제31단(정유진, 『돈황본 육조단경 연구』<불조선문화연구원 연구시리즈Ⅴ>, 서울 : 경서원, 2007, p.295)에는 "훌륭한 선지식은 最上乘法을 알아서 곧 바로 깨달음의 正路를 보여주는 사람이라(解最上乘法, 直示正路, 是大善知識.)"고 한다.

6. 열반경의 二句

問, 涅槃經金剛身品, 不可見, 了了見, 無有知者, 無不知者, 云何.

答, 不可見者, 爲自性體無形, 不可得故, 是名不可見也. 然見不可得者,① 體寂湛然,② 無有去來, 不離世流, 世流不能流, 坦然自在, 卽是了了見也. 無有知者, 爲自性無形, 本無分別, 是名無有知者. 無不知者,③ 於無分別體中, 具有恒沙之用, 若能分別一切, 卽無事不知, 是名無不知者. 般若偈云, 般若無知, 無事不知, 般若無見, 無事不見.

【校記】

① 금본에는 「者」자가 없음.

② 금본에는 「體寂湛然」이 「體湛然常寂」으로 되어 있음.

③ 금본은 「無不知者」 이하부터 제9단 「未審無念者」까지 결락되어 판독이 불가능함.

【 번역 】

문, "『열반경』의 '금강신품'에 「볼 수 없으나 똑똑하게 본다고 하고, 아는 것도 없지만 알지 못하는 것도 없다」고 한 그 뜻이 무엇인가?"

답, "「볼 수 없다」고 한 것은 자성의 본체가 형상이 없어서 얻을 수 없기 때문에 볼 수 없다고 한 것이다. 그러나 얻을 수 없는 것을 본다고 하는 것은 자성의 본체가 고요하고 담적하여 오고 감이 없으나 세상의 흐름을 여의지 않고 그 흐름에 따르지만 세상의 흐름에 염착되지 않아서 걸림 없이 자유롭기 때문에 「똑똑하게 본다」고 한 것이다. 「아는 것도 없다」고 한 것은 자성은 형상이 없어서 본래 분별하지 않기 때문에 아는 것도 없다고 한 것이다. 「알지 못하는 것도 없다」고 한 것은 분별함이 없는 본체 가운데 항사의 묘용을 구족하고 있어서 능히 일체의 모든 것을 분별한다면 어떠한 것도 모르는 것이 없기 때문에 알지 못하는 것도 없다고 한 것이다. 반야게에 「반야는 앎이 없으나 알지 못하는 것도 없으며, 반야는 봄이 없으나 보지 못하는 것도 없다」고 한다."

【注記】

○ **涅槃經(열반경)**… : 『大般涅槃經』(『대정장』 권12, p.383상)에서 인용한 글이다.

○ **世流不能流(세류불능류)** : 보살이 사바세계에 살면서 사바세계에 집착하지 않고 사는 모습을 표현한 말이다.

○ **恒沙之用(항사지용)** : 항사는 갠지스 강의 모래를 가리킨다. 이는 어떤 것의 수가 많음을 나타내고자 할 때 비유적으로 자주 사용한다. 여기서는 불성의 지혜작용이 무궁무진함을 나타내고 있다.

○ **般若偈云(반야게운)** : 이 말은 羅什四哲중 한 사람인 僧肇(?~414)의 『肇論』'般若無知論章'에 "『도행반야경』에 말하기를, 반야는 아는 것도 없고 보는 것도 없다. … 성인의 마음은 아는 것이 없기 때문에 알지 못하는 것이 없다(道行云, 般若無所知, 無所見. … 聖心無知, 故無所不知.)"라고 한 말을 근거로 한 주장이다. 승조는 『도행반야경』에서 인용했다고 밝히고 있지만 이와 동일한 구절은 그곳에 보이지 않는다. 또 『肇論』'般若無知論章'에 "『道行般若經』에 반야는 인식의 사량분별로써 아는(知) 대상이 아니고 상대적으로 볼(見) 수도 없다"고 한다. 여기서 「知」는 반야(prajñā)의 지혜로서 일체의 사량분별을 떠난 無分別의 分別智를 가리킨다. 즉 분별하면서도 분별했다는 의식이 없이 분별하는 것을 의미한다. 따라서 知의 주체는 「無知의 知」가 되고, 지의 대상은 「無相의 相」이 되는 것이다. 『보리달마남종정시비론』제14단(정유진, 『신회의 남종정시비론 연구』, 경서원, p.136)에 "숭원법사가 말하기를, 「반야는 무지라고 했는데 어째서 견이라고 말하고 있습니까?」 신회화상이 말하기를, 「반야무지라고 한 것은 하나도 알지 못한다는 말이 아니라 어떤 무엇이라도 알지 못하는 것이 없기 때문에 견이라고 말할 수 있는 것입니다」(遠法師言, '般若無知, 何故言見.' 和上言, '般若無知, 無事不知, 以無事不知故,

致使得言見.')"라고 한 문답에서도 「반야무지」에 관한 내용이 나온다. 『頓悟無生般若頌』에 "반야는 무지이지만 일체법을 안다(般若無知, 知一切法.)"·"반야는 비춤이 없지만 능히 열반을 비춘다(般若無照, 能照涅槃.)"고 한 것과 『하택대사현종기』에 "반야는 무지이나 육통을 운용하고 사지를 펼친다(般若無知, 運六通而弘四智.)"·"반야는 봄이 없으나 능히 열반을 본다(般若無見, 能見涅槃.)"라고 한 것과 淨覺(683~750?)의 『注般若波羅蜜多心經』 李知非의 序(柳田聖山,『初期禪宗史書の研究』, p.596)에 "반야는 무지이나 대상을 접하면 비춘다(般若無知, 對緣而照.). 참고로 『오등회원』권10에 天台德韶도 이 말을 함.)"라고 한 것과 또 黃龍慧南(1002~1069)이 말한 "반야는 무지이나 연을 만나면 비춘다(般若無知, 隨緣即照.)"고 한 것은 모두 같은 의미로서 반야지의 작용에 대하여 언급하고 있는 내용들이다.

○ **般若無知(반야무지)** : 般若는 범어 prajñā, 팔리어 paññā의 음역이다. 의식적 분별을 넘어선 지혜를 말한다. 반야무지라는 것은 「완전한 지혜는 지식을 초월해 있다」는 의미이다. 의식적인 것이 아니기 때문에 지각을 대상화하고 고정화하지 않는 것이 그 특색이다. 그래서 『思益經』에서 "반야는 알려지는 것이 없으므로 알지 못하는 것도 없다"고 한 것이다. 僧肇의 『般若無知論』에서도 다음과 같이 말한다. "『放光般若經』에 말하기를, 「반야는 어떠한 모양도 없고, 생멸의 모양도 없다」고 하였다. 또 『도행반야경』에 말하기를, 「반야는 알 수 있는 것도 없고, 볼 수 있는 것도 없다」고 하였다. 여기서 반야의 지혜작용을 설명하기를, 「

모양이 없다든지 지각이 없다든지 하는 것은 어떻게 된 일일까? 역시 모양이 없는 지각, 지각을 초월한 작용이 있다는 것이 틀림없다. 왜냐하면 무릇 알 수 있는 것이 있다면 알 수 없는 것이 있지만 성자의 마음은 無知이기 때문에 알 수 없는 것이 없으며, 不知의 知라야 一切智라 할 수 있다.…」" 不知의 知에 대해서는 『莊子』'人間世'에 말하기를 "有知로써 안다는 말은 들었으나 아직 無知로써 안다는 말은 듣지 못했다"고 한다. 郭象의 『莊子注』'大宗師篇'에도 부지의 지에 대하여 자세하게 언급하고 있다. 달마의 『二入四行論』제6단(柳田聖山, 『達摩の語錄』<禪の語錄 1>, 筑摩書房, p.61)에 "영원한 부처는 신체적인 모습이 없다(法身無形). 그러므로 보지 않는 방법으로 그것을 본다(일반 사물을 보는 방법으로는 그것을 볼 수 없다는 뜻). 진리는 소리가 없다. 그러므로 듣지 않는 방법으로 그것을 듣는다. 반야의 지혜는 분별적인 지성을 뛰어넘는다(般若無知). 그러므로 알지 못하는 방법으로 그것을 안다"고 한다. 이는 승조의 『열반무명론』의 말이다. 반야지의 知는 不得의 得, 不知의 知, 不見의 見, 不聞의 聞이다. 다시 말해서 반야의 지는 무지의 지요, 무분별의 분별이며, 무념의 念이란 뜻이다.

7. 있음과 없음을 보지 않는 것이 참된 해탈

問, 經云, 不見有無, 卽眞解脫. 何者是不見有無.

答, 證得淨心時, 卽名有, 於中不生得淨心想, 卽名不見有也. 得想無生無住, 不得作無生無住想, 卽是不見無也. 故云不見有無也. 楞嚴經云, "知見立知, 卽無明本, 知見無見, 斯卽涅槃, 亦名解脫."

【번역】

문, "경에 「유무를 보지 않는 것이 참된 해탈이라」고 한다. 어떻게 하는 것이 유무를 보지 않는 것인가?"

답, "청정한 마음을 증득했을 때 「있다」고 말할 수 있지만 그 가운데 청정한 마음을 증득했다는 생각을 내지 않는 것이 곧 「있음을 보지 않는 것」이다. 생각이 생겨나지 않고, 머무르지도 않는다는 것을 깨달았지만 생함도 없고 머무름도 없다는 생각을 결코 일으키지 않는 것이 곧 「없음을 보지 않는 것」이다. 그렇기 때문에 유무를 보지 않는다고 한 것이다. 『능엄경』에 「지견에 아는 것이 있다고 생각하면 무명의 근본이 되고, 지견에 보는 것이 없으면 이것이 곧 열반이고, 또한 해탈이라」고 한다."

【注記】

○ **經云(경운)** : 어떤 경인지 알 수 없다.

○ **想(상)** : 범어 saṁjñā를 번역한 말이다. 대상을 마음속에 떠올리는 일종의 표상작용이다.

○ **楞嚴經(능엄경)** : 『능엄경』(『대정장』권19, p.124하)에 나오는 말이다.

○ **知見(지견)** : 「知見立知」에서 앞의 知見은 佛知見이고, 뒤의 知는 衆生의 知見이다. 다음 「知見無見」에서 앞의 지견은 역시 불지견이고 뒤의 견은 중생의 견이다. 지견을 설명함에 있어서 지와 견으로 나누어 설명하는 것은 중국인의 논리표현 중 하나이다.

8. 보는 것이 없음

問, 云何是無所見.

答, 若見男子女人, 及一切色像, 於中不起愛憎, 與不見等, 即是無所見也.

問, 對一切色像時, 即名爲見, 不對色像時, 亦名見否.

答, 見.

問, 對物時從有見, 不對物時, 云何有見.

答, 今言見者, 不論對物與不對物. 何以故. 爲見性常. 故有物之時即見, 無物之時亦見也. 故知物自有去來, 見性無來去也. 諸根亦爾.

問, 正見物時, 見中有物否.

答, 見中不立物.

問, 正見無物時, 見中有無物否.

答, 見中不立無物.

問, 有聲時即有聞, 無聲時還得聞否.

答, 亦聞.

問, 有聲時從有聞, 無聲時云何得聞.

答, 今言聞者, 不論有聲無聲. 何以故. 爲聞聲常. 故有聲時卽聞, 無聲時亦聞.

問, 如是聞者是誰.

答, 是自性聞. 亦名知者聞.

【번역】

문, "어떻게 하여야 보는 것이 없는가?"

답, "만약 남자와 여자와 그리고 일체의 색상을 보지만 그 보는 것 가운데 좋아하고 싫어하는 생각을 일으키지 않아서 마치 보지 않은 것과 같은 것이 보는 바가 없는 것이다."

문, "일체의 색상을 접할 때 본다고 할 수 있지만 색상을 대하지 아니할 때도 본다고 할 수 있는가?"

답, "본다."

문, "대상을 대할 때는 있기 때문에 보지만 대상을 대하지 않을 때는 어떻게 보는가?"

답, "지금 「본다」고 한 것은 대상을 대하거나 대상을 대하지 않거나 상관없이 보는 것이다. 왜냐하면 보는 성품은 항상 하기 때문이다. 따라서 대상이 있을 때도 보고, 대상이 없을 때도 또한 보는 것이다. 그러므로 대상은 오고 감이 있으나 보는 성품은 오고 감이 없다. 다른 모든 인식기관, 즉 귀・코 등도 이와 같다."

문, "직접 대상을 볼 때 보는 가운데 대상이 있는가?"
답, "보는 가운데 대상은 없다."
문, "바로 대상이 없음을 볼 때 보는 가운데 대상이 없는가?"
답, "보는 가운데 대상이 없다는 것도 세우지 않는다."
문, "소리가 날 때는 곧 듣지만 소리가 나지 않을 때도 또한 들을 수 있는가?"
답, "또한 들을 수 있다."
문, "소리가 날 때는 소리가 있기 때문에 듣지만 소리가 나지 않을 때는 어떻게 들을 수 있는가?"
답, "지금 '듣는다'고 하는 것은 소리가 있고 소리가 없고를 상관하지 않고 듣는다. 왜냐하면 소리를 듣는 성품은 항상 하기 때문이다. 그러므로 소리가 날 때도 듣지만 소리가 나지 않을 때도 또한 듣는 것이다."
문, "이와 같이 듣는 자는 누구인가?"
답, "자기의 마음이 듣는다. 또한 지각하는 사람만이 듣는 것이다."

【注記】

○ **無所見(무소견)** : 보는 자인 能見과 보이는 것인 所見이 모두 없어진 상태를 말한다. 즉 실천적인 입장에서 말하면 능히 보는 자가 대상을 보고 인식하지만 보았다는 의식도 남아 있지 않은 상태를 가리킨다.
○ **色像(색상)** : 눈으로 보는 대경인 물질을 말한다.
○ **今言見者(금언견자)**… : 『남양화상문답잡징의』 제13단(정유진,

『신회의 문답잡징의 연구』, p.204)에 "질문하기를, "만약 대상물이 없으면 비춥니까? 비추지 않습니까?" 대답하기를, "지금 비춘다고 말하는 것은 대상물이 있고 없고 관계없이 언제나 비추고 있는 것입니다." 질문하기를, "이미 형상이 없고, 또 언설도 없으며, 일체의 有無 모두를 세우지 않았습니다. 그런데 지금 비춘다고 하는 것은 도대체 무엇을 비춘다는 것입니까?" 대답하기를, 지금 비춘다고 말한 것은 거울이 밝기 때문에 거울 자신의 본성이 비추고 있는 것입니다. 만약 중생의 마음이 청정하면 자연히 대지혜의 광명이 나와 無餘의 세계(寂靜한 깨달음의 세계)를 비추는 것입니다.(問曰, 若不對像, 照不照. 答曰, 今言照者, 不言對與不對, 俱常照. 問, 旣無形像, 復無言說, 一切有無皆不可立. 今言照者, 復是何照. 答曰, 今言照者, 以鏡明故, 有自性照. 若以衆生心淨, 自然有大智慧光, 照無餘世界.)" 라고 한 말도 참고가 된다.

○ **根(근)** : 범어 indriya를 번역한 것으로서 감각기관이라는 뜻이다. 이 근은 물질적인 요소로 구성되어 있기 때문에 色根이라고도 한다. 근에는 勝義根과 扶塵根(浮塵根)이 있다. 전자는 神經에 해당하고, 후자는 혈육으로 된 안구나 고막 등을 가리킨다.

○ **有聲時卽有聞(유성시즉유문)** : 『열반경』 권21(『대정장』 권12, p.491하 · 490상)에 "어떻게 들음이 없이 듣는가? 선남자여, 들음이 없는 것을 대열반이라 한다. 왜 들음이 없는가? 유위법이 아니기 때문에, 음성이 아니기 때문에, 가히 말할 수 없기 때문이다. 왜 또한 듣는다고 하는가? 이른바 常 ·

樂・我・淨이라는 이름을 들을 수 있기 때문이다. 이런 의미 때문에 들음이 없이 듣는다고 하는 것이다.(云何不聞聞. 善男子, 不聞者, 名大涅槃. 何故不聞. 非有爲故, 非音聲故, 不可說故. 云何亦聞. 得聞名故, 所謂常樂我淨. 以是義故名不聞聞.)"라고 한 것과 『대승무생방편문』(『대정장』 권85, p.1274중)도 참조하라.

○ **見中不立物(견중불립물)** : 보는 성품(마음)은 눈앞에 대상이 있을 때만 보고, 대상이 없으면 보지 않는 것이 아니라 거울의 照用과 같이 대상의 유무를 막론하고 항상 보는 것이다. 그러나 불성의 보는 성품은 보아도 봤다는 흔적을 남기지 않는다.

9. 돈오문의 종지와 체용

問, 此頓悟門, 以何爲宗, 以何爲旨, 以何爲體, 以何爲用.

答, 無念爲宗, 妄心不起爲旨, 以淸淨爲體, 以智爲用.

問, 旣言無念爲宗, 未審無念者無何念.

答, 無念者無邪念, 非無正念.

問,[①] 云何爲邪念, 云何名[②]正念.

答, 念有念無,[③] 卽名邪念, 不念有無, 卽名正念. 念善念惡, 名爲邪念, 不念善惡, 名爲正念. 乃至[④]苦樂, 生滅取捨, 怨親憎愛, 幷名邪念. 不念苦樂等, 卽名正念.

問, 云何是正念.[⑤]

答, 正念者,[⑥] 唯念菩提.

問, 菩提可得否.

答, 菩提[⑦]不可得.

問, 旣不可得, 云何唯[⑧]念菩提.

答, 只如菩提, 假立名字,[9] 實不可得, 亦無前後得者. 爲不可得故, 卽無有念. 只箇無念, 是名眞念. 菩提無所念.[10] 無所念者, 卽一切處無心, 是無所念. 只如上說如[11]許種無念者, 皆是隨事方便, 假立名字. 皆同一體, 無二無別. 但知一切處無心, 卽是[12]無念也. 得無念時, 自然解脫.

問, 云何行佛行.

答, 不行一切行, 卽名佛行, 亦名正行, 亦名聖行. 如前所說, 不行有無憎愛等是也. 大律卷五菩薩[13]品云, 一切聖人不行於衆生行, 衆生不行如是聖行.

問, 云何是正見.

答, 見無所見, 卽名正見.

問, 云何名見無所見.

答, 見一切色時, 不起染著. 不[14]染著者, 不起愛憎心, 卽名見無所見也. 若得見無所見時, 卽名佛眼, 更無別眼.[15] 若見一切色時, 起愛憎者, 卽名有所見. 有所見者, 卽是衆生眼也,[16] 更無別眼作衆生眼也.[16] 乃至諸根, 亦復如是.[17]

問, 旣言以智[18]爲用者, 云何爲智.[18]

答, 知二性空, 卽是解脫. 知二性不空, 不得解脫. 是名爲智,[18] 亦名了邪正, 亦名識體用. 二性空, 即是體. 知二性空, 即是解脫. 更不生疑, 即名爲用. 言二性空者, 不生有無善惡愛憎, 名[19]二性空.

【校記】

① 저본에는 「問」자가 없음. 금본에 의거하여 교보함.
② 금본에는 「名」이 「爲」자로 되어 있음.
③ 금본에는 「念有念無」가 「念無念有」로 유무가 도치되어 있음.
④ 금본에는 「乃至」의 2자가 「念」자로 되어 있음.
⑤ 금본에는 「正念」이 「無念」으로 되어 있음.
⑥ 금본에는 「答, 正念者」의 4자가 없음.
⑦ 금본에는 「菩提」의 2자가 없음.
⑧ 금본에는 「唯」가 「復」자로 되어 있음.
⑨ 금본에는 「名字」가 「文字」로 되어 있음.
⑩ 금본에는 「菩提無所念」이 「菩提眞念, 菩提者名无所念」으로 되어 있음.
⑪ 금본에는 「如」자가 없음.
⑫ 금본에는 「是」가 「名」자로 되어 있음.
⑬ 금본에는 「薩」이 「提」자로 되어 있음.
⑭ 금본에는 「不」 다음에 「起」자가 더 있음.
⑮ 금본에는 「更無別眼」 다음에 「名佛眼也」의 4자가 더 있음.
⑯ 저본에는 「眼」 다음에 「也」자가 없음. 금본에 의거하여 교보함.
⑰ 금본에는 「如是」 다음에 「也」자가 더 있음.
⑱ 금본에는 「智」가 「知」로 되어 있음.

⑲ 금본에는 「名」 앞에 「是」자가 더 있음.

【번역】

문, "이 돈오문은 무엇으로써 宗을 삼고, 무엇으로써 旨를 삼으며, 무엇으로써 체를 삼고, 무엇으로 용을 삼는가?"

답, "무념으로써 종을 삼고, 망심이 일어나지 않는 것으로써 지를 삼으며, 청정(공적)으로써 체를 삼고, 지혜로써 용을 삼는다."

문, "이미 무념으로써 종을 삼는다고 했다면 도대체 무념이라고 하는 것은 어떤 생각이 없다는 것인가?"

답, "무념이라는 것은 삿된 생각이 없다는 뜻이지 정념이 없다는 뜻은 아니다."

문, "무엇이 삿된 생각이며, 무엇이 정념인가?"

답, "있음을 생각하고 없음을 생각하는 것이 삿된 생각이고, 있음과 없음을 생각하지 않는 것이 정념이다. 선함을 생각하고, 악함을 생각하는 것이 사념이고, 선악을 생각하지 않는 것이 정념이다. 내지 고락과 생멸과 취사와 원친과 증애 등을 생각하는 것은 모두 사념이고, 고락 등을 생각하지 않는 것은 정념이다."

문, "무엇이 정념인가?"

답, "정념이라는 것은 오직 보리(깨달음)만을 생각하는 것이다."

문, "보리는 얻을 수 있는가?"

답, "보리는 얻을 수 없다."

문, “이미 얻을 수 없다면 어떻게 오직 보리만을 생각한다는 것인가?”

답, “단지 보리라는 것은 임시로 세운 이름이기 때문에 실제로는 얻을 수 없는 것이며, 또한 과거에도 얻은 사람이 없었으며, 앞으로도 얻을 사람이 없을 것이다. 얻을 수 없기 때문에 생각할 수 있는 대상이 아니다. 단지 무념은 진념일 뿐이다. 보리는 생각할 바의 대상이 아니다. 생각하는 것이 없다는 것은 일체의 모든 곳에 무심한 것을 말하는 것이다. 단지 앞에서 말한 이와 같은 종류의 무념이라는 것은 모두 일에 따른 방편에 의거하여 임시로 세운 이름일 뿐이다. 그러므로 모두 동일한 것이기 때문에 다른 것이 아니다. 단지 일체의 모든 곳에 무심하기만 하면 이것이 곧 무념인 줄 알아야 한다. 무념을 얻을 때 자연히 해탈하게 되는 것이다.”

문, “어떻게 하는 것이 부처의 행을 하는 것인가?”

답, “일체의 모든 행을 행하지만 행했다는 생각도 없이 행하는 것이 곧 부처의 행이며, 또한 바른 행이고, 또한 성인의행이다. 앞에서 말한 바와 같이 유무와 증애 등을 행하지 않는 것이 부처의 행이다. 『대율』 권5 ‘보살품’에 「일체의 성인은 중생의 행을 행하지 않고, 중생은 이와 같은 성인의 행을 행하지 않는다」 고 한다.”

문, “정견이란 무엇인가?”

답, “보지만 본 것이 없는 것을 정견이라 한다.”

문, "어떻게 보는데 보여 지는 것이 없다고 하는가?"

답, "일체의 대상을 볼 때 집착심을 일으키지 않는 것을 말한다. 대상에 염착되지 않는다는 것은 애증의 마음을 일으키지 않는 것이며, 이것이 곧 보지만 보여 지는 것이 없는 것이다. 만약 보지만 보여 지는 것이 없음을 체득했다면 불안이라고 할 뿐 또 특별한 눈이 있는 것은 아니다. 만약 일체의 대상을 볼 때 좋아하고 싫어하는 마음을 낸다면 보는 대상이 남아 있는 것이다. 보는 대상이 남아 있다고 하는 것은 곧 중생의 눈을 말하는 것이며, 별다른 눈이 있어서 중생의 눈이라고 하는 것은 아니다. 다른 감각기관의 경우도 이와 같다."

문, "이미 지혜로써 작용을 삼는다고 했다면 무엇이 지혜인가?"

답, "선악시비 등의 상대적인 본질이 공한 줄 아는 것이 곧 해탈이다. 상대적인 본질이 공하지 않는 줄 알면 결코 해탈할 수 없다. 이러한 사실을 아는 것을 지혜라 하고, 또 삿됨과 바름을 요달했다고 하며, 또 본체와 작용을 안다고 하는 것이다. 상대적인 본질의 실체가 없는 것이 곧 본체이다. 상대적인 본질의 실체가 없는 것을 아는 것이 해탈이다. 다시 의심하지 않으면 작용이라 한다. 상대적인 본질의 실체가 없다고 하는 것은 있음과 없음, 선과 악, 사랑함과 미워함 등의 대립심을 내지 않는 것을 말한다."

【注記】

○ 종지를 「종」과 「지」로 나누고, 체용을 「체」와 「용」으로 나누어 논하는 것은 중국인이 논리를 표현하는 형식이다. 『돈오입도요문론』제2단 注記의 「돈오」항을 참조하라.

○ **無念**에 대해서는 『돈오요문론』제41단도 같이 참조할 것.

○ **無念爲宗(무념위종)** : 신회의 『단어』제15단(정유진, 『신회의 단어 연구』, p.190)에 "진여는 번뇌망념이 없는 무념의 본체이다. 이러한 의미 때문에 무념을 세워 궁극적인 진리로 삼는 것이다. 무념을 똑똑히 깨달은 사람은 비록 보고 듣고 깨달아 알지라도 항상 공적하다(眞如是無念之體, 以是義故, 故立無念爲宗. 善見無念者, 雖具見聞覺知, 而常空寂.)"고 하고, 『남양화상문답잡징의』제25단(정유진, 『신회의 문답잡징의 연구』, p.296)에 "진여라는 것은 생각하는 본체이다. 이런 의미 때문에 무념을 세워 종지를 삼는다. 만약 무념을 말한다면<무념이라는 것은> 비록 견문각지할지라도 항상 공적하다(眞如者, 卽是念之體. 以是義故, 立無念爲宗. 若言無念者, 雖有見聞覺知, 而常空寂.)"고 한다. 『하택대사현종기』(정유진, 『신회의 단어 연구』, p.341)에 "무념을 종지로 삼고, 무작을 근본으로 한다. 진공을 본체로 삼고, 묘유를 작용으로 삼는다(無念爲宗, 無作爲本. 眞空爲體, 妙有爲用.)"고 하고, 돈황본 『육조단경』제17단(정유진, 『돈황본 육조단경 연구』, p.212)에 "무념을 종지로 삼고, 무상을 본체로 삼으며, 무주를 근본으로 삼는다(無念爲宗, 無相爲體, 無住爲本.)"이라 한다.

○ **無念者, 無何念(무념자, 무하념)**… : 『남양화상문답잡징의』제25단(정유진, 『신회의 문답잡징의 연구』, p.296)에 "없다는

것은 어떤 법이 없다는 것이며, 생각한다는 것은 어떤 법을 생각한다는 것인가? 없다는 것은 선악 등의 분별심이 없다는 것이며, 생각한다는 것은 오직 진여만을 생각한다는 것이다(無者無何法, 是念者念何法." "無者無有二法, 念者唯念眞如.)"고 하고, 돈황본 『육조단경』제17단(정유진, 위의 책, p.213)에 "없다는 것은 무엇이 없다는 것이며, 생각한다는 것은 무엇을 생각한다는 것인가? 없다는 것은 선악 등의 모든 분별심이 없다는 것이며, 생각한다는 것은 진여본성을 생각한다는 것이다(無者無何事, 念者念何物. 無者二相諸塵勞, 念者念眞如本性.)"고 한다.

○ **不念有無, 卽名正念(불념유무, 즉명정념)** : 『남양화상문답잡징의』제13단(정유진, 『신회의 문답잡징의 연구』, p.203)에 "장연공이 질문하기를, "선사는 평소에 무념의 법을 설하여 사람들에게 수학토록 권하시는데 도대체 무념법이라는 것이 있습니까?" 대답하기를, "무념의 법은 있다고도 할 수 없고, 없다고도 할 수 없습니다." 질문하기를, "어째서 무념은 있다고도 또한 없다고도 말할 수 없습니까?" 대답하기를, "만약 무념이 있다고 말해도 세간에서 있다고 말하는 것과 같은 것이 아니고, 만약 그것이 없다고 말해도 세간에서 없다고 하는 것과 똑같은 것이 아닙니다. 그러므로 무념은 있다 없다고 말할 수 없습니다." 질문하기를, "그러면 「어떻게」 불러야 합니까?" 대답하기를, "「어떻게」라고 하는 말도 맞지 않습니다." 질문하기를, "그러면 도대체 무엇이라고 해야 합니까?" 대답하기를, "또 한 물건(一物)이라고도 말할 수가 없습니다. 그래서 무념은 가히 설할 수 있는 법이 아

닙니다. 지금의 언설은 질문에 대답하기 위한 것입니다. 만약 질문에 대답하지 않는다면 결국 언설은 필요 없는 것입니다(張燕公問, 禪師日常說無念法, 勸人修學, 未審無念法有無. 答曰, 無念法不言有, 不言無. 問, 何故無念不言有無. 答, 若言其有者, 卽不同世有., 若言其無者, 不同世無. 是以無念不言有無. 問, 喚作是沒物. 答, 不喚作物. 問, 異沒時作物生. 答, 亦不作一物. 是以無念不可說. 今言說者, 爲對問故. 若不對問, 終無言說.)"라고 하고, 『보리달마남종정시비론』 제47단(정유진, 『신회 남종정시비론 연구』, p. 316)과 『남양화상문답잡징의』 제19단(정유진, 위의 책, p.241)에 "무엇이 무념인가? 이른바 유무도 생각하지 않는 것이며, 선악도 생각하지 않는 것이며, 유변제와 무변제도 생각하지 않는 것이며, 유한량과 무한량 등 일체의 상대적인 차별심도 생각하지 않는 것을 말한다. 또 보리도 생각하지 않는 것이며, 보리로써 생각을 삼지도 않는 것이며, 열반도 생각하지 않는 것이며, 열반으로써 생각을 삼지도 않는 것, 이것이 바로 무념이다. 이 무념이 곧 반야바라밀이며, 반야바라밀이 곧 일행삼매이다(云何無念. 所謂不念有無, 不念善惡, 不念有辺際・無辺際, 不念有限量・無限量. 不念菩提, 不以菩提爲念. 不念涅槃, 不以涅槃爲念. 是爲無念. 是無念者, 卽是般若波羅蜜. 般若波羅蜜者, 卽是一行三昧.)"라고 한다.

○ **菩提不可得(보리불가득)** : 『유마경』 '관중생품'(『대정장』 권14, p.548하)에 "보리는 머무는 곳이 없기 때문에 얻을 것이 없다(菩提無住處. 是故無有得者.)"고 한다.

○ **無所念(무소념)** : 여기서 무소념은 능히 생각하는 자인 能念과 생각의 대상인 所念까지도 모두 없는 것을 가리킨다. 주객이 완전히 하나가 된 무념의 상태를 의미한다.

○ **無心(무심)** : 凡聖是非 등의 사량분별이 전혀 없는 마음의 상태를 말한다. 또 能悟의 마음도 없고, 所悟의 법도 없는 상태, 즉 주관과 객관이 완전히 멸한 상태가 무심의 경지이다. 『傳心法要』(入矢義高, 『傳心法要・宛陵錄』<禪の語錄8>, p.12)에 "무심이라는 것은 일체의 망심이 없는 것이다. 여여한 본체는 안으로 목석과 같아서 동요하지 않고, 밖으로는 허공과 같아서 어디에도 막히거나 걸리지 않으며, 주관과 객관도 없고, 방향과 처소도 없으며, 모양과 자태도 없고, 얻음과 잃음도 없다(無心者, 無一切心也. 如如之體, 內如木石, 不動不搖, 外如虛空, 不塞不礙, 無能所, 無方所, 無相貌, 無得失.)"고 한다.

○ **佛行(불행)** : 『傳心法要』제15단(入矢義高, 『傳心法要・宛陵錄』<禪の語錄8>, p.77)에 "다만 유무의 모든 분별심을 여의기만 하면 마음은 마치 태양이 항상 허공에 떠 있는 것과 같다. 그 광명이 비추지 않아도 자연히 비추는 것은 이 어찌 힘을 더는 일이 아니랴? 이런 곳에 이르렀을 때는 쉬어 머무를 데도 없어서 모든 부처의 행을 행하게 된다(但離却有無諸法, 心如日輪常在虛空, 光明自然, 不照而照, 不是省力底事. 到此之時, 無棲泊處, 即是行諸佛行.)"고 한다.

○ **正行(정행)** : 부처님의 가르침에 따라 행하지만 행했다는 생각도 없는 것이 정행이다. 예를 들면 팔정도나 육바라밀의

행을 들 수 있다.

○ **聖行(성행)** : 계·정·혜에 의해서 닦는 보살의 正行.

○ **大律(대율)** : 어떤 경인지 알 수 없다. 『대집경』 권2(『대정장』 권13, p.11하)에 "일체의 성인은 행을 행하지 않고, 중생은 이와 같은 聖行을 행하지 않는다"고 한 말이 보인다.

○ **無所見(무소견)** : 『돈오요문론』 제8단 참조.

○ **正見(정견)** : 『傳心法要』 제5단(入矢義高, 『傳心法要·宛陵錄』 <禪の語錄8>, p.30)에 "도를 배우는 사람은 直下에 무심하여 묵묵히 계합할 뿐, 마음으로 헤아린다면 곧 어긋난다. 마음으로써 마음을 전하는 것이 정견이다(學道人, 直下無心, 默契而已, 擬心卽差. 以心傳心, 此爲正見.)"고 한다.

○ **二性空(이성공)** : 반야사상에서 공이라고 할 경우, 주로 능·소의 二執이 모두 자성이 없어서 無自性空임을 주장한다. 그러나 여기서 이성공은 단지 능소의 이성만을 부정할 뿐만 아니라 자기의 마음속에서 일어나고 있는 유무·증애·선악 등 대립심의 본질에 실체가 없어서 공하다고 하는 주장이다. 다시 말해서 憎의 능소, 愛의 능소까지 부정하는 입장이다. 마음속에 일체의 대립심이 없으면 곧 무념의 상태가 되는데 이 무념의 상태에서만 반야지가 작용한다.

○ **二性不空(이성불공)** : 이성불공에 대한 내용이 분명하지 않다. 다만 이성공의 내용을 토대로 하여 이성불공의 내용을 추지할 뿐이다. 『남양화상문답잡징의』 제27단(정유진, 『신회의 문답잡징의 연구』, p.329)에 "상주의 司戶인 원사직이 질문하기를, "무엇이 空이며, 무엇이 不空입니까?" 대답하

기를, "진여의 체는 가히 얻을 수 없기에 공이라 합니다. 능히 不可得의 본체가 湛然히 常寂하지만 항사의 묘용이 있는 것을 볼 수 있기 때문에 불공이라 합니다(常州司戶元思直問曰, 何者是空, 云何爲不空. 答曰, 眞如體不可得, 名之空. 以能見不可得體, 湛然常寂, 而有恒沙之用故言不空.)"라고 한 말에서 空과 不空의 의미가 분명히 드러나 있다. 위의 내용은 『大乘起信論』에 "진여에 두 가지 뜻이 있는데 하나는 「如實空」이고, 다른 하나는 「不如實空」이다. 전자는 「능히 구경에 실상을 드러내기 때문이다(以能究竟顯實故.)」고 하고, 후자는 「자체에 무루의 지혜와 공덕인 자비를 구족하고 있기 때문이다(以有自體具足無漏性功德故.)」(『대정장』권32, p.576상)"고 한 것을 근거로 한 주장이다. 즉 마음의 본성은 공하지만 그 空寂體上에 항하사와 같은 지혜의 묘용이 작용하고 있기 때문에 공하지 않다는 뜻이다. 유무·선악 등의 대립을 여읜 그 자리가 공적한 마음의 자리이고, 그 공적한 마음의 자리에서 지혜가 작용하여 선악 등의 본질이 공한 사실을 아는 것이 공하지 않다는 것이다. 이것은 곧 우리의 마음이 허무하지 않다는 증거이다. 왜냐하면 공적체상에 반야의 지혜가 작용하고 있기 때문이다. 『돈오요문론』제25단(平野宗淨, 『頓悟要門』<禪の語錄6>, 筑摩書房, 1970, p.61)에 "다함이란 것은 모든 번뇌가 다한 것을 말한다. 다함이 없다고 한 것은 생함이 없는 본체 가운데 항사와 같은 묘용을 갖추고 있어서 일에 따라 응하여 나타나 모든 것을 다 만족케 하지만 본체 중에는 조금도 손감이 없는 것을 다함이 없음이라 한다(盡者,

諸漏盡. 無盡者, 於無生體中, 具恒沙妙用, 隨事應現, 悉皆具足. 於本體中, 亦無損減. 是名無盡.)"이라고 한 것도 같은 의미이다.

10. 돈오는 보시바라밀로부터

問, 此門從何而入.

答, 從檀波羅蜜入.

問, 佛說六波羅蜜是菩薩行, 何故獨說檀波羅蜜, 云何具足而得入也.①

答, 迷人不解五度皆因檀度生. 但修檀度, 卽六②度悉皆具足.

問, 何因緣故, 名爲檀度.

答, 檀者名爲布施.

問, 布施何物.

答, 布施却二性.

問, 云何是二性.

答, 布施却善惡性,③ 布施却有無性, 愛憎性④, 空不空性, 定不定性, 淨不淨性, 一切悉皆施却, 卽得二性空. 若得二性空時, 亦不得作二性空想, 亦不得作念有⑤施想, 卽是眞行檀波羅蜜,⑥ 名萬緣俱絶. 萬緣俱絶者, 卽一切[7]法性空是也. 法性空者, 卽一切處無心是.[8] 若得一切處無心時, 卽無有一相可得. 何以故. 爲自性空故, 無一相可得.[9] 無[10]一相可得者, 卽是實相. 實相者, 卽是如來妙色身相也. 金剛經云, 離一切諸相, 則[11]名諸佛.

問, 佛說六波羅蜜, 今云何說一卽[12]能具足. 願說一具六法之因.[13]

答, 思益經[14]云, 網明尊謂[15]梵天言, 若菩薩捨一切煩惱, 名檀波羅蜜. 卽是布施. 於諸法無所起, 名尸羅波羅[16]蜜, 卽是持戒. 於諸法無所傷, 名羼提波羅蜜, 卽是忍辱. 於諸法離相, 名毘離耶波羅蜜, 卽是精進. 於諸法無所住, 名禪波羅蜜, 卽是禪定. 於諸法無戲論, 名[17]般若波羅蜜, 卽是智慧. 是名[18]六法. 今明六法相異者,[19] 一捨, 二無起, 三無傷, 四離相, 五無住, 六無戲論. 如是六法, 隨事方便, 假立名字. 至於妙理, 無二無別. 但知一捨, 卽一切捨, 無起卽一切無起.[20] 迷途不契, 悉謂有差. 愚者滯其法數之中, 卽[21]長輪生死. 告汝學人[22], 但修檀之[23]法, 卽萬法周圓.[24] 況於五法, 豈不具耶.[25]

【校記】

① 금본에는 「也」자가 없음.

② 금본에는 「六」자가 「五」자로 되어 있음.

③ 금본에는 「善惡性」의 3자가 「善性不善性」으로 되어 있음.

④ 금본에는 「愛憎性」 앞에 「見不見性」의 4자가 더 있음.

⑤ 금본에는 「念有」의 2자가 「是」로 되어 있음.

⑥ 금본에는 「卽是眞行檀波羅蜜」의 8자가 「卽眞行施者也檀波羅蜜者」로 되어 있음.

⑦ 금본에는 「一切」 다음에 「色」자가 더 있음.

⑧ 금본에는 「是」 다음에 「也」자가 더 있음.

⑨ 금본에는 「無一相可得」의 5자가 없음.

⑩ 금본에는 「無」 다음에 「有」자가 더 있음.

⑪ 금본에는 「則」이 「卽」자로 되어 있음. 경문에 의거하여 고침.

⑫ 금본에는 「卽」이 「則」자로 되어 있음.

⑬ 금본에는 「因」 다음에 「由」자가 더 있음.

⑭ 금본에는 「思益經」 다음에 「答品」의 2자가 더 있음. 경문에 의거하여 삭제함.

⑮ 금본에는 「謂」가 「爲」자로 되어 있음.

⑯ 금본에는 「羅」자가 없음.

⑰ 금본에는 「名」 앞에 「卽」자가 더 있음.

⑱ 금본에는 「名」자가 없음.

⑲ 저본에는 「今明六法相異者」의 7자가 「今更名六法不異」로 되어 있음. 금본에 따라 고침.

⑳ 금본에는 「無起卽一切無起」의 7자가 「一无一切无」로 되어 있음.

㉑ 금본에는 「卽」 다음에 「是」자가 더 있음.

㉒ 금본에는 「學人」이 「學者」로 되어 있음.

㉓ 금본에는 「之」자가 없음.

㉔ 금본에는 「周圓」의 2자가 「自圓」으로 되어 있음.

㉕ 금본에는 「耶」가 「也」자로 되어 있음.

【 번역 】

문, "이 돈오의 문은 어디에서부터 들어가는가?"

답, "단바라밀(보시바라밀)로부터 들어간다."

문, "부처님은 육바라밀이 보살행이라고 했는데 무엇 때문에 오직 단바라밀만을 말하며, 어떻게 구족하여야 들어갈 수 있는가?"

답, "미혹한 사람은 나머지 다섯 바라밀이 모두 단바라밀로 인해서 생겨나는 것인 줄을 모른다. 단지 단바라밀만 닦으면 육바라밀이 모두 구족되는 것이다."

문, "어떤 인연 때문에 단바라밀이라고 하는가?"

답, "단(dāna)이라는 것은 보시라고 한다."

문, "어떤 것을 보시하는가?"

답, "相對의 二見을 보시하는 것이다."

문, "무엇이 이성인가?(어떻게 상대의 이견을 보시하는가?)"

답, "선악의 본질을 보시하고, 유무의 본질을 보시하며, 증애의 본질, 공과 불공의 본질, 정과 부정의 본질, 청정과 청정하지 않음의 본질 등 일체를 모두 다 보시해 버리면 곧 상대의 본질은 실체가 없음을 체득하게 된다. 만약 상대의 본질에 실체가 없음을 체득했을 때 상대의 본질이 공하다는 생각을 내지 않고, 또한 보시했다는 생각도 하지 않는 것이 진실로 단바라밀을 행하는 것이고, 여러 가지 잡다한 인연이 모두 끊어지는 것이다. 여러 가지 잡다한 인연이 모두 끊어진다는 것은 모든 법의 본성이 실체가 없음을 말하는 것이다. 법의 본성에 실체가 없다는 것은 일체의 모든 곳에 무심함을 말하는 것이다. 설령 일체의 모든 곳에 무심함을 체득했다고 하더라도 특별한 하나를 얻을 수 있는 것은 아니다. 왜냐하면 자성이 공적하기 때문에 하나의 특별한 것도 얻을 수 없는 것이다. 하나의 특별한 것도 얻을 수 없다는 것은 모든 존재의 실상이다. 실상이라고 하는 것은 여래의 묘한 색신의 모습이다. 『금강경』에 「모든 부처님은 일체의 모양을 떠나 있다」고 했다."

문, "부처님은 육바라밀을 모두 설했는데 지금 어떻게 단바라밀 하나만을 설하여 나머지를 구족할 수 있다고 하는가? 원컨대 하나의 수행이 여섯 가지 수행법을 전부 구족할 수 있다고 하는 이유를 설명하라. 『사익경』에 「망명존이 범천에게 말하기를, 만약 보살이 일체의 번뇌를 여의면 단바라밀이라」고 하는데 이것이 보시이다. 「모든 법에 대하여 염착심이 일어나지 않는 것을 시라바라밀이라」고 하는데 이것이 지계이다. 「모든 법에 대하여 상해하지 않는 것을 찬제바라밀이라」고 하는데 이것이 인욕이다. 「모든 법에 대하여 모양을 여의는 것을 비리야바라밀이라」 고 하는데 이것이 정진이다. 「모든 법에 대하여 머무름이 없는 것을 선바라밀이라」고 하는데 이것이 선정이다. 「모든 법에 대하여 무익한 말이나 도리에 어긋나는 편견이 없는 것을 반야바라밀이라」고 하는데 이것이 지혜이다. 이들이 여섯 가지의 법이다. 지금 여섯 가지의 법이 서로 다른 것을 밝혀보면 첫 번째는 버림, 두 번째는 일어나지 않음, 세 번째는 손상하지 않음, 네 번째는 모양을 떠남, 다섯 번째는 머무르지 않음, 여섯 번째는 희론이 없음이다. 이와 같은 여섯 가지의 법은 일에 따라 방편으로 거짓의 이름을 세운 것이다. 오묘한 도리에 이르면 모두 같은 것이다. 다만 하나를 버리면 일체를 버리는 것이고, 한 생각이 일어나지 않으면 일체의 생각이 일어나지 않는 것인 줄을 알아야 한다. 道에 미혹한 사람은 이러한 도리를 알지 못하고 모두 다르다고 한다. 어리석은 사람은 그 법의 수에 막혀 길이 생사에 윤회한다. 너희 학인들에게 다만 단바라밀만을 닦아도 만법이 두루 원통하게 된다는 사실을 알린다. 그런데 하물며 다섯 가지의 법이야 어찌 구족하지 않겠는가."

【注記】

○ **六波羅蜜(육바라밀)**: 六度라고도 한다. 度는 pāramitā를 번역한 말이며, 「필경」·「완성」의 뜻이다. 육도는 보살이나 선자(禪者)의 기본적인 실천덕목이다. 이 육도의 출발은 보

살이 일체의 중생을 구제하기 위하여 자기의 생활을 뒤로 미루고 남을 먼저 생각하는 마음(自未得度先度他)에서부터 비롯된다.

○ **檀(단)** : 범어 dāna를 음사한 것으로서 보시라 번역한다. 보시(Charity)란 주는 것이다. 모든 중생의 행복과 이익을 위하여 줄 수 있는 것은 무엇이든 모두 다 주는 것을 말한다. 단지 물질적인 것뿐만 아니라 지식과 지혜, 즉 세속적인 지식·종교적인 지식·정신적인 지식·법의 지혜·구경진실의 지혜를 준다. 이처럼 보시에는 탐심을 제거하기 위하여 불법승 삼보나 가난한 사람에게 의복과 음식 등을 나누어 주는 財施가 있고, 가르침을 베푸는 法施가 있다.

○ **布施何物, 布施却二性(보시하물, 보시각이성)** : 대주가 보시의 실천을 독자적으로 관심석하고 있는 구절이다. 경전의 말을 자기의 사상에 대입하여 해석하는 관심석은 또 心觀釋이라고도 한다. 특히 북종선에서 중시한 경전의 독특한 주석법이다. 예를 들어 『대승무생방편문』에 『묘법연화경』을 관심석하고 있는 것을 보면, 무엇이 「묘법」이고, 무엇이 「연화」인가? 마음이 묘법이며, 몸이 연화이다. 마음이 평등하면 「智」가 되고, 몸이 평등하면 「慧」가 된다. 그러므로 『묘법연화경』이란 「지혜경」이란 뜻이다.

○ **相(상)** : 범어 lakṣaṇa를 번역한 것이다. 특징·특성, 또는 상태·양상·형상 등의 의미이다.

○ **如來(여래)** : 범어 tathāgata를 번역한 것이다. 존경받을 만한 사람, 바른 안목을 가진 사람, 완전한 인격자 등의 뜻이 있다.

○ **如來妙色身相**(여래묘색신상) : 이것은 여래의 32상을 가리킨다. 32상은 부처님의 몸에 갖추고 있는 수승한 용모와 형상 가운데 특히 현저하게 보이는 32가지를 32상이라고 한다.

○ **金剛經云**(금강경운) : 『대정장』권8, p.750중에 나온다. 여기의 '相'이 원문에는 '想'으로 되어 있다. 보리유지나 구마라집은 相으로 번역하였다. 대주도 구마라집의 번역을 따르고 있다. 岩波文庫本 『金剛經』 p.76참조.

○ **思益經云**(사익경운) : 『思益梵天所問經』'問談品'제6(『대정장』권15, p.45하)에 나오는 말이다.

○ **梵天**(범천) : 범어 brahma-deva를 번역한 것이다. 범은 離欲·清淨의 뜻이다. 이 하늘은 욕계의 음욕을 여의어서 항상 깨끗하고 고요하기 때문에 범천이라 한다. 색계의 초선천을 가리킨다.

○ **尸羅**(시라) : 범어 śīla를 음사한 것이다. 계라고 번역한다. 행위·습관·성격·도덕·경건 등의 뜻이 있다. 지계(Precepts)란 불타에 의하여 주어진 계율, 즉 도덕적 생활의 규칙을 지키는 것이다. 정해진 집이 없는 출가자에게 규율은 승가의 질서를 유지하기 위한 것이다. 승가란 일종의 이상사회로서 평화롭고 화합된 생활을 실현하는 것을 그 이상으로 삼는다.

○ **羼提**(찬제) : 범어 kṣānti를 음사한 것이다. 인욕이라 번역한다. 인내의 뜻이다. 인욕(Humility)은 일반적으로 인수(忍受), 즉 괴로움을 참는 것을 의미하지만 진정한 의미는 참을성이 강하여 오직 마음을 편안하게 하고 굴욕의 행위를 참고

이겨 나가는 것이다.

○ **毗離耶**(비리야) : 범어 vīrya를 음사한 것이다. 기력·정진·부지런함이라 번역한다. 정진(Energy)은 진리와 일치하는 것에 종사하면서 언제나 정력적으로 전념하는 것이다.

○ **禪**(선) : 범어 dhyāna를 音略한 것이다. 靜慮라고 번역한다. 마음을 하나의 대상에 專注하여 사유하는 것을 의미한다. 즉 선정(Meditation)은 어떠한 환경에 처하더라도 마음을 상실하지 않고 그것을 유지해 나가는 것이다. 좋은 경우나 나쁜 경우나 차례대로 다가오는 역경이나 어떠한 경우에도 그것에 혼란되거나 흔들리지 않고 나아가는 것이다.

○ **智慧**(지혜) : 범어 prajñā를 번역한 것이며, 반야라 음사한다. prajñā를 영어로 Wisdom이라고 번역하지만 이것에 꼭 맞는 영어나 유럽어는 발견할 수 없다. 왜냐하면 서양인은 반야라고 하는 것에 해당하는 특수한 경험을 갖지 못한 민족이기 때문이다. 반야란 인간이 겪는 하나의 경험이다. 이것은 가장 근본적인 의미에서 인간이 사물의 무한한 당체성을 감득하는 것이다. 이것을 심리학적으로 말하면 유한한 자아가 그 단단한 껍질을 부수고 나와서 자기가 무한한 것과 상통하는 것을 말한다. 이런 경험은 우리 인간이 갖는 개별적인 특수한 경험을 모두 초월하는 어떤 것을 당체적으로 직관하는 것이다.

11. 삼학일체

問, 三學等用,① 何者是三學,② 云何是等用.③

答, 三學者, 戒④定慧是也.

問, 云何是⑤戒定慧.

答, 清淨無染, 是戒. 知心不動, 對境寂然, 是定. 知心不動時, 不生不動想. 知心清淨時, 不生清淨想, 乃至善惡皆⑥能分別, 於中無念, 得自在者,⑦ 是名爲慧也.⑧ 若⑨知戒定慧體俱不可得時, 卽無分別, 卽⑩同一體, 是名⑪三學等用.⑫

【校記】

① 금본에는 「三學等用」의 4자가 「言三學等用者」로 되어 있음.

② 금본에는 「何者是三學」의 5자가 없음.

③ 금본에는 「云何是等用」의 5자가 「云何是三學等用」으로 되어 있음.

④ 금본에는 「戒」 앞에 「卽」자가 더 있음.

⑤ 금본에는 「是」자가 없음.

⑥ 금본에는 「皆」가 「悉」자로 되어 있음.

⑦ 금본에는 「者」자 없음.

⑧ 금본에는 「是名爲慧也」의 5자가 「是慧卽是三學也」로 되어 있음.

⑨ 금본에는 「若」자 앞에 「等用者」의 3자가 더 있음.

⑩ 금본에는 「卽」자 앞에 「无分別者」의 4자가 더 있음.

⑪ 금본에는 「是名」이 「卽名」으로 되어 있음.

⑫ 금본에는 「用」 다음에 「也」자가 더 있음.

【 번역 】

문, "계정혜의 삼학을 함께 쓴다고 했는데 무엇이 삼학이며, 어떻게 같이 쓰는가?"

답, "삼학은 계정혜이다."

문, "무엇이 계정혜인가?"

답, "청정하여 물들지 않은 것이 계이다. 마음이 움직이지 않는 줄을 알고 대상을 대하더라도 적정한 것이 정이다. 마음이 움직이지 않는 줄을 알았을 때 움직이지 않는다는 생각도 일어나지 않아야 한다. 마음이 청정한 줄을 알 때 청정하다는 생각도 내지 않고, 내지 선악을 모두 능히 분별하지만 그 가운데 물들지 않아서 자유를 얻는 것을 혜라고 한다. 만약 계정혜의 본체를 모두 다 얻을 수 없는 것임을 알면 곧 분별심이 없어져 같은 한 몸이 되는데 이것이 삼학을 같이 쓴다고 하는 것이다."

【注記】

○ **三學等用(삼학등용)**: 삼학일체·삼학일치의 뜻이다. 이 일단은 북종선에서 삼학을 각각 다르게 보고 있는 것을 전제로 한 법문이다. 『단어』제6단(楊曾文, 『神會和尙禪話錄』, p.6)에 "무엇을 삼학평등이라고 하는가? 계·정·혜가 바로 그것이다. 망심이 일어나지 않는 것을 「계」라 하고, 망심이 없는 것을 「정」이라 하며, 마음에 망심이 없는 줄을 아는 것을 「혜」라 한다. 이것을 삼학평등이라 한다(何者是三學等. 戒定慧是. 妄心不起名爲戒, 無妄心名爲定, 知心無妄名爲惠. 是名三學等.)"고 하고, 『보리달마남종정시비론』제15단(楊曾文, 앞의 책, p.27)에 숭원법사가 말하기를, "왜 나(법사)를 무식한 사람이라고 합니까?" 신회화상이 말하기를, "나는 다만 법사가 선정과 지혜를 똑같이 닦는다(定慧等學)는 사실을 모르고 있는 것을 한심하게 생각할 뿐입니다." 또 숭원법사가 질문하기를, "선사가 말하는 정혜일치란 도대체 어떤 것입니까?" 신회화상이 대답하기를, "선정이라고 하는 것은 그 本體를 파악할 수 없지만 지혜라고 하는 것은 가히 얻을 수 없는 본체를 능히 보며, 항상 湛然히 상적하여 항하사와 같이 많은 지혜의 작용이 있기 때문에 선정과 지혜가 똑같다(定慧等學)고 말하는 것입니다(和上言, 「比來法師喚禪師無所知, 今日禪師喚法師作無所知.」遠法師問, 「何故喚法師作無所知.」和上言, 「唯嗟法師不[知]定慧等學.」又問, 「何者是禪師定慧等學.」和上答, 「言其定者, 體不可得, 言其慧者, 能見不可得體, 湛然常寂, 有恒沙之用, 故言定慧等學.」)"고 하며, 석정본 『남양화상문답잡징의』제19단(楊曾文, 앞의 책, p.79)에 <철법사

가 질문하기를, "선정과 지혜가 같다는 것이 어떤 뜻입니까?" 대답하기를, "한 생각의 망념도 일어나지 않아 허공과 같이 텅 비어 소유할 것이 없는 것을 곧 바른 선정이라 합니다. 망념이 일어나지 않고 공하여 소유할 것이 없는 것을 보고 깨달아 아는 것을 바른 지혜라 합니다. 만약 이와 같다면 선정에 들어 있을 때를 이름하여 지혜의 본체라 하고, 지혜가 發現될 때가 바로 선정의 작용인 것입니다. 入定해 있을 때 지혜와 다르지 않고, 지혜가 발현될 때 선정과 다르지 않는 것입니다. 선정에 들어 있을 때가 바로 지혜가 발현되는 때이고, 지혜가 발현될 때가 바로 선정에 들어 있는 때입니다. 선정에 들어 있을 때도 선정에 들어 있다는 생각도 없고, 지혜가 발현될 때 지혜가 발현된다는 생각도 없는 것입니다. 왜냐하면 본성 그 자체가 如如하기 때문이며, 따라서 선정과 지혜는 같다고 하는 것입니다"(哲法師問, 云何是定慧等義. 答曰, 念不起, 空無所有, 卽名正定. 以能見念不起, 空無所有, 卽名正慧. 若得如是, 卽定之時, 名爲慧體, 卽慧之時, 卽是定用. 卽定之時不異慧, 卽慧之時不異定. 卽定之時卽是慧, 卽慧之時卽是定. 卽定之時無有定, 卽慧之時無有慧. 何以故. 性自如故, 是名定慧等學.)>"고 한다. 돈황본 『육조단경』 제41단(정유진, 『돈황본 육조단경 연구』, p.353)에 "마음자리에 그릇됨이 없는 것이 자성계이고, 마음자리에 어지러움이 없는 것이 자성정이며, 마음자리에 어리석음이 없는 것이 자성혜이다(心地無非是自性戒, 心地無亂是自性定, 心地無癡是自性惠.)"라고 한다. 그리고 돈황본 『육조단경』 제13단(정유진, 위의 책, p.19

3)에 "남종돈교의 최상대승 법문에서는 선정과 지혜로써 근본을 삼는다. 어리석어 알지도 못하면서 선정과 지혜가 다르다고 말해서는 절대 안 된다. 선정과 지혜의 본체는 하나이지 둘이 아니다. 다시 말해서 선정은 지혜의 본체이고 지혜는 선정의 작용인 것이다. 즉 지혜가 작용할 때 선정은 지혜에 있으며, 선정의 상태에 있을 때 지혜는 선정에 있는 것이다. 여러분, 이러한 의미가 바로 선정과 지혜가 평등한 것이다. 도를 배우는 사람들이 자 기 마음대로 생각하여 먼저 선정에 들어가야 지혜가 발현된다고 하거나 반대로 먼저 지혜가 있어야 적정한 선정이 나올 수 있다고 생각하여 선정과 지혜가 각각 다르다고 말하지 말라(我此法門, 以定惠爲本. 第一勿迷言惠定別. 定惠體一不二. 卽定是惠體, 卽惠是定用. 卽惠之時定在惠, 卽定之時惠在定. 善知識, 此義卽是(定)惠等. 學道之人作意, 莫言先定發惠, 先惠發定, 定惠各別.)"고 한 주장도 신회의 삼학일치사상을 응용하여 재편한 것이라고 생각한다. 『전등록』권28 '大珠慧海章'(『대정장』권51, p.444중)에 "어떤 학인이 '정혜일치란 무엇인가'라고 물었다. 대주가 대답하기를, 선정은 본체이고, 지혜는 작용이다. 선정에서 지혜가 일어나고 지혜로부터 선정으로 돌아간다. 이는 마치 물과 파도가 하나이기 때문에 다시 전후가 없는 것과 같다. 이를 정혜일치라고 한다(僧問如何是定慧等學. 師曰, 定是體, 慧是用. 從定起慧, 從慧歸定. 如水與波一體更無前後, 名定慧等學.)"고 한 주장도 신회와 돈황본 『육조단경』 영향을 받은 것이다. 또 『宗鏡錄』권97 南嶽懷讓도 정혜일체를 주장하고 있다. 신회는 삼

학일치를 등광의 비유로써 설명하고 있다. 『단어』 제25단(楊曾文, 앞의 책, p.10)에 "세상에서 여러 가지 일상생활을 하는 가운데 그 일에 대하여 망념을 일으키지 않는 것이 선정과 지혜를 동시에 닦는 것이고, 선정과 지혜는 서로 떨어질 수 없다. 선정이 지혜와 다르지 않고, 지혜가 선정과 다르지 않다. 이는 마치 세간의 등과 그 빛이 서로 떨어져 있지 않는 것과 같다. 예를 들면 등은 그 빛의 본체이고 빛은 등의 작용이다. 빛은 등과 다르지 않고 등은 그 빛과 다르지 않다. 빛은 등과 떨어질 수 없고 등은 그 빛과 떨어질 수 없다. 그러므로 빛이 곧 등이고 등이 곧 빛이다. 선정과 지혜도 또한 이와 마찬가지다. 선정은 지혜의 본체이고 지혜는 선정의 작용이다. 지혜는 선정과 다르지 않고, 선정은 지혜와 다르지 않다. 지혜가 곧 선정이며 선정이 곧 지혜이다. 지혜가 작용하고 있을 때 지혜가 작용한다는 생각도 없고, 선정에 들어 있어도 선정에 들어 있다는 생각이 없어야 한다. 이것이 선정과 지혜를 동시에 닦는 것이며, 이들은 서로 떨어질 수 없다(種種運爲世間, 不於事上生念, 是定惠雙修, 不相去離. 定不異惠, 惠不異定. 如世間燈光, 不相去離. 卽燈之時光家體, 卽光之時燈家用. 卽光之時不異燈, 卽燈之時不異光. 卽光之時不離燈, 卽燈之時不離光. 卽光之時卽是燈, 卽燈之時卽是光. 定惠亦然. 卽定之時是惠體, 卽惠之時是定用. 卽惠之時不異定, 卽定之時不異惠. 卽惠之時卽是定, 卽定之時卽是惠. 卽惠之時無有惠, 卽定之時無有定. 此卽定惠雙修, 不相去離.)"고 하고, 또 돈황본 『육조단경』 제15단에는 "선정과 지혜는 무엇과 같은가? 마치 등과 등불과 같다. 등이 있으면 등불이 있고 등이 없으면 등불이 없다. 등은 등불의 본체이고 등불은 등의 작용이다. 그 이름은 둘이지만 본체는 둘이 아니다. 이 정혜의 법이라는 것도 이와 마찬가지다(定惠猶如何等. 如燈光. 有燈卽有光, 无燈卽无光. 燈是光之軆, 光是燈之用. (名)卽有二, 軆無兩般. 此定惠法, 亦復如是.)"라고 한 것도 선정과 지혜를 등과 등불에 비유하여 정혜일치를 주장하고 있는 일단이다. 그리고 『宗鏡錄』권97(『대정장』권48, p.941상)에도 "寂靜은 자성의 선정이고, 조견은 자성의 지혜이다. 선정은 지혜의 본체이고, 지혜는 선정의 작용이다. 선정을 떠나서 따로 지혜가 없고, 지혜를 떠나서 따로 선정이 없다. 선정에 들어 있을 때가 곧 지혜가 작용하는 때이고, 지혜가 작용하고 있을 때가 곧 선정에 들어 있는 때이다. 그러나 선정에 들어 있을 때 선정도 없고, 지혜가 작용할 때 지혜도 없다. 왜냐하면 자성이 여여하기 때문이다. 마치 등과 등불이 비록 그 이름은 둘일지라도 그 본체는 다르지 않다. 그러므로 등이 곧 등불이며, 등불이 곧 등이다. 등을 떠나서 따로 등불이 없고, 등불을 떠나서 따로 등이 없다. 따라서 등은 등불의 본체이고, 등불은 등의 작용이다. 그러므로 선정과 지혜는 같이 닦아야 하며 서로 떨어질 수 없다(卽寂是自性定, 卽照是自性慧. 卽定是慧體, 而慧是定用. 離定無別慧, 離慧無別定. 卽定之時卽是慧, 卽慧之時卽是定. 卽定之時無有定, 卽慧之時無有慧. 何以故. 性自如故. 如燈光雖有二名, 其體不別. 卽燈是光, 卽光是燈. 離燈無別光, 離光無別燈. 卽燈是光體, 卽光是燈

用. 卽定慧雙修, 不相去離.)"고 주장한 것도 역시 선정과 지혜는 등과 등불의 관계와 같아서 서로 분리될 수 없다는 것이다. 북종의 禪者들과 정혜의 선후문제에 대한 논쟁은 석정본 『남양화상문답잡징의』제10·29단에 거론되고 있다. 『돈오요문론』제20·21단도 참조.

○ **云何是戒定慧(운하시계정혜)** : 원문에는 「云何」의 위에 「其義」의 2자가 더 있다. 衍文이기 때문에 삭제한다. 그러나 「其義」의 2자를 살리면 아래의 「是戒定慧」의 4자가 필요 없다.

○ **染(염)** : 오염의 뜻이다. 번뇌에 물들어 오염된 것을 말한다.

○ **卽無分別(즉무분별)** : 원문에는 아래에 「者」자가 더 있지만 衍文으로 보이기 때문에 삭제한다.

12. 생함이 없는 마음

問, 若心住淨[1]時, 不是著[2]淨[1]否.

答, 得[3]住淨[1]時, 不作住淨[1]想, 是不著淨.[4]

問, 心住空時, 不是[5]著空否.

答, 若作空想, 卽名著空.[6]

問, 若心得住無住[7]處時, 不是著無住[7]處否.

答, 但作空想,[8] 卽無有著處. 汝若欲了了識無所住心時, 正坐之時, 但知心, 莫思量一切物. 一切善惡, 都[9]莫思量. 過去事已過去, 而[10]莫思量, 過去心自絕, 卽名無過去事.[11] 未來事未至, 莫願莫求, 未來心自絕, 卽名無未來事.[11] 現在事已現在, 於一切事但知無著.[12] 無著者不起憎愛心, 卽是無著, 現在心自絕,[13] 卽名無現在事.[11] 三世[14]不攝, 亦名無三世也. 心若起去時, 卽莫隨去, 去心自絕. 若[15]住時亦莫隨住, 住心自絕, 卽無住心,[16] 卽是住無住處也. 若了了自知住無住[17]時, 只物住, 亦無住處,[18] 亦無無住處也. 若自了了知心不住一切處, 卽名了了見本心也, 亦名了了見性也. 只箇不住一切處心者, 卽是佛心, 亦名解脫心, 亦名菩提⑲心, 亦名無生心, 亦名色性空. 經云證無生法忍, 是也. 汝若未得如是⑳之㉑時, 努力努力, 勤加用功, 功成自會. 所以㉒會者一切處無心, 卽是會. 言無心者, 無假不无㉓眞也. 假者愛憎心是也. 眞者無愛憎心是也. 但無憎愛心, 卽是二性空. 二性空者, 自然解脫也.

【校記】

① 금본에는 「淨」 앞에 「淸」자가 더 있음.

② 금본에는 「著」자가 「着」자로 되어 있음.

③ 금본에는 「得」 앞에 「若」자가 더 있음.

④ 금본에는 「是不著淨」의 4자가 「卽著淸淨」으로 되어 있음. 또 금본에는 「卽著淸淨」 다음에 「若得住淸淨時, 不作住淸淨想, 卽名不著淸淨」의 18자가 더 있음.

⑤ 금본에는 「是」자가 없음.

⑥ 금본에는 「卽名著空」의 4자가 「卽名心著空」으로 되어 있음.

⑦ 금본에는 「無住」의 2자가 「無所住」로 되어 있음.

⑧ 금본에는 「但作空想」의 4자가 「但不作得想」으로 되어 있음.

⑨ 금본에는 「都」자가 없음.

⑩ 금본에는 「而」자가 없음.

⑪ 금본에는 「事」 다음에 「也」자가 더 있음.

⑫ 금본에는 「著」가 「着」자로 되어 있음.
⑬ 금본에는 「現在心自絶」의 5자가 「現在心時自絶」로 되어 있음.
⑭ 금본에는 「三世」 앞에 「即是」의 2자가 더 있음.
⑮ 금본에는 「若」 다음에 「心」자가 더 있음.
⑯ 금본에는 「即無住心」의 4자가 없음.
⑰ 금본에는 「住無住」의 3자가 「住在住」로 되어 있음.
⑱ 금본에는 「只物住, 亦無住處」의 7자가 「只住亦無住處」로 되어 있음.
⑲ 금본에는 「菩提」가 「菩薩」로 되어 있음.
⑳ 금본에는 「如是」가 「如此」로 되어 있음.
㉑ 금본에는 「之」가 없음.
㉒ 금본에는 「所以」의 2자가 「所言」으로 되어 있음.
㉓ 저본에는 「无」자가 없음. 금본에 의거하여 보교함.

【번역】

문, "만약 마음이 청정함에 머무를 때 청정함에 집착하는 것이 아닌가?"

답, "청정함에 머무를 때 청정함에 머물렀다는 생각을 하지 않으면 청정함에 집착한 것이 아니다."

문, "마음이 공에 머무를 때 공에 집착한 것이 아닌가?"

답, "만약 공하다는 생각을 하면 마음이 공에 집착한 것이다."

문, "만약 마음이 무주처에 머무른다면 무주처에 집착하는 것이 아닌가?"

답, "단지 생각을 비우기만 하면 집착할 곳이 없다. 네가 만약 분명히 머무는 바 없는 마음을 알고자 한다면 바로 좌선할때 단지 마음 그 자체만 알고 일체의 모든 것을 사량하지 말아야 한다. 즉 일체의 선악을 모두 사량하지 말아야 한다. 과거의 일은 이미 지나 간 것이기 때문에 사량하지 않으면 과거의 마음이 저절로 끊어지게 되는 것을 과거의 일이 없다고 하는 것이다. 미래의 일은 아직 다가오지 않았기 때문에 원하지도 말고 구하지도 않으면 미래의 마음이 저절로 끊어지게 되는 것을 미래의 일이 없다고 하는 것이다. 현재의 일은 이미 현재이기 때문에 일체의 모든 일에 다만 집착하지 않을 줄 알아야 한다. 집착함이 없다는 것은 증애의 마음을 일으키지 않는 것이 곧 집착함이 없는 것이며, 현재의 마음이 저절로 끊어지는 것을 현재의 일이 없다고 하는 것이다. 삼세의 한계를 그를 수 없는 것을 삼세가 없다고 한다. 마음이 만약 일어날 때 따라가지 않으면 가는 마음은 저절로 끊어진다. 만약 머무를 때 또한 따라 머무르지 않으면 머무르는 마음이 저절로 끊어져서 머무는 마음이 없게 되는데 이것이 곧 무주처에 머무는 것이다. 만약 분명히 무주처에 머무는 것을 스스로 자각할 때 단지 머무를 뿐 역시 주하는 곳이 없고, 또한 무주처도 없는 것이다. 만약 스스로 똑똑히 마음이 일체의 모든 곳에 머무르지 않는다는 사실을 자각하는 것을 확실히 본심을 깨달았다고 하며, 또한 똑똑히 성품을 깨달았다고 한다. 단지 일체의 모든 곳에 머무르지 않는 마음이라는 것은 불심이고, 또한 해탈심이라고 하며, 또한 보리심이라고 하고, 또한 무생심이라 하며, 또한 색성공이라 한다. 경에 「무생법인을 깨닫는다」고 한 것은 곧 이를 두고 하는 말이다. 네가 만약 이와 같은 도리를 깨닫지 못했을 때는 노력하고 또 노력하여 부지런히 닦아 나간다면 공이 이루어져 스스로 알게 될 것이다. 그러므로 안다고 하는 것은 일체의 모든 곳에 무심하게 되는 것이 곧 아는 것이다. 무심이라고 하는 것은 거짓이 없어 진실됨이 없지 않는 것이다. 거짓이라고 하는 것은 증애심이다. 진실이라고 하는 것은 증애심이 없는 것이다. 단지 증애심만 없다면 상대의 본질은 공할 것이다. 상대의 본질이 공하다고 하는 것은 자연히 해탈한 것이다."

【注記】

○ **不是著無住處否(불시저무주처부)** : 원문에는 「無住處」가 「無所處」로 되어 있다.

○ **一切善惡(일체선악)…** : 신회의 『단어』 제13단(정유진, 『신회의 단어 연구』, p.165)에 "일체의 선악을 모두 한꺼번에 사량하지 말라(一切善惡, 總莫思量.)"라고 한 말을 계승한 것이다. 이 말은 나중에 육조혜능의 중도의 실천법문으로 탈화된다. 즉 『조당집』 권2 '홍인화상전'과 『전등록』 권4 '몽산도명장'에 혜능이 3품 장군 출신인 惠順에게 大庾嶺에서 "선도 생각하지 말고, 악도 생각하지 말라(不思善, 不思惡

.)"라고 법문한 내용은 바로 신회(684~758)의 이 구절을 계승한 것이다. 그런데 돈황본 『육조단경』제13단에는 단지 혜능이 대유령에서 혜순에게 법을 전했다고만 했을 뿐 구체적으로 어떤 법을 전했는지에 대한 내용은 없다(能於嶺上, 便傳法惠順). 그러므로 「一切善惡, 總莫思量.」이란 말은 신회로부터 비롯된 것이며, 돈황본 『六祖壇經』에는 그 내용이 빠져 있고 「不思善, 不思惡.」이란 말은 혜흔본 『단경』(中川孝, 『六祖壇經』<禪の語錄4>, 筑摩書房, p.46.)에서 비롯된 것임을 알 수 있다. 신회의 이 말은 중국인들이 선악·유무·단상 등 양변을 한꺼번에 초월하는 공(중도)의 실천적인 수행체계를 구체적으로 표현한 것이다. 이 중도를 구체적으로 실천하는 방법은 「망념이 일어나면 망념이 일어난 사실을 자각하는 것」이다. 자각함으로써 망념은 없어지고 망념이 이어지는 것을 끊어 주게 된다. 『단어』제36단에 "만약 망념이 일어나면 망념이 일어난 사실을 곧 바로 자각하면 깨달음과 망념이 모두 없어지는데 이것이 곧 본성의 무주심인 것이다(若有妄起卽覺, 覺妄俱滅, 卽是本性無住心.)"라 하고, 같은 내용이 『보리달마남종정시비론』제48단과 『남양화상문답잡징의』제19단에도 나온다. 이 내용을 이어 규봉종밀(780~841)은 「망념이 일어나면 곧 바로 자각하라. 자각하면 망념은 없어진다(念起卽覺, 覺之卽無.)」라 했고, 송대 종색(생몰 년대 미상)이 지은 『禪苑清規』내의 「좌선의」에서는 「念起卽覺, 覺之卽失.」이라고 간결하게 표현했다. 그런데 「一切善惡, 總莫思量.」이란 말이 신회의 『단어』에 최초로 나오지만 이 말의 구체적인 실천방법인 「

念起卽覺，覺之卽失.」이란 말과의 직접적인 연결은 神會의 語錄에는 보이지 않고 종밀의 『禪源諸詮集都序』에서부터 맹아하기 시작하여 송대 宗賾禪師의 「坐禪儀」에서는 분명히 연결시켜 제시하고 있다. 이 둘을 서로 비교해서 보면, 『都序』에서는 "모든 모습이 공한 줄 깨달으면 마음에 저절로 망념은 없어진다. 망념이 일어나면 곧 바로 망념이 일어난 사실을 깨달아라. 그러면 망념은 사라진다. 이것이 수행의 묘문이다「覺諸相空，心自無念. 念起卽覺，覺之卽無. 修行妙門."(『대정장』권48, p.403상)」고 했고, 종밀의 사상을 계승하여 종색은 『緇門警訓』에서 "일체의 선악을 전부 사량하지 말라. 망념이 일어나면 곧 바로 망념이 일어난 사실을 깨달아라. 그러면 망념은 사라진다. 이와같이 오래도록 하여 망념이 없어지면 저절로 만법과 하나가 되는 것이다. 이것이 좌선의 요술이다「一切善惡，都莫思量. 念起卽覺，覺之卽失. 久久忘緣，自成一片. 此坐禪之要術也."(『대정장』권48, p.1047중)」고 한다. 그리고 『勅修百丈淸規』의 「좌선의」에서는 "일체의 선악을 전부 사량하지 말라. 망념이 일어나면 곧 바로 망념이 일어난 사실을 깨달아라. 그러면 항상 깨어 있어서 어둡지도 혼미하지도 산란하지도 않을 것이다. 이와같이 일념이 지속되어 단절되지도 않고, 고정되지도 않게 하는 것이 좌선의 요술이다「一切善惡. 都莫思量. 念起卽覺. 常覺不昧. 不昏不散. 萬年一念. 非斷非常. 此坐禪之要術也."(『대정장』권48, p.1143상)」고 한다.

○ **若了了自知住無住時(약료료자지주무주시)**：원문에는 「住無住」가 「住在主」로 오기되어 있다.

○ **只物**(지물) : 당시의 속어이다. 只沒 · 只麽와 같다. 「단지 … 뿐」이란 뜻이다.

○ **色性空**(색성공) : 물질적 존재의 본질에는 실체가 없다는 의미이다.

○ **經云**(경운)… : 여기의 경은 어떤 특정한 경을 가리키는 것은 아니다. 무생법인이란 말은 여러 경전에서 보인다. 이 말의 뜻은 無生(空)법의 이치, 즉 불생불멸의 이치를 깨달아 알고 거기에 안주하여 움직이지 않는 것을 말한다.

13. 常 住

問, 只坐爲用,① 行時亦得爲用否.②

答, 今言用功者, 不獨言坐, 乃至行住坐臥, 所造③運爲, 一切時中, 常用無間, 卽名常住也.

【校記】

① 금본에는 「只坐爲用」의 4자가 「爲只坐用」으로 되어 있음.

② 금본에는 「爲用否」의 3자가 「用」으로 되어 있음.

③ 금본에는 「所造」의 2자가 「所作」으로 되어 있음.

【 번역 】

문, "단지 앉아있을 때만 작용하는가, 아니면 다닐 때도 역시 작용하는가?"

답, "지금 功用(작용)이라고 말한 것은 비단 앉아 있을 때만을 말하는 것이 아니라 일상의 행주좌와에서 지어지고 있는 모든 동작은 언제 어디서나 항상 작용하여 끊임이 없는 것을 상주라고 한다."

【注記】

○ **只坐爲用**(지좌위용) : 원문은 「爲只坐用」으로 되어 있지만 의미가 통하지 않기 때문에 「只坐爲用」으로 고친다.

○ **常住**(상주) : 범어 nitya-sthita를 번역한 것이다. 과거 · 현재 · 미래의 삼세에 걸쳐서 항상 존재하고 일체의 생멸변화가 없는 것을 말한다.

14. 다섯 가지 법신

問, 方[①]廣經云, 五種法身,[②] 一實相法身, 二功德法身, 三法性法身, 四應化法身, 五虛空法身. 於自己身何者是.

答, 知心不壞, 是實相法身. 知心含萬像, 是功德法身. 知心無心, 是法性法身. 隨根應說, 是應化法身. 知心無形不可得, 是虛空法身. 若[③]了此義者, 卽知無證也. 無得無證者, 卽是證佛法. 法身若有證有得, 以爲證者, 卽邪見增上慢人也, 名爲外道. 何以故. 維摩經云, 舍利弗問天女曰, 如何所得, 何所證, 辯乃得如是, 天女答曰, 我無得無證, 乃得如是. 若有得有證, 卽於佛法中, 爲增上慢人也.

【校記】

① 금본에는 「方」 앞에 「大」자가 더 있음.

② 금본에는 「身」 다음에 「者」자가 더 있음.

③ 금본은 「若」 이하부터 제15단 「名爲等」까지 결락되어 판독할 수 없음.

【번역】

문, "『방광경』에 「다섯 가지 법신은 첫째 실상법신이고, 둘째 공덕법신이며, 셋째 법성법신이고, 넷째 응화법신이며, 다섯째 허공법신이라」고 한다. 그러면 자기의 신체 가운데 어느 것이 여기에 해당하는가?"

답, "마음은 허물어지지 않는 것인 줄 아는 것이 실상법신이다. 마음은 만상을 함용하고 있는 것인 줄 아는 것이 공덕법신이다. 마음은 무심한 줄 아는 것이 법성법신이다. 근기에 따라 응하여 설법하는 것이 응화법신이다. 마음은 형상이 없어서 가히 얻을 수 없는 것인 줄 아는 것이 허공법신이다. 만약 이러한 뜻을 깨달은 자라면 곧 바로 증득할것도 없음을 알게 될 것이다. 얻을 것도 없고 증득할 것도 없다는 것이 곧 불법을 증득하는 것이다. 법신이 만약 증득할 것이 있고 얻을 것도 있어서 증득할 수 있는 것이라고 생각한다면 이는 사견을 가진 증상만인이고, 외도이다. 왜냐하면 『유마경』에 「사리불이 천녀에게 묻기를, '네가 무엇을 얻었고, 무엇을 증득했길래 이와 같이 훌륭한 변재를 얻었는가?' 천녀가 대답하기를, '나는 얻은 것도 없고 증득한 것도 없는 데도 이와 같은 변재를 얻었다. 만약 얻을 것이 있고 증득할 것이 있다고 한다면 불법 가운데 증상만인이라'」고 했다."

【注記】

○ **方廣經云(방광경운)**：『大通方廣經』(『대정장』권85, p.1348하)과 『讚禪門詩』(『대정장』권85, p.1292상)에 "첫째 실상법신이란 그 모양을 나타낼 수 없는 것이다. 둘째 공덕법신이란 망념을 여읜 것을 공이라 하며, 이치를 드러내는 것을 덕이라 한다. 셋째 법성법신이란 모든 법의 본성과 이치를 나타내는 것이다. 넷째 응화법신이란 육근이 오염되지 않는 것이다. 다섯째 허공법신이란 허공계와 같은 것이다(一實相法身, 相無所相故. 二功德法身, 離念爲功, 顯理爲德.[1] 三法性法身, 諸法性理. 四應化法身, 六根無染也. 五虛空法身, 等虛空界.)"라고 한 말이 보인다.

○ **五種法身(오종법신)**：화엄종에서 주장하는 부처의 다섯 가지 眞身, 즉 五身을 말한다. 즉 존재의 본질로부터 생한 佛身인 法性法身과 많은 수행의 공덕으로 인하여 생한 불신인 功德法身과 중생의 기근에 응하여 현현한 불신인 變化法身과 허공에 편만한 불신인 虛空法身과 그리고 어떠한 형상도 없고 불생불멸하는 법신인 實相法身 등이다.

○ **法身(법신)**：법신에는 여러 가지 설이 있지만 대승불교에서는 常住·진실·보편·평등의 理體인 진여법성을 가리키

---

1) 돈황본 『육조단경』제34단에 "성품을 깨닫는 것이 공이고, 평등하고 곧은 마음이 덕이다(見性是功, 平直是德.)"고 했고, 『조당집』권18, '앙산장'에 "성품을 깨닫는 것을 공이라 하고, 지혜의 묘용을 덕이라"고 한다. 또 「위산대원선사경책」에 "안으로 부지런히 망념을 극복하는 것이 공이고, 밖으로 널리 다투지 않는 것이 덕이다(內勤剋念之功, 外弘不諍之德.)"라고 한 말도 참조

며, 여래장을 세워서 법신이라 한다. 여기에 보신과 응신을 더하면 삼신이 된다.

○ **外道(외도)** : 인도에서는 불교 이외의 가르침을 펴는 사람을 가리켰으나 후세에는 邪法·邪義의 뜻을 가진 폄칭으로 쓰였다.

○ **維摩經云(유마경운)** : 『유마경』'觀衆生品'(『대정장』 권14, p.548상)에 나오는 말이다.

15. 등각과 묘각

問, 經云, 等覺妙覺, 云何是等覺, 云何是妙覺.

答, 卽色卽空, 名爲等覺, 二性空故, 名爲妙覺. 又云, 無覺無無覺, 名爲妙覺.

問, 等覺與妙覺, 爲別爲不別.

答, 爲隨事方便, 假立二名. 本體是一, 無二無別. 乃至一切法皆然也.

【 번역 】

문, "경에 「등각과 묘각이라」 했는데 무엇이 등각이며, 무엇이 묘각인가?"

답, "물질적 현상인 색을 떠나지도 않고, 색의 본질인 공에도 떠나지 않는 것을 등각이라 하고, 상대의 본질에는 실체가 없기 때문에 묘각이라 한다. 또 깨달음도 없고 깨달음이 없음도 없는 것을 묘각이라 한다."

문, "등각과 묘각은 다른가, 다르지 않는가?"

답, "일에 따른 방편으로 임시로 두 가지 이름을 세웠을 뿐이다. 그 본체는 하나이지 둘이 아니며 다르지도 않다. 그 밖에 일체의 모든 법이 다 그렇다."

【注記】

○ **等覺(등각)**: 보살의 52수행계위 가운데 51위를 가리킨다. 두루하고 바르며 보편타당성이 있는 깨달음이란 뜻으로 正覺·正等覺·等正覺이라고도 한다. 즉 진리를 널리 깨달아 모든 불타의 깨달음과 동등하다는 의미이다. 내용적으로는 불타의 깨달음과 동등하고, 실제로는 불타의 한 발 앞에 있는 자를 가리킨다.

○ **妙覺(묘각)**: 보살수행의 52위인 佛果의 무상정각을 말한다. 등각이 一轉하면 묘각이 된다. 이 위에서 自覺覺他와 覺行圓滿이 이루어진다.

16. 설 법

問, 金剛經云, 無法可說, 是名說法. 其義云何.

答, 般若①體畢竟清淨, 無有一物可得, 是名無法可說, 即於般若空寂體②中, 具恒沙之用, 即無事不知, 是名說法. 故云無法可說, 是名說法.

【校記】

① 금본에는 「般若」 앞에 「爲」자가 더 있음.

② 금본은 「體」자 이후부터 제17단 「發心求佛道, 爲」까지 결락되어 판독할 수 없음.

【 번역 】

문, "『금강경』에 「무법(空)을 가히 설하는 것을 설법이라 한다」고 했는데 그 뜻이 어떠한가?"

답, "반야의 본체는 필경에 청정하여 하나도 가히 얻을 수 없는 것을 무법을 가히 설한다고 한 것이며, 반야의 공적한 본체 가운데 항사의 묘용을 갖추고 있어서 무엇이든지 모르는 것이 없는 것을 설법이라 한다. 그러므로 무법을 가히 설하는 것을 설법이라 한다."

【注記】

○ **無法可說(무법가설)** : 無法을 空으로 보지 않고 「법을 가히 설할 수 없는 것」이라고 번역할 수도 있다.

○ **金剛經云(금강경운)** : 『금강반야경』(『대정장』권8, p.751하)에 나온다.

○ **般若空寂體中(반야공적체중)**… : 『돈오요문론』제6단 참조. 신회의 『남양화상문답잡징의』제31단(정유진, 『신회의 문답잡징의 연구』, p.341)에 "윤주의 사마인 왕유림이 질문하기를, 「法을 가히 설할 수 없는 것」을 어떻게 법을 설한다고 하십니까?" 대답하기를, "반야바라밀의 본체는 가히 얻을 수 없기 때문에 법을 설할 수 없다고 하는 것입니다. 그러나 반야바라밀의 본체에는 스스로 지혜가 있어 가히 얻을 수 없는 본체를 照見하며, 담연하고 상적하지만 항사의 묘용이 있기 때문에 법을 설한다고 하는 것입니다(潤州司馬王幼琳問, 云何是無法可說, 是名說法. 答曰, 般若波羅蜜體不可得, 是無法可說. 般若波羅蜜體自有智, 照見不可得體, 湛然常寂, 而有恒沙之用, 是名說法.)"라고 한 것과 내용이 같다. 「般若空寂體中, 具恒沙之用, 卽無事不知.」라고 한 말은 신회의 "반야바라밀의 본체에는 본래 지혜가 있어서 가히 얻을 수 없는 본체를 照見하며, 담연히 항상 적정하지만 항사와 같은 묘용이 있다(般若波羅蜜體自有智, 照見不可得體. 湛然常寂, 而有恒沙之用.)"이라고 한 것과 동일한 내용이다. 여기서 自有智는 본래부터 갖추어져 있

는 지혜로서 自然智·根本智·無師智와 같은 말이다. 그러나 신회가 세우고 있는 「知」도 이름은 다 같은 자연지이지만 그는 靜的인 지를 가리키는 것이 아니라 일상생활 속에서 끊임없이 작용하고 있는 살아 있는 지를 자연지라고 한다. 반야바라밀의 본체상에 근본지가 작용한다고 하는 주장은 『단어』 제20·22단, 석정본 『남양화상문답잡징의』 제6·15단, 페리오본 『남양화상문답잡징의』 제5단 등에도 나온다.

17. 『금강경』의 輕賤

問, 若有善男子善女人, 受持讀誦此經, 若爲人輕賤, 是人先世罪業, 應墮惡道, 以今世人輕賤故, 先世罪業, 卽爲消滅, 當得阿耨多羅三藐三菩提, 其義云何.

答, 只如有人未遇大善知識, 唯造惡業, 清淨本心, 被三毒無明所覆, 不能顯了. 故云, 爲人輕賤也. 以今世人輕賤者, 卽是今日發心求佛道, 爲無明滅盡, 三毒不生, 卽本心明朗, 更無亂念,① 諸惡永滅.② 故以今世人輕賤也. 無明滅盡, 亂念不生, 自然解脫. 故云當得菩提.③ 卽發心時, 名爲今世, 非隔生也.

【校記】

① 금본에는 「亂念」이 「雜念」으로 되어 있음.

② 금본에는 「永滅」이 「永斷」으로 되어 있음.

③ 금본에는 「菩提」의 2자가 「阿耨多羅三藐三菩提」로 되어 있음.

【번역】

문, "「선남자 선여인이 이 경전(『금강경』)을 받아 지니고 읽고 외웠음에도 불구하고 만일 다른 사람에게 경멸과 천대를 받는다면 이 사람은 전생의 죄업으로 마땅히 악한 세상에 떨어져야 하겠지만 금생에 남에게 경멸과 천대를 받으므로 인하여 전생의 죄업이 소멸되어 마땅히 아뇩다라삼먁삼보리를 얻을 것이라」고 했는데 그 뜻이 어떠한가?"

답, "예를 들면 어떤 사람이 아직 훌륭한 선지식을 만나지 못하여 오직 악업만 짓고 청정한 본래의 마음이 삼독의 무명에 가려 덮여서 능히 드러나지 않았다. 그래서 다른 사람이 경멸하고 업신여긴다고 한 것이다. 금생에 남들로부터 경멸과 천대를 받는다는 것은 지금 발심하여 불도를 구하면 무명이 다 소멸하고 삼독이 생하지 아니하여 곧 본래의 마음이 밝고 밝아서 다시는 어지러운 생각이 일어나지 않고 모든 악이 영원히 소멸될 것이다. 그렇기 때문에 금생의 사람이 경멸하고 천대한다고 한 것이다. 무명이 모두 소멸되고 어지러운 생각이 일어나지 않으면 자연히 해탈하는 것이다. 그렇기 때문에 마땅히 깨달음을 얻는다고 하는 것이다. 곧 바로 발심할 때를 이름하여 금생이라 하며, 다른 차원의 생을 말하는 것은 아니다."

【注記】

○ **若有善男子善女人(약유선남자선여인)**… : 이 단의 내용은 『金剛般若經』'能淨業障分'(『대정장』권8, p.750하)에 "또 수보리야, 선남자 선여인이 이 경을 받아 지니고 읽고 외우기 때문에 만일 남에게 업신여김을 받는다면 이 사람은 전세의 죄업으로 마땅히 악한 세상에 떨어질 것이지만 금세에 남에게 업신여김을 당함으로써 곧 전세의 죄업이 소멸되어 마땅히 아뇩다라삼먁삼보리를 얻게 되는 것이다(復次須菩提, 善男子善女人, 受持讀誦此經, 若爲人輕賤, 是人先世罪業, 應墮惡道, 以今世人輕賤故, 先世罪業則爲消滅, 當得阿耨多羅三藐三菩提.)"라고 설한 말을 근거로 한 주장이다. 이 경문에는 「若有善男子善女人」이 「復次, 須菩提, 善男子善女人」으로 되어 있다. 『금강경』에서 주장하고 있는 선세죄업의 소멸은 가리왕의 경우처럼 4相이 없어졌을 때 가능하다. 인욕행의 실천을 통해서 죄업을 소멸하는 내용은 『법화경』권6 '常不輕菩薩品'(『대정장』권9)에도 나온다. 달마의 『이입사행론』제2단(柳田聖山, 『達摩の語錄』<禪の語錄1>, 筑摩書房, p.32)에 "전세의 원한에 보답하는 실천이란 수행자들이 만약 괴로움에 부딪칠 때 자기 마음속으로 다음과 같이 반성한다. 즉 나는 아득한 오랜 옛적부터 무한한 세월에 걸쳐 진정한 자신의 근본을 잊고 지말만 좇다가 여러 세계를 윤회하면서 원한과 증오심을 일으켜 끝없이 남과 대립하여 괴롭혀 왔다. … (云何報怨行. 修道行人, 若受苦時, 當自念言, 我從往昔, 無數劫中, 棄本從末, 流浪諸有, 多起怨憎, 違害無限, …)"라고 한 보원행의 내용도 역시 『금강경』을 근거로 한 것이다. 『

금강경』의 이 내용은 『碧巖錄』 제97칙 · 『宏智禪師語錄』 권57 · 『從容錄』 권58 · 『道樹錄』 권2등에도 인용되고 있다. 그리고 신회의 『보리달마남종정시비론』 제42단(楊曾文, 『神會和尙禪話錄』, p.37)에 "학도자 여러분, 『금강반야바라밀경』을 수지 독송하여 능히 일행삼매에 들어가지 못하는 것은 선세의 무거운 죄업장 때문이니 반드시 이 경을 수지 독송해야만 합니다. 이 경의 위덕력 때문에 세상 사람들에게 경멸과 천대를 받거나 현세에 업신여김을 당하는 것입니다. 업신여김을 당하거나 경멸과 천대를 받음으로써 선세의 무거운 죄업장이 곧 바로 소멸하게 되는 것입니다. 중죄업장이 소멸되었기 때문에 즉시 일행삼매에 들어가게 되는 것입니다(諸知識, 誦[持]金剛般若波羅蜜經而不能得入一行三昧者, 爲先世有重罪業障故, 必須誦持此經. 以此經威德力故, 感得世人輕賤, 現世輕受. 以輕受故, 以輕賤故, 先世重罪業障, 卽爲消滅. 以得消滅故, 卽得入一行三昧.)"라고 한 것과 석정본 『남양화상문답잡징의』 제18단(楊曾文, 『神會和尙禪話錄』, p.78)에 <"위주의 건광법사가 질문하기를, 『금강반야경』에 말씀하시기를, 「만약 어떤 선남자 선여인이 이 경을 수지독송 하였지만 만약 남에게 멸시와 천대를 받게 된다면 이 사람은 선세의 죄업으로 마땅히 악도에 떨어져 금생에 남의 멸시와 천대를 받기 때문에 이 사람은 선세의 죄업이 곧 소멸된다」고 했습니다. 그것이 무슨 뜻입니까?" 대답하기를, "경을 수지한 사람은 합당히 일체 사람들로부터 공경과 예배를 받습니다. 금일 비록 또 경을 얻어 독송했을지라도 아직 경을 수지하기 이전에 소유한 중죄업

장이 다하지 않았기 때문에 금일 경을 수지한 위신력으로 세상 사람들의 경천을 받아 두 배로 경을 수지한 사람으로 하여금 소유한 중죄업장을 다 소멸케 하는 것입니다. 중죄업장을 소멸했기 때문에 아뇩다라삼막삼보리를 얻는 것입니다. 또 이치와 뜻으로 해석해 보면, 先世罪業이란 前念이 망심을 일으킨 것에 비유됩니다. 금세에 남의 멸시와 천대를 받았다는 것은 後念이 깨달음(覺)과 같아져서 뒤의 자각이 앞의 망심을 뉘우치게 하는 것에 비유됩니다. 만약 前心이 이미 없어지면 뒤의 뉘우침도 또한 소멸하는 것입니다. 전념과 후념의 두가지 생각이 함께 없어져 이미 존재하지 않으면 곧 이는 경을 수지한 공덕이 구족한 것이며, 바로 이것이 阿耨多羅三藐三菩提(일체의 진리를 아는 佛智)인 것입니다. 또 뒤에 자각한 것을 경천에 비유한 것은 이는 前念이 망심을 일으킨 것이고, 만약 뒤에 깨달았다는 생각을 일으키면 또한 이는 망심을 일으키는 것입니다. 비록 이름을 자각이라고 했을지라도 자각 또한 범부를 떠나 있는 것이 아니기 때문에 세상 사람들의 경천에 비유한 것입니다"([魏州]乾[光]法師問, 金剛般若經云, 若有善男子善女人, 受持讀誦此經, 若爲人輕賤, 是人先世罪業應墮惡道, 以今世[人]輕賤故, 是人先世罪業則爲消滅. 其義云何. 答曰, 持經之人, 合得一切人恭敬禮拜. 今日雖且得經讀誦, 爲未持經以前所有重罪業障, 今日持經威力故, 感得世人輕賤, 倍復能令持經人所有重罪業障悉皆消滅. 以得消滅故, 卽得阿耨多羅三藐三菩提也. 又有理義釋云, 先世罪業者, 喩前念起妄心. 今世人輕賤者, 喩後念齊覺, 後覺爲悔

前妄心. 若前心既滅, 後悔亦滅. 二念俱滅旣不存, 卽是持經功德具足, 卽是阿耨多羅三藐三菩提. 又云, 後覺喩輕賤者, 爲是前念起妄心, 若起後覺, 亦是起心. 雖名作覺, 覺亦不離凡夫故, 喩世人輕賤也.)>라고 한 것도 『금강경』의 경천사상을 근거로 하여 전생에 지은 죄를 갚는 내용이다. 즉 남에게 천대와 멸시를 받으므로써 전생의 죄업이 소멸한다는 것이다.

○ **業**(업) : 범어 karman을 번역한 것으로서 造作의 뜻이다. 선악의 업을 지으면 그것에 상응하는 고락의 과보가 생기는데 이것을 業因에 의한 業果라고 한다. 非善非惡의 無記業은 과를 끄는 힘이 없다. 이 업인과 업과의 관계를 有部에서는 다음과 같이 주장하고 있다. 업은 삼세에 실재하는 것으로서 업이 현재에 있을 때 이것이 인이 되어서 어떠한 미래의 과를 끌 것인가를 결정하게 되고, 업이 지나가 버림으로부터 과에 힘을 주어서 과를 현재에 이끌어 낸다고 한다.

○ **阿耨多羅三藐三菩提**(아뇩다라삼막삼보리) : 범어 anuttara-samyak-sambodhi를 음사한 것으로서 無上正等覺의 뜻이다. 위없이 높고 바르고 평등하고 원만하기 때문에 무상정등각이라 한다. 부처님의 깨달음을 가리킨다.

○ **只如**(지여) : 「예를 들면」의 뜻이다.

○ **三毒**(삼독) : 탐욕 · 진에 · 우치의 세 가지 번뇌. 이것은 모든 악의 근원이기 때문에 三不善根이라고도 한다.

○ **隔生**(격생) : 격생이란 양자가 격리된 세계에서 따로따로 살고 있는 것을 말한다. 『龐居士語錄』'普濟와의 對話'(入矢

義高, 『龐居士語錄』<禪の語錄7>, 筑摩書房, p.89)에 "보제가 어느 날 거사를 방문했다. 거사가 말하기를, 「어머니 태속에 있었을 때의 말 한마디를 기억하고 있습니다. 그것을 스님에게 말씀드리겠으니 부디 이치를 가려 받아들이는 일이 없어야 합니다.」 보제가 말하기를, 「그래도 아직 다른 차원(隔生)의 이야기군요」(普濟一日訪居士. 士曰, 憶在母胎時, 有一則語, 擧似阿師, 切不得作道理主持. 濟曰, 猶是隔生也.)"라고 한 용례가 있다. 이 용례에서는 양자 사이의 괴리상황을 의미하는 것 같다. 또 『趙州錄』제273단[秋月龍珉, 『趙州錄』<禪の語錄11>, 筑摩書房, p.236 · 『조당집』권18]에 "질문, 「어떤 것이 본래인입니까?」 대답, 「나와 안면이 있은 후부터는 다름 아닌 그 녀석은 나와 전혀 다른 사람이 아니다.」 질문, 「그렇다면 (나의 미래인은) 스님과는 별도 차원(隔生)으로 사는 것이 됩니다.」 대답, 「금생뿐만 아니라 천생만생까지도 나와 안면이 있게 되지는 못하는 거야」(問, 如何是本來身. 師云, 自從識得老僧後, 只者漢更不別. 云, 與麽卽與和尙隔生去也. 師云, 非但今生, 千生萬生, 亦不識老僧.)"라고 한 말이 있다.

18. 여래의 五眼

又云, 如來五眼者何.

答, 見色淸淨, 名爲肉眼. 見體淸淨,① 名爲天眼. 於諸色境, 乃至善惡, 悉能微細②分別, 無所染著, 於中自在, 名爲慧眼. 見無所見, 名爲法眼. 無見無無見, 名爲佛眼.③

【校記】

① 금본에는 「見體淸淨」이 「見淸淨體」로 되어 있음.
② 금본에는 「微細」의 2자가 없음.
③ 금본에는 「佛眼」 다음에 「也」자가 더 있음.

【 번역 】

또 말하기를, "여래의 오안이란 어떤 것인가?"

답, "물질의 청정함을 보는 것을 「육안」이라 한다. 본체의 청정함을 보는 것을 「천안」이라 한다. 모든 물질적인 대상과 그밖의 선악에 대하여 미세하게 분별하지만 염착되지 않아서 자유로운 것을 「혜안」이라 한다. 보지만 본 바가 없는 것을 「법안」이라 한다. 보는 것도 없고 보는 것이 없는것 까지도 없는 것을 「불안」이라 한다.

【注記】

○ **五眼(오안)** : 범어는 pañca-cakṣus이고, 팔리어는 pañca-cakkhu이다. 『금강반야바라밀경』'一體同觀分'(『대정장』권8, p.751중)에 "수보리야, 너는 어떻게 생각하느냐? 여래가 육안이 있느냐? 그러하옵니다. 세존이시여, 여래는 육안이 있습니다. 수보리야, 너는 어떻게 생각하느냐? 여래가 천안이 있느냐? 그러하옵니다. 세존이시여, 여래는 천안이 있습니다. 수보리야, 너는 어떻게 생각하느냐? 여래가 혜안이 있느냐? 그러하옵니다. 세존이시여, 여래는 혜안이 있습니다. 수보리야, 너는 어떻게 생각하느냐? 여래가 법안이 있느냐? 그러하옵니다. 세존이시여, 여래는 법안이 있습니다. 수보리야, 너는 어떻게 생각하느냐? 여래가 불안이 있느냐? 그러하옵니다. 세존이시여, 여래는 불안이 있습니다(須菩提, 於意云何. 如來有肉眼不. 如是世尊, 如來有肉眼. 須菩提, 於意云何. 如來有天眼不. 如是世尊, 如來有天眼. 須菩提, 於意云何. 如來有慧眼不. 如是世尊, 如來有慧眼. 須菩提, 於意云何. 如來有法眼不. 如是世尊, 如來有法眼. 須菩提, 於意云何. 如來有佛眼不. 如是世尊, 如來有佛眼.)"라고 한 것과 같이 여래의 5안을 설하고 있고, 智顗(538~597)의 『法華文句』권1下(『대정장』권34, p.16상)에도 "인연으로 생한 마음이 착한 줄 아는 것을 육안이라 한다. 인연으로 생한 마음이 공한 줄 아는 것을 천안이라 한다. 인연으로

생한 마음이 거짓인 줄 아는 것을 법안이라 한다. 中道에 있는 것을 불안이라 한다(觀因緣生心善, 卽肉眼. 觀因緣生心空, 卽天眼. 觀因緣生心假, 卽法眼. 卽中卽佛眼.)"고 하며 혜안이 빠진 4안을 주장하고 있다. 또 『金剛三昧經』(『대정장』권9, p.368하)도 참고가 된다. 신회의 『남양화상문답잡징의』제42—1단(정유진, 『신회의 문답잡징의 연구』, p.396)에 <제자인 무행이 질문하기를, "준법사가 『법화경』에서 설하고 있는 여래 5안의 뜻이란 '假로부터 空으로 들어가는 것을 혜안이라 하고, 공으로부터 가로 들어가는 것을 법안이라 하며, 공도 아니고 가도 아닌 것을 불안이라'고 하는 것을 들었습니다. 그 때 도성의 출가자와 재가자가 불가사의함을 찬탄했으나 무행은 이에 의심이 있습니다. 도대체 말한 것을 인정해야 합니까?" 신회화상이 말하기를, "네가 어떤 의심이 있으면 지금 시험삼아 말해 보라." 무행이 의심하는 것은 이른 바 경에 말씀하시기를, 「여래의 천안은 항상 삼매에 있기 때문에 제불의 국토를 모두 보지만 2相(보는 자와 보는 대상)이 없다'고 했습니다. 어떻게 혜안이 假로부터 空에 들어가는 것을 필요로 합니까? 어떻게 법안이 空으로부터 假에 들어가는 것이라고 합니까? 만약 이와 같다면 이는 모두 相依相關 관계에 있는 것입니다. 만약 假를 말미암지 않으면 능히 공에 들어갈 수 없고, 만약 공을 말미암지 않으면 능히 가에 들어갈 수 없습니다. 공에 들어가는 것은 假가 아니며, 가에 들어가는 것은 곧 공이 아님을 마땅히 알아야 합니다. 假空의 2途와 법안과 혜안은 매우 다릅니다. 그러나 부처님의 원만한 眞眼은 다르지

않습니다. 이와 같은 견해가 의심스러우니 바라옵건대 의심을 풀어 줄 수 있는 결정적인 교시를 내려 주십시오. 신회화상이 말하기를, "사람들에게 영리하고 둔함이 있기 때문에 頓漸이 있는 것이다. 법사가 설한 것은 대개 미혹한 사람을 위한 것이다. 만약 여래의 5眼을 논하면 실로 그와 같지 않다. 여래가 범부와 같이 보이면 육안이 있는 것이다. 그러나 비록 그와 같을지라도 견해가 범부와는 같지 않음을 알아야 한다." 다시 아뢰기를, "화상께서는 원컨대 결정적인 교시를 내려 주십시오." 신회화상이 말하기를, "색의 청정함을 보는 것을 육안이라 한다. 청정한 본체를 보는 것을 천안이라 한다. 청정한 본체를 보지만 여러 삼매와 8만4천 가지의 여러 바라밀문에서 그 모든 것이 보는 것 위에 일시에 작용을 일으키는 것을 혜안이라 한다. 청정한 본체를 보지만 보았다는 생각도 보지 않았다는 생각도 없는 것을 법안이라 한다. 고요함도 아니고 비춤도 아닌 것을 보는 것을 불안이라 한다"(弟子無行問, 見俊法師云, 法華經說如來五眼義, 言從假入空, 名爲慧眼. 從空入假, 名爲法眼. 非空非假, 名爲佛眼. 都城道俗, 歎不可思議. 無行於此有疑, 未審所說定否. 和上言, 汝有何疑, 今試說看. 無行疑者, 所謂經云, 如來天眼常在三昧, 悉見諸佛國土, 無有二相. 云何慧眼要從假入空. 云何法眼乃從空入假. 若如此者, 皆是相因. 若不因假, 即不能入空. 若不因空, 即不能入假. 當知入空即不假, 入假即不空. 假空二途, 法慧殊隔. 佛圓眞眼, 不應有異. 如此見疑, 伏垂決示. 和上言, 人有利鈍故, 即有頓漸. 法師所說, 蓋爲迷人. 若論如來五

眼, 實不卽如是. 如來示同凡夫, 則說有肉眼. 雖然如是, 見與凡夫不同. 復白, 和上願垂決示. 和上言, 見色淸淨, 名爲肉眼. 見淸淨體, 名爲天眼. 見淸淨體, 於諸三昧及八萬四千諸波羅蜜門, 皆於見上一時起用, 名爲慧眼. 見淸淨體, 無見無無見, 名爲法眼. 見非寂非照, 名爲佛眼.)>고 했다. 그러면 『반야경』과 『大智度論』권33의 해설과 신회의 주장을 서로 비교해 보면, ① 肉眼(māṃsa- cakṣus); 범부의 육체가 소유하고 있는 눈 : 색의 청정함을 보는 것. ② 天眼(divya-cakṣus); 색계의 천인이 소유하고 있는 눈으로서 원근·내외·상하·주야를 모두 볼 수 있는 눈 : 청정한 본체를 보는 것. ③ 慧眼(prajñā-cakṣus); 연기의 실상을 보는 지혜의 눈 : 청정한 본체를 보지만 여러 삼매와 8만4천가지의 여러 바라밀문에서 그 모든 것이 보는 것 위에서 일시에 작용을 일으키는 것. ④ 法眼(dharma-cakṣus); 보살이 중생을 제도하기 위하여 일체의 법문을 조견하는 지혜의 눈 : 청정한 본체를 보지만 보았다는 생각도 보지 않았다는 생각도 없는 것. ⑤ 佛眼(buddha-cakṣus); 불타의 身中에 앞의 4안을 구비하고 있는 눈으로서 일체를 알고 일체를 비추어 보는 눈 : 공적과 조견을 모두 여윈 눈을 불안이라고 했다(콜론 앞의 말은 『반야경』과 『대지도론』의 설이고, 뒤의 말은 신회의 주장임). 대주는 『대지도론』의 설명을 따르지 않고 독자적으로 해석하고 있음을 알 수 있다.

19. 대승과 최상승

又云,① 大乘最上乘,② 其義云何.③

答, 大乘者是菩薩乘,④ 最上乘者是佛乘.④

又問,⑤ 云何修⑥而得此乘.

答, 修菩薩乘者,⑦ 卽是大乘. 證菩薩乘,⑧ 更不起觀, 至無修處, 湛然常寂, 不增不減, 名⑨最上乘, 卽是佛乘也.

【校記】

① 금본에는 「又云」이 「問曰」로 되어 있음.

② 금본에는 「上乘」 다음에 「者」자가 더 있음.

③ 금본에는 「其義云何」의 4자가 「云何」로 되어 있음.

④ 금본에는 「乘」 다음에 「也」가 더 있음.

⑤ 금본에는 「又問」이 「問曰」로 되어 있음.

⑥ 금본에는 「修」 다음에 「行」자가 더 있음.

⑦ 금본에는 「者」자가 없음.

⑧ 금본에는 「菩薩乘」이 「菩薩訖」로 되어 있음.

⑨ 금본에는 「名」 다음에 「爲」자가 더 있음.

【번역】

또 이르기를, "대승과 최상승의 뜻이 어떠한가?"

답, "대승이란 것은 보살승이고, 최상승이란 것은 불승이다."

또 묻기를, "어떻게 닦아야 이들 가르침을 체득할 수 있는가?"

답, "보살승을 닦는 것은 대승이다. 보살의 가르침을 증득하여 다시 관할 생각을 일으키지 않고 닦을 곳이 없는 데에 이르러서 담연히 상적하여 늘어남도 없고 줄어듬도 없는 것을 최상승이라 하며, 이것이 바로 불승이다."

【注記】

○ **大乘最上乘(대승최상승)** : 신회의 『남양화상문답잡징의』 제11단(정유진, 『신회의 문답잡징의 연구』, p.190)에 <예부시랑인 소진이 질문하기를, "어떤 것이 대승이며, 어떤 것이 최상승입니까?" 대답하기를, "보살승이 대승이고, 불승이 최상승입니다." 질문하기를, "대승과 최상승이 어떤 차이가 있습니까?" 대답하기를, "대승이라고 하는 것은 보살이 보시바라밀을 행함에 3事의 본체가 空한 것인 줄 관찰하고, 6바라밀도 역시 그와 같이 관찰하기 때문에 대승이라고 합니다. 최상승이란 것은 단지 본래 자성이 공적한 줄 깨달으면 3事의 자성이 본래 공한 것인 줄 알고, 또 다시 觀行을 일으키지 않는 것입니다. 또 나머지 여섯 가지 바라밀도 그와 같이 관하는 것을 최상승이라고 합니다." 질문하기를, "인연을 빌리지 않습니까?" 대답하기를, "이 가운데는 연기를 세우지 않습니다"(禮部侍郎蘇晉問, 云何是大乘. 何者

是最上乘. 答曰, 菩薩卽大乘, 佛卽最上乘. 問曰, 大乘最上乘, 有何差別. 答曰, 言大乘者, 如菩薩行檀婆羅蜜, 觀三事體空, 乃至六婆羅蜜, 亦復如是, 故名大乘. 最上乘者, 但見本自性空寂, 卽知三事本來自性空, 更不復起觀, 乃至六度亦然, 是名最上乘. 又問, 假緣起否. 答曰, 此中不立緣起.)>라고 한다. 이 일단에서 하택신회는 대승선과 최상승선을 명확히 구분하고 있다. 먼저 그는 전자를 菩薩乘이라 하고, 후자를 佛乘이라 하여 구별하였다. 그 다음 대승선은 3사의 본체가 공적함을 관하는 것이고, 최상승선은 3사의 본체가 본래부터 공적한 사실을 알고 또 다시 관하려고 하는 마음을 일으키지 않는 것이다. 그리고 또 그는 '공적체상에 본래 반야지가 있다'고 주장하고 있는 것과 같이 3사의 본체가 본래 공적한 것을 아는 「知」를 세워서 최상승선의 내용으로 삼고 있는 점이 대승선과 다르다.

○ **大乘(대승)** : 범어 mahāyāna를 번역한 말로서 摩訶衍那·摩訶衍이라 음역한다. 광대한 乘物이란 뜻이다. 上衍·上乘이라고도 하고, 소승(hīna-yāna)을 성문승이라고 하는 것에 대하여 菩薩乘·佛乘이라고도 한다. 乘은 타는 것(수레)이란 뜻으로 미혹의 此岸으로부터 깨달음의 彼岸에 이르게 하는 교법을 가리킨다. 소승은 自利를 목적으로 하여 4성제나 8정도를 닦아 아라한이 되는 것이지만 대승은 自利와 利他을 겸비한 6바라밀을 실천덕목으로 하여 부처가 되는 것이다. 그러나 대승의 보살은 부처가 되는 것이 목적이 아니고 이타의 보살행을 실천하는 것이 그들의 목적이다. 그렇기 때문에 그들은 「自未得度先度他(자신을 제도하기 전

에 남을 먼저 제도하는 것)」의 보살심을 일으켜 스스로 惡趣에 들어가기도 한다. 즉 대승은 열반의 적극적인 의미를 살려 자리와 이타의 양면을 동시에 실천하는 보살도이다. 돈황본 『육조단경』제43단(정유진, 『돈황본 육조단경 연구』, 경서원, p.377)에 대승은 「依法修行是大乘」(법에 의지하여 수행하는 것이 대승이다.)"이라 한다.

○ **最上乘(최상승)** : 선종에서는 달마가 직접 전한 불법의 本義라는 뜻으로 사용하고 있는데 대승보다 위에 있는 가장 우수한 교법이란 뜻이다. 신회는 달마가 전한 선이 『능가경』에서 주장하고 있는 최고의 선인 여래선, 일명 최상승선이라고 했다. 중국 선종에서 菩提達摩를 초조로 내세우는 가장 큰 이유는 그가 동토에 대승의 선법을 전했기 때문이다. 그 증거는 道宣(596~667)이 쓴 『續高僧傳』권20(『대정장』 권50, p.596하)에 달마의 선법을 "대승의 벽관은 효과가 가장 뛰어나다.(大乘壁觀, 功業最高.)"라고 높이 평가하고 있는 것으로 보아서도 알 수 있는 사실이다. 당시 보리달마와 상벽을 이루고 있었던 僧稠(480~560)는 단지 習禪적인 소승의 선법수행자였다. 그런데 이 최상승이란 말은 『楞伽師資記』의 '道信章'과 홍인의 『수심요론』, 일명 『最上乘論』(『대정장』권48)에도 이 말은 보이지 않고, 이 최상승이란 말이 초기 선종에서 최초로 등장하는 곳은 『신회어록』이다. 그는 이 말을 『金剛般若經』'持經功德分' 제15(『대정장』권8, p.750하)에 "수보리야, 요컨대 이 경은 불가사의하고 헤아릴 수 없고 한량없는 공덕이 있다. 여래께서는 대승심을 낸 사람을 위해여 설했으며, 최상승심을 낸 사람을 위해여

설했다(須菩提, 以要言之, 是經, 有不可思議, 不可稱量, 無邊功德. 如來, 爲發大乘者說, 爲發最上乘者說.)"고 한 말과 『법화경』'藥草喩品'(『대정장』권9, p.2중)에 "삼계를 통달하고 최상승을 구하는 것을 작은 나무라 한다.(了達三界, 求最上乘, 是名小樹.)"고 한 것과 『수능엄경』권7(『대정장』권19, p.133상)에 "최상승은 결정코 부처를 이룬다(最上乘, 決定成佛.)"고 한 말 가운데 나오는 것을 의용한 것으로 본다. 신회는 보리달마의 선법을 계승한 남종이 북종선보다 수승하다는 입장에서 최상승이란 말을 쓰기 시작했다. 신회가 이 말을 사용하게 되자 돈황본 『육조단경』을 비롯하여 李華의 「鶴林碑」와 『歷代法寶記(頓悟最上乘論)』등에도 영향을 미치게 되었다. 앞에 언급한 홍인의 『수심요론』은 원래의 서명이었으나 『最上乘論』이라 한 것도 하택신회 이후에 붙여진 별명으로 생각된다. 이와 같이 책의 이름에 돈오나 최상승이란 말을 즐겨 붙쳤던 것을 보면 당시 돈오와 최상승이란 말이 얼마나 유행했는지를 짐작할 수 있다. 그리고 신회의 最上乘禪은 북종의 대승선을 능가하는 입장에서 주장한 선으로 『능가경』(『대정장』권16, p.492상)에 나오는 여래선이나 북종선보다 한 차원 더 높은 단계의 선을 말한다. 이 선은 붓다의 성스러운 지혜를 자각하고 붓다가 된 입장에서 중생구제의 행화를 펼칠 것을 주장하는 自覺聖智의 입장이다. 구체적으로 말해서 북종선과 같은 대승선은 단순히 번뇌를 퇴치하는 선이라고 한다면 『禪源諸詮集都序』에 "만약 자신의 마음이 본래 청정하고, 원래 번뇌망념이 없으며, 무루의 지혜를 본래 스스로 구족하고 있고,

이 마음이 곧 부처로서 결국 조금도 다름이 없다는 사실을 돈오하여 이것에 의거하여 수행한다면 이것이 최상승선이다(若頓悟自心本來淸淨, 元無煩惱, 無漏智性, 本自具足, 此心卽佛, 畢竟無異, 依此而修者, 是最上乘禪.)"라고 한 것과 같이 최상승선은 번뇌가 일어나지 않은 근원적인 불성을 자각하는 선이다. 돈황본『육조단경』제43단(정유진, 위의 책, p.377)에 최상승은 "모든 법을 다 통달하고 만행을 다 구비하여 일체 모든 것과 함께 있지만 단지 법의 모양만 여의어 무소득(공)을 실천하는 것이 최상승이다(萬法盡通, 萬行俱備, 一切无離, 但離法相, 作无所得, 是最上乘.)"고 했다. 후세 조사선에서는 '宗乘'이란 말을 쓴다.

○ **觀(관)** : 관에는 두 가지 뜻이 있다. vicāra의 뜻이 있고, vipaśyanā의 뜻이 있다. 전자는 분석적인 사유작용을 의미하고, 후자는 妄惑과 진리의 보편성을 관찰하여 체득하는 행법을 가리킨다.

20. 정혜일치

問, 涅槃經云, 定多慧少, 不離無明, 定少慧多, 增長邪見. 定慧等故, 卽名解脫. 其義如何.

答, 對一切善惡, 悉能分別, 是慧. 於所分別之處, 不起愛憎, 不隨所染, 是定. 卽是定慧等用也.

【번역】

문, "『열반경』에 「선정은 많고 지혜가 적으면 무명에서 벗어나지 못하고, 반대로 선정은 적고 지혜가 많으면 사견을 증장한다. 선정과 지혜가 동시에 작용하기 때문에 해탈이라 한다」고 했는데 그 뜻이 무엇인가?"

답, "일체의 선악에 대하여 모두 능히 분별하는 것은 지혜이다. 분별하는 곳에서 애증을 일으키지 않아 염착되지 않는 것이 선정이다. 이와 같은 것이 선정과 지혜가 동등하게 작용한다고 하는 것이다."

【注記】

○ **定多慧少(정다혜소)**… : 이 경문은 『涅槃經』 권30 '가섭보살품'(『대정장』 권12, p.547상)과 同經 권31, 同品(p.580중)의 말을 取意한 것이다. 원문을 그대로 옮겨 보면, "십주보살은 지혜의 힘이 강하고 삼매의 힘이 약하기 때문에 결코 명확히 불성을 볼 수 없다. 성문과 연각은 삼매의 힘이 강하고 지혜의 힘이 약하다. 이런 이유 때문에 불성을 볼 수 없다. 제불세존은 선정과 지혜가 평등하기 때문에 명확히 불성을 본다(十住菩薩, 智慧力多三昧力少, 是故不得明見佛性. 聲聞緣覺三昧力多智慧力少. 以是因緣不見佛性. 諸佛世尊定慧等故明見佛性.)"고 했는데 이 말은 신회의 『단어』 제 20단(楊曾文, 『神會和尙禪話錄』, p.9)에 "선정이 많고 지혜가 적으면 무명이 증장하고, 지혜가 많고 선정이 적으면 삿된 견해가 증장하며, 선정과 지혜가 동등하여야 분명히 불성을 보게 된다(定多惠少, 增長無明, 惠多定少, 增長邪見, 定惠等者, 明見佛性.)"고 한 것의 직접적인 전거이다.

21. 거울속의 영상과 정혜

又問,[①] 無言無說, 卽名爲定.[②] 正言說之[③]時, 得名定否.

答, 今言定者, 不論說與不說, 常定. 何以故. 爲用定性, 言說分別時, 卽言說分別亦定. 若以空心觀色時, 卽觀[④]色時[⑤]亦空. 若不觀色不說不分別時亦空, 乃至見聞覺知, 亦復如是. 何以故. 爲自性空,[⑥] 卽於一切處悉空. 空卽[⑦]無著, 無著卽是等用. 爲菩薩常用如是等空之法, 得至究竟. 故云定慧[⑧]等者卽名解脫也. 今更爲汝, 譬喩顯示, 令汝惺惺,[⑨] 得解斷疑. 譬如明鏡[⑩]照像之時, 其明動否.[⑪] 不也. 不照[⑫]時亦動否. 不也. 何以故. 爲明鏡[⑩]用無情明照. 所以照時不動, 不照亦不動. 何以故. 爲無情之中無有動者, 亦無不動者. 又如日光照世之時, 其光動否. 不也. 若不照時動否. 不也. 何以故. 爲[⑬]光無情故, 用無情光照, 所以不動, 不照亦不動. 照者是慧，不動者是定．菩薩用是定慧⑧等法，得三菩提⑭．故云定慧⑧等用卽是解脫也．今言無情者，無凡情，非無聖情也．⑮

問，云何是⑯凡情，云何是⑯聖情．

答，若起二性，卽是凡情．二性空故，卽是聖情．

【校記】

① 금본에는 「又問」이 「問曰」로 되어 있음.
② 금본에는 「卽名爲定」의 4자가 「爲定」으로 되어 있음.
③ 금본에는 「之」자가 없음.
④ 금본에는 「觀」자가 없음.
⑤ 금본에는 「時」자가 없음.
⑥ 금본에는 「空」 다음에 「時」자가 더 있음.
⑦ 금본에는 「卽」 다음에 「是」자가 더 있음.
⑧ 금본에는 「慧」가 「惠」로 되어 있음. 서로 통용함.
⑨ 금본에는 「惺惺」이 「醒醒」으로 되어 있음.
⑩ 저본에는 「鏡」이 「鑑」자로 되어 있음. 금본에 의거하여 고침.
⑪ 금본에는 「否」이 「不」자로 되어 있음. 서로 통용함.
⑫ 금본에는 「照」 다음에 「之」자가 더 있음.
⑬ 금본에는 「爲」가 「謂」자로 되어 있음.
⑭ 금본에는 「三菩提」의 3자가 「阿耨菩提」로 되어 있음.
⑮ 금본에는 「也」자가 없음.
⑯ 금본에는 「是」자가 없음.

【번역】

또 묻기를, "말도 없고 설함도 없는 것을 선정이라 한다. 바로 말하고 설할 때에 선정의 상태에 있다고 할 수 있는가?"

답, "지금 선정이라고 한 것은 설할 때나 설하지 않을 때를 막론하고 항상 선정인 것이다. 왜냐하면 선정의 본성이 작용하고 있기 때문에 말하거나 분별할 때 언설과 분별도 역시 선정인 것이다. 만약 마음을 비우고 물질을 관찰할 경우 물질을 관찰하는 것도 역시 공이다. 이와 같이 물질을 관찰하지도 않고 설하지도 않고 분별하지 않을 때도 역시 공이며, 내지 보고 듣고 깨달아 알 때도 역시 그렇다. 왜냐하면 자성이 공하면 일체의 모든 곳에 있어서도 전부 공한 것이다. 공하면 집착이 없고, 집착이 없으면 선정과 지혜가 동시에 작용한다. 보살은 이와 같이 항상 허공과 같은 법을 쓰기 때문에 구경각에 도달하는 것이다. 그러므로 선정과 지혜를 동등하게 쓰는 것을 해탈이라 한다. 지금 또 너를 위하여 비유를 들어 보여 너로 하여금 분명하게 깨달아 알게 하여 의심이 끊어지도록 하겠다. 비유하면 마치 밝은 거울에 대상이 비칠 때 그 밝음이 움직이는가? 움직이지 않는다. 그러면 비추지 않을 때도 또한 움직이는가? 움직이지 않는다. 왜냐하면 밝은 거울의 작용은 생각이 없이 밝게 비추기 때문이다. 그러므로 비출 때도 움직이지 않고, 비추지 않을 때도 역시 움직이지 않는 것이다. 왜냐하면 분별의 생각이 없는 가운데서는 움직이는 것이 없기 때문에 또한 움직이지 않는 것도 없다. 또 마치 태양의 빛이 세상을 비출 때 그 빛이 움직이는가? 움직이지 않는다. 만약 비추지 않을 때는 움직이는가? 움직이지 않는다. 왜냐하면 빛은 아무런 분별심이 없기 때문이며, 분별의식이 없이 빛은 비추기 때문에 움직이지 않는 것이며, 비추지 않을 때도 역시 움직이지 않는 것이다. 여기서 비추는 것은 지혜이고, 움직이지 않는 것은 선정이다. 보살이 선정과 지혜가 동등한 법을 쓰면 삼보리를 얻을 것이다. 그러므로 선정과 지혜가 동시에 작용하는 것을 해탈이라 한다. 지금 분별의식이 없다는 것은 범부의 생각이 없다는 것이지 성인의 생각이 없다는 뜻은 아니다."

문, "무엇이 범부의 생각이고, 무엇이 성인의 생각인가?"

답, "만약 상대적인 二見을 일으키면 범부의 생각이고, 상대적인 이견이 없으면 성인의 생각이다."

【注記】

○ **譬如明鑑照像之時**(비여명감조상지시)… : 『남양화상문답잡징의』 제13단(정유진, 『신회의 문답잡징의 연구』, p.203)에 신회가 張燕公(張說, 「장열」이라 읽음)에게 무념을 설명하는 중에 "비유컨대 마치 밝은 거울 앞에 만약 대상이 나타나지 않으면 결국 거울에는 형상이 나타나지 않는 것과 같습니다. 지금 형상을 비춘다고 말하는 것은 대상물이 있기 때문에 그 모양이 나타나는 것입니다." 질문하기를, "만약

대상물이 없으면 비춥니까? 비추지 않습니까?" 대답하기를, "지금 비춘다고 말하는 것은 대상물이 있고 없고 관계없이 언제나 비추고 있는 것입니다." 질문하기를, "이미 형상이 없고, 또 언설도 없으며, 일체의 有無를 모두 세우지 않았습니다. 그런데 지금 비춘다고 하는 것은 도대체 무엇을 비춘다는 것입니까?" 대답하기를, 지금 비춘다고 말한 것은 거울이 밝기 때문에 거울 자신의 본성이 비추고 있는 것입니다. 만약 중생의 마음이 청정하면 자연히 대지혜의 광명이 나와 無餘의 세계(寂靜한 佛의 세계)를 비출 것입니다(譬如明鏡, 若不對像, 鏡中終不現像. 爾今言現像者, 爲對物故, 所以現像. 問曰, 若不對像, 照不照. 答曰, 今言照者, 不言對與不對, 俱常照. 問, 旣無形像, 復無言說, 一切有無皆不可立. 今言照者, 復是何照. 答曰, 今言照者, 以鏡明故, 有自性照. 若以衆生心淨, 自然有大智慧光, 照無餘世界.)"라고 한 것도 같은 의미이다.

○ **鏡(경)** : 밝은 거울의 작용을 우리의 마음에 비유한 것이다. 거울의 두 가지 작용 가운데 하나는 대상을 있는 그대로 분별하지 않고 비추어 주는 것이고, 또 하나는 거울의 비추는 작용은 대상이 앞에 나타날 때만 비추는 것이 아니라 대상의 유무에 상관하지 않고 항상 비추는 것이다. 대상이 앞에 나타날 때 그 대상을 비추어 주는 것은 당연하지만 대상이 없을 때도 항상 그 비추는 작용이 如如한 것을 거울의 妙用이라 한다. 또 이와 같이 신령스럽게 작용하는 거울을 靈鏡이라고 한다. 위에서 신회가 주장하는 "今言照者, 不言對與不對, 俱常照."라고 한 말이 바로 그 뜻이다.

『대승기신론』에 "性淨本覺(자성청정심)의 본체가 지니는 상인 覺體相은 허공과 같고, 맑은 거울(淨鏡)과 같다"(『대정장』권32, p.576하)고 한 것도 참고가 된다. 그밖에 신회가 세우고 있는 거울의 철학과 관련된 내용을 좀 더 살펴보면, 『보리달마남종정시비론』제10단(정유진, 『신회의 남종정시비론 연구』, p.113)에 "밝은 거울은 언제나 비추고 있지만 피곤하여 지치는 일이 없다(明鏡不疲於屢照)"라고 한 말은 위진시대 청담명사의 여러 가지 행적을 기록한 劉義慶의『世說新語』'言語篇' 제2조와 제90조에 "袁羊이 말하기를, 일찍이 살펴보건대 어찌 명경이 언제나 비추고 있지만 지치는 일이 있을 수 있으랴"라고 한 말을 근거로 한 것인데, 이는 신회가 거울의 철학을 설명하기 위하여 인용한 것이 아니고 그가 남종의 시비(정통과 비정통)를 가리는 일에 결코 지치는 일이 있을 수 없다는 강한 의지를 표현하는 말로써 인용한 것이다. 그러나 거울의 조용을 이해하는데 참고가 되는 말이기 때문에 소개해 둔다. 거울의 비추는 작용이 항상 변함없이 비추지만 지칠 줄 모르는 것과 같이 불성의 지혜작용도 이와 같다. 석정본『남양화상문답잡징의』제32단(양증문, 앞의 책, p.88)에 <여산의 간법사가 질문하기를, "밝은 거울이 높은 누각에 있으면 능히 萬像을 비추기 때문에 만상은 모두 거울 안에 나타날 것입니다. 이것을 어떻게 생각하십니까?" 대답하기를, "명경이 높은 누각에 있으면 능히 만상을 비추기 때문에 만상은 모두 거울 안에 나타납니다. 고덕의 말씀으로 서로 전해 내려오기를, 妙하다고 했습니다. 지금 이 법문 중에서는 묘하다고 할 수 없

습니다. 왜냐하면 만약 명경이 높은 누각에 있다면 능히 만상을 비출 수 있기 때문입니다. 만상이 그 거울 안에 나타나지 않을 때도 비추는 것을 묘하다고 할 수 있습니다. 왜냐하면 여래는 무분별지로써 능히 일체를 분별하기 때문입니다. 어찌 분별하는 마음으로써 능히 일체를 분별하겠습니까?"(廬山簡法師問, 「明鏡高臺即能照萬像, 萬像即悉現其中. 此者若爲.」 答, 「明鏡高臺, 能照萬像, 萬像即悉現其中. 古得相傳, 共稱爲妙. 今此門中, 未許爲妙. 何以故. 且如明鏡, 則能鑑萬像, 萬像不現其中, 此將爲妙. 何以故. 如來以無分別智, 能分別一切. 豈有分別之心而能分別一切.」)>라고 한 문답에서 신회는 거울의 묘용에 대하여 설명하고 있다.

○ **無情(무정)** : 유정은 마음을 가지고 있는 것이라고 한다면 무정은 마음의 작용이 없는 초목 산하대지 등의 물질적 존재를 말한다. 그러나 대주는 무정을 이와 같은 의미로 쓴 것이 아니고 분별의식이 없는 의미로 무정을 독특하게 사용하고 있다. 즉 그는 분별의 번뇌망념이 없는 '無心'과 같은 의미로 쓴 것이다. 거울의 비추는 작용이 변함이 없는 것은 무정하게 비추기 때문이다. 동과 부동을 초월한 상태를 무정으로 본 것이다.

22. 言語道斷과 心行處滅

問, 經云, 言語道斷, 心行處滅, 其義如何.①

答, 以言顯義, 得義言絶. 義卽是空, 空卽是道. 道卽是②絶言, 故云言語道斷. 心行處滅, 謂③得義實際, 更不起觀. 不起觀故, 卽是無生. 以無生故, 卽④一切色性空. 色性空故, 卽萬緣俱絶. 萬緣俱絶者, 卽是心行處滅.⑤

【校記】

① 금본에는 「如何」가 「云何」로 되어 있음.

② 금본에는 「是」자가 없음.

③ 금본에는 「謂」가 「爲」자로 되어 있음.

④ 금본에는 「卽」 다음에 「是」자가 더 있음.

⑤ 금본에는 「滅」 다음에 「也」자가 더 있음.

【번역】

문, "경에 「언어의 길이 끊어지고, 마음이 작용하는 곳이 없다」 고 했는데 그 뜻이 어떠한가?"

답, "말로써 뜻을 나타냄에 뜻을 얻으면 말이 필요 없다. 뜻은 공이고, 공은 도이다. 도는 말을 초월해 있기 때문에 「언어의 길이 끊어졌다」고 하는 것이다. 마음이 작용하는 곳이 없다고 한 것은 의미의 실상(공)을 체득했기 때문에 다시는 관찰할 마음을 일으키지 않는 것을 말한다. 관찰할 마음을 일으키지 않기 때문에 생함이 없는 것이다. 생함이 없기 때문에 모든 물질의 본질이 공한 것이다. 모든 물질의 본질이 공하기 때문에 만 가지 연이 모두 끊어지는 것이다. 만 가지 연이 모두 끊어진다는 것은 곧 마음이 작용하는 곳이 멸했다는 것이다."

【注記】

○ **經云(경운)** : 『瓔珞本業經』'인과품'(『대정장』권24, p.1010)에 나오는 말이다. 그밖에 『법화경』권5'안락행품'·『대지도론』권25·『信心銘』·『永嘉集』·『전심법요』 등에도 인용하고 있다.

○ **言語道斷, 心行處滅**(언어도단, 심행처멸) : 이 두 구는 주로 성구를 이루는데 그 취지는 진리는 깊고도 오묘하여 말할 수도 없고, 생각할 수도 없는 것이라는 뜻이다. 즉 우주의 진리는 말길이 끊어졌으므로 말할 수 없고, 사량분별로써 미칠 바가 아니기 때문에 생각이 멸했다는 것이다. 환언하면 언어도단이란 깨달음의 세계는 언어나 사량분별상에는 없고, 체험에 의해서만 가능하다는 뜻이고, 심행처멸이란 마음의 흔적조차도 없다는 의미이다. 『전심법요』제2단(入矢義高, 『傳心法要·宛陵錄』<禪の語錄8>, 筑摩書房, p.13)

에 "묵연히 계합할 뿐이며, 모든 사량이 끊어져 있다. 그러므로 언어의 길이 끊어졌다고 하고, 마음의 작용이 멸했다"고 한다(默契而已, 絶諸思議. 故曰, 言語道斷, 心行處滅.).

○ **得義言絶(득의언절)** : 『장자』'外物篇'에 "의미를 얻으면 말을 잊는다(得意忘言)"고 했고, 王弼의 『周易略例』 '明象'에 "뜻을 얻으면 형상을 잊어야 한다(得意在忘象), 형상을 얻으면 말을 잊어야 한다(得象在忘言)"고 했으며, 『주역』에 "말은 그 뜻을 다 드러내지 못하고(言不盡意), 모양을 세워 의미를 다 한다(立象盡義)"고 한 말이 있다.

○ **緣(연)** : 心과 心所가 對境을 향하여 작용하면서 그 모습을 취하는 것을 「緣한다」·「攀緣한다」고 한다. 즉 마음이 반연하여 분별하는 「心의 緣慮」를 의미한다. 이 때 심식은 스스로 緣하기 때문에 能緣이라 하고, 대상은 심식에 의하여 반연되어 지는 것이기 때문에 所緣이라 한다.

23. 如如

問, 如如者云何.

答, 如如[①]是不動義, 心眞如故名如如也. 是知[②]過去諸佛行此行, 亦[③]得成道. 現在佛[④]行此行, 亦得成道. 未來佛[④]行此行, 亦得成道. 三世所修證道無異, 故名如如也. 維摩經云, 諸佛亦如也. 至於彌勒亦如也, 乃至一切衆生, 悉皆如也. 何以故. 爲佛性不斷有性[⑤]故也.[⑥]

【校記】

① 금본에는 「如如」 다음에 「者」자가 더 있음.

② 금본에는 「是知」가 「故知」로 되어 있음.

③ 금본에는 「亦」자가 없음.

④ 금본에는 「佛」 앞에 「諸」자가 더 있음.

⑤ 금본에는 「性」이 「情」자로 되어 있음.

⑥ 금본에는 「也」자가 없음.

【번역】

문, "여여라는 것은 어떤 뜻인가?"

답, "여여는 부동(空)의 뜻인데 그것은 마음의 진여이기 때문에 여여라 한다. 그러므로 과거의 모든 부처들도 이 여여한 행을 행하여 역시 불도를 이루었다. 현재의 부처도 이 여여한 행을 행하여 또한 불도를 이룬다. 미래의 부처도 이 여여한 행을 행하여 역시 불도를 이룰 것이다. 삼세에 닦아서 증득한 바의 도가 다르지 않기 때문에 여여라고 한다. 『유마경』에 「모든 부처님도 또한 여여하다. 미륵불에 이르기까지 또한 여여하며 심지어 일체의 중생에 이르기까지 모두 여여하다」고 한다. 왜냐하면 불성에는 끊어지지 않고 상주하는 본성이 있기 때문이다."

【注記】

○ **如如**(여여) : 『승천왕반야경』(『대정장』 권8, p.694상)에 이르기를, "어떻게 하면 보살마하살이 반야바라밀을 배워서 매우 깊은 법계를 통달할 수 있습니까?" 부처님께서 승천왕에게 말씀하시기를, "대왕이여, 바로 여실하면 됩니다." "세존이시여, 여실한 것이 어떤 것입니까?" "대왕이여, 변하지 않는 것입니다." "세존이시여, 무엇이 변하지 않는 것입니까?" "대왕이여, 말하자면 여여한 것입니다." "세존이시여, 무엇이 여여한 것입니까?" "대왕이여, 이것은 지혜로써 가히 알 수 있는 것일 뿐 언어로써 능히 설명할 수 있는 것이 아닙니다. 왜냐하면 (여여는) 모든 문자를 초월해 있고, 彼와 此가 없으며,

相과 無相을 떠나 있고, 사량을 멀리하고 각관의 경계까지도 초월해 있기 때문입니다. 이것은 보살이 깊은 법계를 요달한 내용입니다"(勝天王般若經云, 云何菩薩摩訶薩, 學般若波羅蜜, 通達甚深法界. 佛告勝天王言, 大王, 卽是如實. 世尊, 云何如實. 大王, 卽不變異. 世尊, 云何不變異. 大王, 所謂如如. 世尊, 云何如如. 大王, 此可智知, 非言能說. 何以故. 過諸文字, 無此無彼, 離相無相, 遠離思量, 過覺觀境, 是爲菩薩了達甚深法界.)라고 하고, 『남양화상문답잡징의』 제19단(정유진, 『신회의 문답잡징의 연구』<佛祖禪文化研究院 연구시리즈Ⅳ>, 경서원, p.240)에 "어떻게 하여야 남을 위하여 연설함에 있어서 모양에 집착하지 않을 수 있습니까? 모양에 집착하지 않는다는 것은 이른바 如如한 것입니다. 이른바 무엇이 여여입니까? 무념입니다"(云何爲人演說, 不取於相. 不取於相者, 所謂如如. 云何所謂如如. 無念.)라고 한 말은 여여를 이해하는 데 참고가 된다.

○ **如如不動(여여부동)**: 『금강경』(『대정장』 권8, p.752중)에 "어떻게 하는 것이 남을 위해서 연설하는 것인가? 모양에 집착하지 말고 여여하게 동요하지 않으면 된다. 왜냐하면 모든 유위법은 꿈·허깨비·물거품·그림자와 같고, 또 이슬과 같고 번개와 같기 때문에 마땅히 이와 같이 관찰해야 한다(云何爲人演說. 不取於相, 如如不動. 何以故. 一切有爲法, 如夢幻泡影, 如露亦如電, 應作如是觀.)"라고 한 말 중에 「如如不動」이라는 것이 보인다. 여여는 범어 tathatā를 번역한 것이다. 「그와 같은 것」·「본래 그러한 것」의 의미를 가진 말로서 사물의 진실된 실상을 가리킨다. 如는

만유제법의 이체는 평등하고 동일하다는 뜻이다.

○ **心眞如(심진여)** : 『기신론』(『대정장』 권32, p.576상)에 "마음의 진여라는 것은 근원적인 실상세계의 본체이다. 이른바 그 심성은 생함도 없고 멸함도 없다(心眞如者, 卽是一法界大總相法門體. 所謂心性不生不滅.)"고 한 말에서 심진여는 진실한 마음을 지칭한다.

○ **眞如(진여)** : 『기신론』(『대정장』 권32, p.576상)에 "모든 법은 본래부터 말로 설명할 수 없고, 이름을 붙일 수 없으며, 분별을 떠나 있고, 구경에 평등하며, 변화가 없고, 파괴할 수도 없으며, 오직 근원적인 한 마음이기 때문에 진여라 한다(一切法從本已來, 離言說相, 離名字相, 離心緣相, 畢竟平等, 無有變異, 不可破壞, 唯是一心, 故名眞如.)." 또 "진여라는 것은 모양이 없으며, 말하자면 언설의 극한이다(言眞如者, 亦無有相, 謂言說之極.)"라고 한 말이 보인다. 진여에 대하여 여러 가지 해석이 있지만 진실하여 영원히 불변하는 의미가 있기 때문에 진여라 한다. 대승불교에서는 만유의 본체를 의미한다.

○ **維摩經云(유마경운)** : 『유마경』 '보살품'(『대정장』 권14, p.542중)에 "일체 중생도 여여하고, 일체 법도 여여하며, 여러 현성도 또한 여여하며, 미륵에 이르기까지 여여하다. 만약 미륵이 수기를 받으면 일체 중생도 또한 수기를 받는다. 왜냐하면 여여란 것은 다르지 않기 때문이다(一切衆生皆如也, 一切法亦如也, 衆聖賢亦如也, 至於彌勒亦如也. 若彌勒得受記者, 一切衆生亦應受記. 所以者何. 夫如者不二不異.)"라고 한 말을 인용한 것이다.

24. 물질이 공이고, 범부가 성인임

問, 卽色卽空, 卽凡卽聖, 是頓悟否.

答, 是.

問, 云何是卽色卽空, 云何是卽凡卽聖.

答, 心有染卽色, 心無染卽空, 心有染卽凡, 心無染卽聖.

又云, 眞空妙有故卽色, 色不可得故卽空. 今言空者, 是色性自空, 非色滅空. 今言色者, 是空性自色, 非色能色也.

【 번역 】

문, "색(물질적 현상)과 공(그것의 본질)이 하나이고, 범부와 성인이 둘이 아닌 것이 돈오인가?"

답, "그렇다."

문, "어떤 것이 색과 공이 하나이고, 어떤 것이 범부와 성인이 둘이 아닌 것인가?"

답, "마음에 염착됨이 있으면 색이고, 마음에 염착됨이 없으면 공이며, 마음에 물듦이 있으면 범부이고, 마음에 물듦이 없으면 성인이다."

또 이르기를, "진공묘유이기 때문에 색이고, 색은 가히 얻을 수 없기 때문에 공이다. 지금 공이라고 한 것은 물질의 본성 그 자체가 공한 것을 말하는 것이지 물질이 멸하여 공한 것을 말하는 것은 아니다. 지금 색이라고 한 것은 공한 성질 그 자체가 색인 것을 말하는 것이지 색이 능히 색이 될 수 있는 것을 말하는 것은 아니다."

【注記】

○ **卽(즉)**: 四明智禮(960~1028)의 『十不二門指要鈔』권하에 "현상계인 事와 본체계인 理가 둘이 아니고 하나인 것을 「卽」이라 하고, 사와 이가 다른 것을 「離」라 한다"고 한다. 『十不二門指要鈔』권상(『대정장』권46, p.707상)에 卽을 세 가지의 뜻으로 나누어 설명하고 있다. 별개의 것이면서 서로 떨어지지 않는 관계인 「二物相合의 뜻」이 있고, 현상적인 모습은 다르지만 본질적인 성에 있어서는 하나의 관계인 「背面相飜의 뜻」이 있고, 두 가지 물체가 언뜻 보아 다른 것 같이 보이지만 그 자체에 있어서는 다른 것이 아니고 동시에 하나의 관계인 「當體全是의 뜻」이 있다. 또 吉藏(549~623)의 『大乘玄論』권1에 "卽은 두 개의 事象이 완전히 일체로서 不二의 관계에 있다"고 한다. 두 개의 사상이 융합하여 차별이 없이 일체가 되는 것, 즉 「不相離」의 뜻으로 설명하였다.

○ **眞空妙有(진공묘유)**: 일본의 凝然이 술한 『五教章通路記』

권23에서 응연은 진공묘유란 “오온은 여러 가지 조건에 의존하기 때문에 실체가 없는 「空」인 동시에 공하기 때문에 임시로 존재하는 「有」로서 그 존재성을 인정한다”고 한다. 즉 진공이기 때문에 연기의 제법이 宛然하고, 묘유이기 때문에 인과의 만법이 一如하다는 입장을 취한 것이다. 또 진공은 마음의 본체가 공적한 것을 가리키고, 묘유는 공적체상에 항사의 묘용, 즉 불성의 지혜가 작용하고 있는 것을 가리킨다. 대주는 진공과 묘유 중에서 묘유에 중점을 두고 있다.

○ **色性自空, 非色性空**(색성자공, 비색성공) : 『유마경』‘入不二法門’(『대정장』권14, p.551상)에 “물질과 물질의 공이 둘이지만 물질이 곧 공인 것이지 물질이 멸하여 공이 되는 것은 아니며, 물질의 본성 그 자체가 공한 것이다(色色空爲二, 色卽是空, 非色滅空, 色性自空.)”라고 한 말을 인용한 것이다. 즉 색이 소멸하여 공이 되는 것이 아니라 색 그 자체가 본래 공하다는 뜻이다.

○ **空性自色, 非色能色**(공성자색, 비색능색) : 『조론』‘不眞空論’(『대정장』권45, p.152상)에 卽色義를 비판한 것을 보면, “색이라는 것은 색이 바로 색인 것이지 어찌 색이 색으로 인식되기를 기다린 후에 색이 되겠는가? 이는 색이 스스로 색이라고 여기지 않는 것만 직선적으로 말했을 뿐 색 그 자체가 색이 아님을 알지 못하였다(夫言色者. 但當色卽色. 豈待色色而後爲色哉. 此直語色不自色. 未領色之非色也.)”고 한 말이 있다.

○ **色性自空**=色卽是空, 空性自色=空卽是色의 뜻이다.

○ 신회의 『남양화상문답잡징의』 제42—1단(정유진, 『신회의 문답잡징의 연구』, p.396)에 '色不異空, 空不異色. 色卽是空, 空卽是色.'에 대한 신회의 법문과 비교해 보자. <(남양화상의) 제자인 비구 무행이 질문하기를, "무행이 양양의 준법사와 모든 법사들이 화상의 집에서 「色이 空과 다르지 않고, 공이 색과 다르지 않으며, 색이 곧 공이고, 공이 곧 색이며」, 그리고 「용녀가 찰나에 발심하여 곧 바로 정각을 이룬 것」 등의 뜻에 대하여 함께 논의하는 것을 보았습니다. 그러나 무행은 이에 의심이 있습니다." 신회화상이 말하기를, "너는 여러 법사들이 어떤 문답을 주고받았는지 보았는가?" 대답하기를, "품법사가 준법사 등에게 다음과 같은 질문을 하는 것을 보았습니다. 「무엇이 색이 공과 다르지 않는 것이며, 무엇이 공이 색과 다르지 않는 것입니까?」 준법사가 대답하기를, 「법사의 身相을 빌려 이 뜻을 밝혀 보겠습니다. 무엇이 법사입니까? 만약 눈을 법사라고 말한다면 이것은 법사가 아니며, 입 역시 법사가 아니며, 내지 귀·코 등 하나하나를 검사하여 따져 보면 모두 법사가 아닙니다. 다만 가명만 있을 뿐입니다. 법사를 찾아도 끝내 찾을 수 없으므로 곧 공인 것입니다. 인연을 빌려 존재하기 때문에 곧 색인 것입니다.」 무행이 지금 의심하는 것은 준법사가 이와 같은 알음알이를 짓는 것을 보았기 때문입니다. 원컨대 화상께서는 그 요지를 가르쳐 주십시오" 신회화상이 말하기를, "그 법사가 말한 것은 자기가 체득한 一家의 도리를 펼친 것이다. 만약 경에서 그 뜻을 찾아보면(경에 의거하여 그 뜻을 살펴보면) 아직 경전과 상응하지 않는다. 준법사가 말한 것은 물질을

분석하여 공을 밝힌 것으로써 마음과 경계가 수미보다 더 높은 줄 모르는 것이다. 너는 지금 자세히 들어라. 너를 위하여 간략히 말하겠다. 「이 마음이 일어나기 때문에 곧 색이 되고, 그 색은 가히 얻을 수 없기 때문에 공인 것이다.」 또 말하기를, 「법성은 묘하게 존재하고 있기 때문에 곧 색이 되고, 색은 묘하게 없기 때문에 공인 것이다.」 이런 까닭에 경에 말씀하시기를, 「색이 공과 다르지 않고, 공이 색과 다르지 않다」고 한 것이다. 또 말하기를, 「보는 것이 그대로 색이고, 가히 볼 수 없는 것을 보는 것을 공이라」 하는 것이다. 그러므로 경에 말씀하시기를, 「색이 곧 공이고, 공이 곧 색이며, 受・想・行・識도 그와 같다」(弟子比丘無行問, 無行見襄陽俊法師諸法師等, 在和上堂, 共論色不異空, 空不異色, 色卽是空, 空卽是色, 及龍女刹那發心, 便成正覺如是等義. 無行於此有疑. 和上言, 汝見諸法師作何問[答]. 答曰, 見品法師問俊法師等, 何者是色不異空, 空不異色. 俊法師答, 借法師身相, 可明此義. 何者是法師. 若言眼, 不是法師, 口亦不是法師, 乃至耳鼻等一一檢責, 皆不是法師. 但有假名. 求法師終不可得, 卽空. 假緣有故卽色. 無行今所疑者, 見俊法師作如此解. 願和上示其要旨. 和上言, 如法師所論, 自作一家道理. 若尋經意, 卽未相應. 俊法師所說, 乃析物以明空, 卽不知心境高於須彌. 汝今諦聽, 爲汝略說. 是心起故卽色, 色不可得故卽空. 又云, 法性妙有故卽色, 色妙無故卽空. 所以經云, 色不異空, 空不異色. 又云, 見卽色, 見無可見卽空. 是以經云, 色卽是空, 空卽是色, 受想行識, 亦復如是.)>고 한 것이다.

25. 다함과 다함이 없음

問, 經[①]云, 盡無盡法門如何.[②]

答, 爲二性空故, 見聞無生, 是盡. 盡者諸漏盡.[③] 無盡者於無生體中, 具[④]恒沙妙用,[⑤] 隨事應現, 悉皆具足, 於本體中, 亦無損減, 是名無盡. 卽是盡無盡法門也.

問, 盡與無盡, 爲一爲別.

答, 體是一, 說卽有別.

問, 體旣是一, 云何說別.[⑥]

答, 一者是說之體, 說者[⑦]是體之用, 爲隨事應用故, 云體同說別. 喩如[⑧]天上一日[⑨]下, 置種種盆器盛水, 一一器中, 皆有於日.[⑨] 諸器中日,[⑨] 悉皆圓滿, 與天上日[⑨]亦無差別. 故云體同. 爲[⑩]隨器立名, 卽有差別, 所以有別. 故云體同,[⑪] 說卽有別. 隨器[⑫]所現諸日,[⑨] 悉皆圓滿, 於上本日,[⑨] 亦無損減. 故云無盡也.

【校記】

① 금본에는 「經」 앞에 「維摩」의 2자가 더 있음.

② 금본에는 「如何」가 「云何」로 되어 있음. 또 「云何」 다음에 「是盡云何是无盡」의 7자가 더 있음.

③ 금본에는 「盡」 다음에 「也」자가 더 있음.

④ 금본에는 「具」 다음에 「有」자가 더 있음.

⑤ 금본에는 「恒沙妙用」이 「恒沙之用」으로 되어 있음.

⑥ 금본에는 「云何說別」이 「說云何別」로 되어 있음.

⑦ 저본에는 「者」자가 없음. 금본에 의거하여 校補함.

⑧ 금본에는 「如」자가 없음. 저본에 의거하여 교보함.

⑨ 금본에는 「日」이 「月」자로 되어 있음.

⑩ 금본에는 「爲」자가 없음.

⑪ 금본에는 「體同」의 2자가 없음.

⑫ 저본에는 「隨器」의 2자가 없음. 금본에 의거하여 교보함.

【번역】

문, "경에 「다함과 다함이 없음의 법문」은 무슨 뜻인가?"

답, "상대의 二見이 공하기 때문에 보고 들음이 생겨나지 않는 것이 「다함」이다. 다함이란 것은 모든 번뇌가 다한 것을 말한다. 다함이 없다고 한 것은 생함이 없는 본체 가운데 항사와 같은 묘용을 갖추고 있어서 일에 따라 응하여 나타나 모든 것을 다 만족케 하지만 본체 중에는 조금도 손감이 없는 것을 다함이 없음이라 한다. 이들이 다함과 다함이 없는 법문이다."

문, "다함과 다함이 없음은 같은가, 다른가?"

답, "본체는 같지만 표현은 다르다."

문, "본체가 이미 같은데 어떻게 다르다고 하는가?"

답, "같다는 것은 말의 본체이고, 말은 본체의 작용이며, 일에 따라 응하여 나타나기 때문에 체는 같으나 표현은 다르다고 한 것이다. 비유하면 마치 하늘의 한 태양아래 여러 가지 그릇에 물을 담아두면 하나하나의 그릇 가운데 모두 태양이 있는 것과 같다. 여러 그릇 가운데 태양은 모두 완전한 모양을 갖추고 있어서 천상의 태양과 조금도 다름이 없다. 그러므로 본체는 같다고 한 것이다. 그릇에 따라 이름을 지어 차별을 두기 때문에 다른 것이다. 그러므로 본체는 같으나 표현을 하면 다르다. 그릇에 따라 나타난 여러 태양은 모두 다 완전하여 하늘의 본래 태양과 비교해서 조금도 손감이 없다. 그러므로 다함이 없다고 한 것이다."

【注記】

○ **經云(경운)** : 『유마경』'보살행품'(『대정장』권14, p.554중)에 "부처님이 여러 보살에게 말씀하시기를, 다하고 다하지 않는 해탈법문이 있다. 너희들은 마땅히 이 법문을 배워야 한다. 무엇을 다함이라 하는가? 유위법을 말하는 것이다. 무엇을 다하지 않음이라 하는가? 무위법을 말하는 것이다. 보살들은 유위법에도 다하지 않아야 하고, 무위법에도 머무르

지 않아야 한다(佛告諸菩薩, 有盡無盡解脫法門. 汝等當學. 何謂爲盡. 謂有爲法. 何謂無盡. 謂無爲法. 如菩薩者, 不盡有爲, 不住無爲.)"라고 한 말을 인용한 것이다.

○ **見聞無生(견문무생)** : 견문각지의 지각작용이 전부 실체가 없어서 공하다는 뜻이다.

○ **漏(루)** : 범어 āsrava를 번역한 것으로서 漏泄의 뜻이다. 번뇌의 이명이다. 범부는 항상 眼耳등의 감각기관으로부터 번뇌가 새어 나오기 때문에 번뇌를 漏라고 한다.

○ **無盡者於無生體中, 具恒沙妙用(무진자어무생체중, 구항사묘용)** : 『대승기신론』(『대정장』권32, p.576상)에 "진여라는 것은 언설에 의하여 분별하면 두 가지의 뜻이 있다. 무엇이 그 두 가지인가? 하나는 「진실공」이다. 이는 능히 구경에 실상(공적)을 드러내기 때문이다. 다른 하나는 「여실불공」이다. 이는 자체에 무루의 성공덕을 구족하고 있기 때문이다(眞如者, 依言說分別, 有二種義. 云何爲二. 一者眞實空, 以能究竟顯實故, 二者如實不空, 以有自體具足無漏性功德故.)"라고 한 말 가운데 眞實空은 無生體와 같은 의미이고, 如實不空은 恒沙妙用과 같은 취지이다.

○ 『돈오요문론』제31단 참조

26. 생하지도 않고 멸하지도 않음

問, 經云, 不生不滅, 何法不生, 何法不滅.

答, 不善不生, 善法不滅.

問, 何者①善, 何者不善.

答, 不善者②是染漏心,③ 善法者②是無染漏心.③ 但無染無漏, 卽是不善不生.④ 得無染無漏時, 卽淸淨圓明, 湛然常寂, 畢竟不遷, 是名善法不滅也. 此⑤卽是不生不滅.

【校記】

① 금본에는 「者」 다음에 「是」자가 더 있음.
② 금본에는 「者」자가 없음.
③ 금본에는 「心」 다음에 「也」자가 더 있음.
④ 금본에는 「生」 다음에 「也」자가 더 있음.
⑤ 금본에는 「此」자가 없음.

【 번역 】

문, “경에 「생겨나지도 않고 없어지지도 않는다」고 했는데 어떤 법이 생겨나지 않으며, 어떤 법이 없어지지 않는가?”

답, “좋지 않은 법이 생겨나지 않으며, 좋은 법이 없어지지 않는다.”

문, “무엇이 좋은 법이며, 무엇이 좋지 않은 법인가?”

답, “좋지 않은 법은 염착되어 새는 마음이고, 좋은 법은 염착되어 새지 않는 마음이다. 다만 염착됨도 없고 샘도 없으면 좋지 않은 법이 생겨나지도 않는다. 염착됨도 없고 샘도 없을 때 청정하고 원명하며, 담연히 상적하여 필경에 천변하지 않는 것을 좋은 법이 없어지지 않는다고 한다. 이것이 곧 생겨나지도 않고 없어지지도 않는 것이다.”

【注記】

○ **經云(경운)** : 『유마경』‘관중생품’(『대정장』권14, p.547하)에 “또 문수가 묻기를, 번뇌를 없애고자 하면 마땅히 어떤 행을 행하여야 합니까? 유마힐이 답하기를, 올바른 생각을 행해야 합니다. 또 묻기를, 어떻게 하는 것이 올바른 생각을 행하는 것입니까? 대답하기를, 마땅히 나지도 않고 없어지지도 않는 행을 행하는 것입니다. 또 묻기를, 어떤 법이 나지도 않으며, 어떤 법이 멸하지도 않는 것입니까? 대답하기를, 나쁜 법이 나지 않고, 좋은 법이 멸하지 않는 것입니다(又問, 欲除煩惱, 當何所行. 答曰, 當行正念. 又問, 云何行於正念. 答曰, 當行不生不滅. 又問, 何法不生何法不滅. 答曰, 不善不生, 善法不滅.)”라고 한 말을 인용한 것이다.

○ **不生不滅(불생불멸)** : 보통 『반야경』에서 말하는 불생불멸

은 모든 존재는 근원적으로 공하기 때문에 생하지도 않고 멸하지도 않는다고 한다. 또 모든 존재에는 고정불변한 실체가 없기 때문에 불생불멸이라고 한다. 즉 無自性空이기 때문에 불생불멸한다는 뜻이다.

○ **不遷(불천)** : 승조의 『조론』'物不遷論'(『대정장』권45, p.151상)에 "『도행반야경』에 말하기를, 「모든 법은 본래 과거에서 현재로 흘러 온 유래가 없으며, 현재가 과거로 흘러간다 해도 도달할 대상이 없다」고 했으며, 『중관론』에 말하기를, 「갈 방향을 관찰하고 그가 간다는 것을 알지만 가는 사람은 끝내 그 방향에 이르지 못한다」라고 했다. 이는 모두가 제법의 움직임에 나아가서 고요함을 찾은 것이다. 이로써 사물은 천류하지 않는다는 것을 분명히 알 수 있다(道行云, 諸法本無所從來, 去亦無所至. 中觀云, 觀方知彼去, 去者不至方. 斯皆卽動而求靜. 以知物不遷.)"고 한 말이 있다.

○ 신회의 『남양화상문답잡징의』제45단(정유진, 『신회의 문답잡징의 연구』, p.437)에 진여는 천변 그 자체가 없다고 한다. 즉, <내향현의 현령인 장만경이 질문하기를, "진여는 무엇과 비슷합니까?" 대답하기를, "요즘 여러 대덕 도속들이 모두 遷變하지 않는 것을 「眞」이라고 말하는데 신회는 지금 그렇게 생각하지 않습니다. 지금 眞이라고 하는 것은 천변 그 자체가 없기 때문에 진이라고 합니다. 말한 바 「如」라고 하는 것은 요즘 여러 대덕 도속들이 모두 두 물건이 서로 비슷한 것을 여라고 하는데 신회는 그렇게 생각하지 않습니다. 물건이 서로 비슷함이 없는 것을 여라고 합니다" (內鄕縣令張萬頃問, 眞如者似何物. 答曰, 比者諸大德道

俗皆言, 不遷變名爲眞. 神會今卽不然. 今言眞者無可遷變, 故名爲眞. 所言如者, 比來諸大德道俗皆言, 兩物相似曰如. 會今卽不然, 無物相似曰如.)>라고 한 말은 진여의 본질을 명확히 밝혀 주고 있는 일단이다.

27. 佛戒란 청정한 마음

問, 菩薩戒云, 衆生受佛戒, 卽入諸佛位, 位同大覺已, 眞是諸佛子, 其義云何.

答, 佛戒者淸淨心是也. 若有人發心修行[①]淸淨行, 得無所受心者, 名受佛戒也. 過去諸佛, 皆修淸淨無受行,[②] 得成佛道. 今時有人, 發心修無[③]受淸淨行者, 卽與佛功德等用,[④] 無有異也.[⑤] 故云入[⑥]諸[⑦]佛位也. 如是悟者, 與佛悟同. 故云位同大覺已, 眞是諸佛子. 從淸淨心生智, 智淸淨, 名爲[⑧]諸佛子, 亦名此佛子.[⑨]

【校記】

① 금본에는 「行」자가 없음.

② 금본에는 「皆修淸淨無受行」의 7자가 없음. 「皆此淸淨無受之行」으로 되어 있음.

③ 금본에는 「無」 다음에 「所」자가 더 있음.

④ 금본에는 「用」자가 없음.

⑤ 금본에는 「也」자가 없음.
⑥ 금본에는 「入」 앞에 卽자가 있음.
⑦ 금본에는 「諸」자가 없음.
⑧ 금본에는 「爲」자가 없음.
⑨ 금본에는 「亦名此佛子」의 5자가 「亦此佛也」로 되어 있음.

【번역】

문, "『보살계=범망경』에 「중생이 부처님의 계를 수지하면 곧 모든 부처님의 자리에 들어가 그 지위가 대각과 같아서 진실로 모든 부처님의 아들이다」라고 했는데 그 뜻이 어떠한가?"

답, "부처님의 계라는 것은 청정심이다. 만약 어떤 사람이 발심하여 청정한 행을 닦아서 받은 바 없는 마음을 체득하면 부처님의 계를 받았다고 한다. 과거의 모든 부처님들도 다 청정한 無受行을 닦아서 불도를 이루었다. 지금 어떤 사람이 발심하여 받음이 없는 청정한 행을 닦으면 부처님의 공덕과 똑같이 작용하여 조금도 다름이 없다. 그러므로 모든 부처님의 지위에 들어간다고 한 것이다. 이와 같이 깨달은 자는 부처님의 깨달음과 동일하다. 그러므로 지위가 대각과 같아서 진실로 모든 부처님의 아들이라 한 것이다. 청정한 마음으로부터 지혜가 나오며, 지혜가 청정한 것을 모든 부처님의 아들이라 하고, 또한 이를 부처님의 아들이라 한다."

【注記】

○ **菩薩戒(보살계)**:『梵網經』을 말한다.『대정장』권24, p.1004 상에 나오는 게송을 인용한 것이다.

○ **大覺(대각)**:자신도 깨닫고 남도 깨닫게 하는(自覺覺他) 부처의 깨달음을 말한다.

○ **淸淨心(청정심)**:번뇌가 없는 공적심을 가리킨다. 주객이 완전히 끊어져 無二智를 가진 마음이다.

○ **受(수)**:범어 vedanā를 번역한 말이다. 심소중의 하나이며, 오온중의 하나이다. 외계의 대상을 받아들여 고락과 快不快 등의 감수작용을 하는 것을 수라 한다. 여기서는 마음의 작용을 말하고 있다.

○ **無所受心(무소수심)**:받은 바가 없는 마음은 곧 반야의 無二智心이다. 뒤에 나오는 「淸淨無受行」과 「無受淸淨行」은 같은 의미이다.

○ **今時有人(금시유인)**:원문에는 「今有時人」으로 되어 있다. 의미가 통하지 않으므로 위의 「過去諸佛」과 대응하여 고친다.

○ **從淸淨心生智(종청정심생지)**:『원각경』'辨音菩薩章'(『대정장』권19, p.919상)에 "걸림이 없는 청정한 지혜는 모두 선정으로부터 나온다(無碍淸淨慧, 皆依禪定生.)"고 한 말이 있다.

○ **此佛子(차불자)**:여기서 此는 지시사로 보는 것보다 강조사로 보는 것이 좋을 것 같다.

28. 부처와 法의 先後

問, 只是[①]佛之與法, 爲是佛在先, 爲是法在先. 若法在先, 法是何佛所說, 若佛在先, 承何敎而成道.[②]

答, 佛亦在法先, 亦在法後.

問, 因何佛法先後.[③]

答, 若據寂滅法, 是法先佛後.[④] 若據文字法, 是佛先法後.[⑤] 何以故. 一[⑥]切諸佛, 皆因寂滅法, 而得成佛, 卽是法先佛後. 經[⑦]云, 諸佛所師所謂法也. 得成道[⑧]已, 然始廣說十二部經, 引化衆生, 衆生承佛法敎,[⑨] 修行[⑩]得成佛. 卽是佛先法後也.

【校記】

① 금본에는 「只是」가 「只如」로 되어 있음.

② 금본에는 「承何敎而成道」의 6자가 「佛承誰敎而得成道」로 되어 있음.

③ 금본에는 「因何佛法先後」의 6자가 「因何在法先, 因何在法後」로 되어 있음.

④ 금본에는 「是法先佛後」의 5자가 「卽是法在先佛在後」로 되어 있음.

⑤ 금본에는 「是佛先法後」의 5자가 「卽佛在先法在後」로 되어 있음.

⑥ 금본에는 「一」 앞에 「爲」자가 있음.

⑦ 금본에는 「經」 앞에 「故」자가 있음.

⑧ 금본에는 「成道」가 「成佛」로 되어 있음.

⑨ 금본에는 「佛法敎」가 「佛敎法」으로 되어 있음.

⑩ 금본에는 「修行」 다음에 「而」자가 있음.

【번역】

문, "부처와 법 가운데서 부처가 먼저인가, 법이 먼저인가? 만약 법이 먼저라면 법은 어떤 부처님이 설하신 것이며, 만약 부처가 먼저라면 어떤 가르침을 받아서 도를 이루었는가?"

답, "부처는 법보다 앞에 있기도 하고, 또한 법보다 뒤에 있기도 한다."

문, "무엇 때문에 부처와 법에 선후가 있는가?"

답, "만약 적멸법에 의거하면 법이 먼저이고, 부처가 나중이다. 만약 문자법에 의거하면 부처가 먼저이고, 법이 나중이다. 왜냐하면 일체의 모든 부처님이 다 적멸법으로 인하여 성불할 수 있었기 때문에 법이 먼저이고, 부처가 나중인 것이다. 경에 「모든 부처님의 스승은 법이라」고 했다. 도를 이루고 나서 비로소 널리 십이부경을 설하여 중생을 인도하고 교화함으로써 중생은 불법의 가르침을 이어 받아 수행하여 성불한 것이다. 그러므로 부처가 먼저이고, 법이 나중인 것이다."

【注記】

○ **只是佛之與法(지시불지여법)**… : 「只是」는 「只如」의 오기인 듯하다. 부처와 법의 선후문제는 신회의 『남양화상문답잡징의』제47단(정유진, 『신회의 문답잡징의 연구』, p.450)에도 나온다. "낙양현의 현령인 서악이 질문하기를, 「… 도대체 부처가 먼저입니까, 법이 먼저 입니까? 만약 부처가 먼저라면 어떤 가르침을 받아 成道하셨습니까? 만약 이 법이 먼저라면 법은 곧 어떤 사람이 설한 것입니까?」 대답하기를, 「만약 문자의 입장에서 논하면, 佛이 먼저이고, 法이 나중입니다. 만약 寂滅法 가운데서 말하면 법이 먼저이고, 부처가 나중입니다. 또 경전의 뜻에 의하여 밝혀 보면, 경에 말씀하시기를, <모든 부처님의 스승은 이른바 법이라>고 했습니다. 법이 항상하기 때문에 제불도 또한 항상한 것입니다. 부처님이 어떤 가르침을 받아 성도했는가에 대한 질문은 경의 말씀에 따르면 <중생은 무사지가 있고, 자연지가 있다>고 했습니다. 중생이 자연지를 이어 받아서 끊임없이 修習하는 것이 이른바 적멸법이고, 성불하는 것입니다. 부처님도 마침내 이 법으로써 끊임없이 중생을 교화했습니다. 중생이 부처님의 가르침을 이어받아 수습하면 정각을 이룰 수 있습니다」(洛陽縣令徐鍔問曰, … 未審佛先, 未審法先. 若佛先, 卽稟何教而成道. 若是法先者, 法卽是何人說. 答

曰，若論文字，佛先法後．若論寂滅法中，法卽先佛後．又明經義，經云諸佛之師，所謂法也．以法常故，諸佛亦常．佛稟何敎而成道者，經所說，衆生有無師智，有自然智．衆生承自然智，任運修習，謂寂滅法，得成於佛．佛卽遂將此法，轉敎化衆生．衆生承佛敎修習，得成正覺.)."

○ **寂滅法(적멸법)**：寂滅은 줄여서 滅이라고도 한다. 범어 nirvāṇa, 팔리어 nibbāṇa를 번역한 것이다. 『大智度論』권55(『대정장』권25, p.450상)에 "탐・진・치의 삼독과 모든 희론이 없어졌기 때문에 적멸이라 한다(滅三毒及諸戲論，故名寂滅.)"고 한 바와 같이 탐・진・치의 삼독과 모든 희론을 소멸한 깨달음의 경지로서 열반의 세계와 같은 말이다. 『維摩經』'弟子品'(『대정장』권14, p.541상)에 "법은 본래 그러한 것이 아니며, 지금도 소멸함이 없는 것이 적멸의 뜻이다(法本不然，今則無滅，是寂滅義.)"라고 한 말과 『중론』'觀三相品7'의 제17게(『대정장』권30, p.10하)에 "만약 법이 여러 가지 인연에 의하여 생겨난다면 이것은 적멸성이다. 그러므로 생함과 생할 때 이 두 가지는 모두 적멸이다(若法衆緣生，卽是寂滅性．是故生生時，是二俱寂滅.)"라고 한 것도 참고가 된다. 『돈오요문론』제31단 참조.

○ **經云(경운)**：어떤 경인지 알 수 없다. 「所謂法也」가 원문에는 「所爲法也」로 되어 있지만 인용한 신회의 『문답잡징의』에 의거하여 고친다.

○ **十二部經(십이부경)**：十二分經이라고도 한다. 모든 경전의 형태를 형식과 내용에 따라 12가지 종류로 나누어 놓은 것을 말한다. 즉 일체경을 가리키는 말이다.

○ **卽是佛先法後也(즉시불선법후야)** : 원문에는 「卽是法先佛後也」로 되어 있지만 문맥의 내용에 따라 고친다.

29. 설통과 종통

問, 云何是說通宗不通.

答, 言行相違, 即是說通宗不通.

問, 云何是宗通說亦通.

答, 言行無差,① 即是說通②宗亦通.

【校記】

① 금본에는 「差」 다음에 「別」자가 더 있음.

② 금본에는 「說通」의 2자가 「說亦通」으로 되어 있음.

【번역】

문, "왜 설법에는 통하지만 종지에는 통하지 않는가?"

답, "말과 행동이 서로 어긋나면 설법은 통하지만 종지는 통하지 않는다."

문, "왜 종지에도 통하고 설법에도 역시 통하는가?"

답, "말과 행동이 서로 어긋나지 않으면 설법에도 통하고 종지에도 역시 통하는 것이다."

【 注記 】

○ **說通 · 宗通(설통 · 종통)** : 종통과 설통이란 말의 典據는 『능가경』권3에 나온다. 『능가경』에 나오는 종통과 설통의 설명을 요약하면 다음과 같다. "근본도리(siddhānta-naya)란 스스로 체득해야 하는 것이며 언어와 사고와 그리고 문자를 떠나 있으며, 더러움이 없는 경지에 이르는 것이며, 스스로 내면적으로 이해하는 것을 그 특질로 하고 있기 때문에 일체의 이교도나 악마를 제거한 것이며, 그들 이교도나 악마들을 격파하고 스스로 깨달은 경지가 찬란하게 빛난다. 이것이 근본도리의 특질이다. 다음 가르침의 도리(deśanā-naya)란 9분교의 가르침에 의한 여러 가지 교설이며, 異同과 有無 등의 대립적인 견해를 떠나 훌륭한 수단과 방법에 의하여 사람들에게 바른 견해를 갖게 하는 것이며, 사람들이 어떤 것을 믿고 받아들일 생각이 있다면 사람들에게 설하는 것이다. 이것이 가르침의 도리에 대한 특질이다"고 한다. 부연하면 근본(마음)을 깨닫는 것을 종통이라 하고, 깨닫고 난 후에 중생들을 교화하기 위하여 설법하는 것을 설통이라 한다. 그러나 송 대 대혜종고(1089~1163)는 깨닫는 것보다 깨달음의 내용을 언어문자로 표현하는 것이 더 어렵다고 말했다. 신회의 『남양화상문답잡징의』제44단(楊曾文, 『神會和尚禪話錄』, p.98)에, <또 질문하기를, "선사는 이것이 설통이라 생각하십니까, 종통이라 생각하십니까?" 대답하기를, "지금 말한 것은 설통에도 또한 통하고, 종통에도 또한 통합니다." 또 질문하기를, "무엇이 설통이고, 무엇이 종통입니까?" 대답하기를, "입으로는 보리를 말하지만 마음에는 주처가 없어야 하고, 입으로는 열반을 말하지만

마음에는 생멸이 없어야 하며, 입으로 해탈을 말하지만 마음에는 繫縛이 없어야 합니다. 이것이 곧 설통이고, 종통에는 통하지 않습니다." 또 질문하기를, "무엇이 종통입니까?" 대답하기를, "다만 본래 자성이 공적한 것을 깨달아서 또 다시는 법을 觀하려는 생각을 일으키지 않는 것을 종통이라 합니다."(又問, 禪師爲是說通, 爲是宗通. 答, 今所說者, 說亦通, 宗亦通. 又問, 若爲是說通, 若爲是宗通. 答, 口說菩提, 心無住處. 口說涅槃, 心無生滅. 口說解脫, 心無繫縛. 卽是說通, 宗不通. 又問曰, 若爲宗通. 答曰, 但了本自性空寂, 更不復起觀, 卽是宗通.)>고 했고, 돈황본 『육조단경』제36단(정유진, 『돈황본 육조단경 연구』, 경서원, p.328)에서는 「說通及心通.」이라 한 것과 같이 「종통」을 「심통」이라 하고 있다.

30. 四 到

問, 經云, 到不到, 不到到之法[①]云何.

答, 說到行不到, 名爲到不到. 行到說不到, 名爲不到到. 行說[②]俱到, 名爲到到.[③]

【校記】

① 금본에는 「之法」의 2자가 없음.

② 금본에는 「行說」의 2자가 「行到說」로 되어 있음.

③ 금본에는 「到到」 다음에 「也」자가 있음.

【 번역 】

문, "경에 「이르지만 이르지 않고, 이르지 않지만 이르는 가르침」은 무엇인가?"

답, "말은 하지만 행동은 그 말에 따르지 않는 것을 「이르지만 이르지 않는 것」이라고 한다. 반대로 행동은 여법하게 하지만 말이 그 행동에 미치지 못하는 것을 「이르지 않지만 이르는 것」이라 한다. 행동과 말이 모두 일치하는 것을「이르고 이른 것(완전한 이름)」이라고 한다.

【注記】

○ **經云(경운)** : 『열반경』권19(『대정장』권12, p.733중)에 「不到到, 不到不到, 到不到, 到到」의 四到를 설한 것을 인용한 것이다.

○ **到(도)** : 理法의 究極에 도달하는 것을 뜻한다.

○ **大珠**는 4도중에 부도부도를 빼고 있는데 내용상으로 보아 부도부도는 언행불일치를 말하는 것임을 추지할 수 있다.

31. 유도 버리지 않고 무위에도 머무르지 않음

問, 佛①法不盡有爲, 不住無爲. 何者是不盡有爲, 何者是不住無爲.

答, 不盡有爲者, 從初發心, 至菩提樹下, 成等正覺, 後至雙林,② 入般涅槃, 於中一切法, 悉皆不捨, 卽是不盡有爲也. 不住無爲者, 雖修無念, 不以無念爲證. 雖修空, 不以空爲證. 雖修菩提涅槃無相無作, 不以無相無作爲證, 卽是不住無爲也.

【校記】

① 금본에는 「佛」 앞에 「經云」의 2자가 더 있음.

② 금본에는 「林」 다음에 「間」자가 있음.

【번역】

문, "「불법은 유위에도 다하지 아니하고, 무위에도 머무르지 않는다」고 했는데 무엇이 유위에도 다하지 않는 것이며,

무엇이 무위에도 머무르지 않는 것인가?"

답, "유위를 다 하지 않는다는 것은 처음 발심한 때로부터 보리수 밑에서 등정각을 이룬 후에 쌍림에 이르러 완전한 열반에 들 때까지 그 가운데 일체의 법을 모두 버리지 않는 것이 유위를 다하지 않는 것이다. 무위에 머무르지 않는다는 것은 비록 무념을 닦을지라도 무념으로써 깨달음을 삼지 않는 것이다. 비록 공을 닦을지라도 공으로써 깨달음을 삼지 않는 것이다. 비록 보리·열반·무상·무작을 닦을지라도 무상과 무작 등으로써 깨달음을 삼지 않는 것이 무위에 머무르지 않는 것이다."

【注記】

○ **不盡有爲(부진유위)**… : 『유마경』권하, '보살행품'(『대정장』 권14, p.554중~하)에 나오는 말이다. "부처님이 여러 보살들에게 다함이 있고 다함이 없는 해탈법문을 말씀하셨다. 여러분들은 마땅히 배워야 한다. 무엇이 다함이 있는 것인가? 유위법이다. 무엇이 다함이 없는 것인가? 무위법이다. 보살들은 유위에도 다하지 않아야 하고, 무위에도 머무르지 않아야 한다(佛告諸菩薩, 有盡無盡解脫法門. 汝等當學. 何謂爲盡, 謂有爲法. 何謂無盡, 謂無爲法. 如菩薩者, 不盡有爲不住無爲.)"고 한다.

○ **有爲·無爲(유위·무위)** : 유위는 범어 saṁskṛta, 팔리어 saṅkhata를 번역한 말로 유위법이란 뜻이다. 유위는 爲作이 있고, 造作되어 진 것이란 의미이다. 『大毘婆沙論』권23(『대

정장』권27, p.117중)에 "무엇이 연기법인가? 말하자면 모든 유위법이다(云何緣起法, 謂一切有爲法.)"라고 한 바와 같이 모든 법은 실체가 없고 여러 가지 인연의 화합에 의해서 생성된 현상(존재)임을 가리킨다. 인연에 의하여 離合集散하는 생멸법, 즉 인연에 의하여 조성된 현상적 존재를 말한다. 이에 비해 무위는 범어 asaṁskṛta, 팔리어 asaṅkhata를 번역한 것이다. 『瑜伽師地論』권100(『대정장』권30, p.880상)에 "유위법이란 생멸과 속박과 인연이 있는 것을 말한다. 이와 반대인 것이 무위법인 줄을 마땅히 알아야 한다(言有爲者, 謂有生滅繫屬因緣. 與此相違, 應知無爲.)"고 한 것과 같이 여러 가지 원인과 인연에 의하여 생성된 법이 아니고 생멸변화를 떠난 상주절대의 존재로서 자세히 말하자면 無爲法이라 한다. 인과관계를 떠나 있고, 성립과 파괴를 벗어난 超時間的인 상주절대의 진실성, 즉 현상을 떠난 절대무한정을 가리키는 말이다. 그러므로 깨달음의 경지인 열반과 같은 뜻이다. 선불교에서 쓰이는 무위는 예를 들면 『증도가』제2게(『대정장』권51, p.460상)에 "배울 것을 다 배워 할 일이 없는 한가한 도인은 망상을 제거하려고도 하지 않고 진실을 구하려고도 하지 않는다(絶學**無爲**閑道人, 不除妄想不求眞.)"라고 한 것과 같이 물고기가 물에서 노는 것처럼, 또 새가 하늘을 나는 것처럼 자유자재·無罣礙를 의미하기도 하고, 또 일체의 행위에 대한 흔적을 남기지 않는 任運無作·沒蹤跡을 뜻하기도 한다. 즉 일체의 모든 행위를 하되 그 행위를 한다는 의식조차도 없이 無心하게 하는 행위를 말한다. 비유컨대 새가 허공을 날면서 공기를 의식하지 않고 나는 것과 같다. 참고로 老莊子에서의 무위는 자연 그 자체로서 일체의 조작이 없는 도를 가리킨다. 그래서 『法華玄義』권8上(『대정장』권33, p.780하)에 "만약 여기에서 노장의 무위와 무욕이 천진하고 비어 고요하기 때문에 모든 기도를 쉬고 성스러움을 버리고 지혜를 끊었다고 한다면 이는 바로 허무로서 오히려 사견 밖을 벗어날 수 없다(若此間莊老無爲無欲, 天眞虛靜息諸誇企, 棄聖絶智等, 直是虛無其抱. 尙不出單四見外.)"고 한 것이다.

○ **菩提樹(보리수)** : 범어 bodhidruma · bodhivṛkṣa, 팔리어 bodhi · bodhirukkha를 번역한 것이다. 覺樹 · 思惟樹 · 道場樹 · 道樹 · 佛樹 · 聖樹라고 부른다. 왜냐하면 불타가 이 나무 아래서 보리(깨달음)를 성취하고 성도하였기 때문이다. 석존의 보리수는 畢鉢羅樹(범어 pippala, 팔리어 pipphala)이다. 이 나무의 열매를 畢鉢羅라고 부르기 때문에 畢鉢羅樹라고 하는 것이다. 이 나무는 無花果와 흡사하며 뽕나무과에 속하는 상록수로 힌두교도들도 옛부터 이 나무를 신성시했다고 한다. 돈황본 『六祖壇經』제10단에 "몸은 보리수이고, 마음은 밝은 거울과 같다(身是菩提樹, 心如明鏡臺.)"라는 말이 있고, 이와 반대로 무명을 뿌리로 하는 번뇌의 나무라는 뜻으로 無明樹라는 말이 『臨濟錄』'示衆'(『대정장』권47, p.500하)에 "그대들이 한 생각의 망념을 쉰 곳을 보리수라 하고, 그대들이 한 생각의 망념을 쉬지 않는 곳을 무명수라 한다(爾一念心歇得處, 喚作菩堤樹. 爾一念心不能歇得處, 喚作無明樹.)"고 한 말도 보인다.

○ **般涅槃(반열반)** : 般은 범어 pari를 음사한 것으로서 「완전」

이란 뜻이다. 열반은 범어 nirvāṇa를 음사한 것으로서 寂滅 또는 寂이란 뜻이다. 해탈과 같은 의미이다. 따라서 반열반은 완전한 열반, 즉 圓寂의 뜻이다. nirvāṇa는 원래 「불어서 끄다」, 혹은 「불어서 끈 상태」를 뜻하는 말이다. 즉 번뇌의 불이 꺼진 깨달음의 경지를 가리킨다. 부파불교에서는 이런 열반을 有餘涅槃이라 하고, 석존의 육체가 죽은 것을 無餘涅槃이라 한다.

○ **無念(무념)** : 『돈오요문론』 제41단 참조

○ **雖修空(수수공)**… : 『유마경』 '菩薩行品'(『대정장』 권14, p.554 하)에 "보살은 무위에 머물러서도 안 된다. 공을 닦지만 공으로써 깨달음을 삼아서도 안 되며, 무상과 무작을 닦지만 무상과 무작으로써 깨달음을 삼아서도 안 된다. … 이와 같이 법을 닦는 것을 보살이 무위에도 머무르지 않는 것이라고 한다(菩薩不住無爲. 謂修學空, 不以空爲證. 修學無相無作. 不以無相無作爲證. … 修如此法. 是名菩薩不住無爲.)"고 한 말을 인용한 것이다. 여기서 무위나 마음에 어떠한 조작도 없는 無作은 공의 실천에 의하여 일체의 번뇌망념이 없어진 깨달음의 경지로서 涅槃과 동일한 의미이고, 無相은 공의 실천적인 입장을 대변하는 말로서 일체의 망집을 벗어버린 경지이다. 그래서 신회는 "무상은 곧 佛心이다[心若無相, 卽是佛心.(『단어』 제22단)]"라고 했다. 우리가 공을 실천하는 것은 일체의 대립과 차별에서 벗어나기 위함인데 그 공에 집착을 하게 되면 空病에 빠지기 때문에 공 그 자체도 뛰어넘어야 하고, 我·人·衆生·壽者相의 4상을 여의는 무상의 실천도 역시 主客一如의 경지로 환

원하기 위함인데 무상을 깨달음의 목적으로 삼아서는 안 된다. 한 걸음 더 나아가 공의 실천에 의하여 깨달음의 세계에 이르렀다할지라도 그 깨달음에 집착을 해 버린다면 깨달음이 또한 자신을 구속하기 때문에 깨달음 그 자체까지도 완전히 초월해야 한다. 이것을 不住無爲라 한다. 『임제록』'示衆'(『대정장』권47, p.498상)에 "다만 나의 견해는 다르다. 왜냐하면 밖으로는 범부와 성인에도 집착하지 않고, 안으로는 근본에도 머무르지 않으며, 깨달음이 철저하여 다시 의심하거나 그릇됨이 없기 때문이다(祇爲我見處別. 外不取凡聖, 內不住根本, 見徹更不疑謬.)"라고 한 것과 같이 밖으로는 범부와 성인이라는 모양에 집착을 해서도 안되고, 안으로는 깨달음의 세계인 근본 그 자체까지도 초월해야 한다고 주장하고 있다.

○ 이 일단은 『보리달마남종정시비론』제6단(정유진, 『신회의 남종정시비론 연구』, p.93)과 석정본 『남양화상문답잡징의』제47단(양증문, 『神會和尙禪話錄』, p.101)에서 주장하고 있는 것을 그대로 옮겨 놓은 것이다. 즉, [신회화상이 말하기를, 경전에는「유위에도 다함이 없고, 무위에도 머무르지 않는다」고 설하셨습니다. 숭원법사가 거듭 추궁하기를, 어떤 것이「유위에도 다함이 없고, 무위에도 머무르지 않는다」는 뜻입니까? 신회화상이 대답하기를, '유위에도 다함이 없다'라고 한 것은 석존이 처음 발심한 때부터 보리수 아래에 앉아 정등각을 이루고 사라쌍수에서 열반에 들 때까지 일체법 그 가운데에 있으면서도 (일체의 법을) 모두 다 버리지 않는 것이 곧「유위에도 다함이 없다」는 것입니다.「무위에도 주하

지 않는다」라고 한 것은 空을 修學하지만 공으로써 깨달음을 삼지 않는 것이고, 無作을 수학하지만 무작으로써 깨달음을 삼지 않는 것이 곧 「무위에도 주하지 않는다」는 것입니다(和上言, 經文所說, 不盡有爲, 不住無爲. 法師重徵以何者不盡有爲, 不住無爲. 和上答, 不盡有爲者, 從初發心, 坐菩提樹, 成等正覺, 至雙林入涅槃, 於其中一切法悉皆不捨, 卽是不盡有爲. 不住無爲者, 修學空, 不以空爲證, 修學無作, 不以[無]作爲證, 卽是不住無爲.)}.

○ 『돈오요문론』제25단 참조

32. 지옥의 유무

問, 爲有地獄, 爲無地獄.

答, 亦有亦無.

問, 云何亦有亦無.

答, 爲[①]隨心所造, 一切惡業, 卽有地獄. 若心無染, 自性空故, 卽無地獄.

【校記】

① 금본에는 「爲」자가 없음.

【번역】

문, "지옥이 있는가, 지옥이 없는가?"

답, "있기도 하고, 또한 없기도 하다."

문, "어떻게 있기도 하고, 또한 없기도 하는가?"

답, "마음이 지은 일체의 악업에 따르면 지옥은 있다. 그러나 만약 마음이 대상에 염착되지 않으면 자성이 공하기 때문에 지옥은 없는 것이다."

【注記】

○ **心所造(심소조)** : 마음이 지은 것, 즉 마음의 작용에 의하여 조성된 악업을 가리킨다. 대주의 地獄觀은 실재적으로 지옥이 존재하는 것이 아니라 마음의 작용에 따라서 지옥이 있기도 하고 없기도 한다는 것이다.

○ **惡業(악업)** : 『돈오요문론』제17단 참조

33. 중생과 불성

問, 受罪衆生, 有佛性否.

答, 亦有佛性.

問, 旣有佛性, 正入地獄時, 佛性①同入否.

答, 不同入.

問, 正入之時, 佛性復在何處.

答, 亦同入.

問, 旣同入, 正入時衆生受罪, 佛性亦同受罪否.

答, 佛性雖隨衆生同入, 是衆生自受罪苦, 佛性元來不受.

問, 旣同入,② 因何不受.

答, 衆生者是有相. 有相者卽有成壞. 佛性者是無相. 無相者卽是空性也. 是故眞空之性, 無有壞者. 喩如有人於空積薪, 薪自受壞, 空不受壞也. 所言③空者④喩佛性也,⑤ 所言③薪者④喩衆生也,⑤ 故云同入, 而不同受也.

【校記】

① 금본에는 「佛性」 앞에 「其」자가 있음.

② 금본에는 「入」 다음에 「時」자가 있음.

③ 저본에는 「所言」의 2자가 없음. 금본에 의거하여 교보함.

④ 저본에는 「者」가 없음. 금본에 의거하여 교보함.

⑤ 저본에는 「也」가 없음. 금본에 의거하여 교보함.

【번역】

문, "죄를 지은 중생에게도 불성이 있는가?"

답, "역시 불성이 있다."

문, "이미 불성이 있다면 바로 지옥에 들어 갈 때 불성도 같이 들어가는가?"

답, "같이 들어가지 않는다."

문, "그렇다면 바로 지옥에 들어 갈 때 불성은 또한 어디에 있는가?"

답, "역시 같이 들어간다."

문, "이미 같이 들어갔다면 바로 지옥에 들어 갈 때 중생이 죄를 받는데 불성도 역시 같이 죄를 받는가?"

답, "불성은 비록 중생을 따라 같이 들어갈지라도 이 중생은 스스로 죄의 괴로움을 받지만 불성은 본래 罪苦를 받지 않는다."

문, "이미 같이 들어갔다면 무엇 때문에 죄고를 받지 않는가?"

답, "중생은 상이 있다. 상이 있다는 것은 곧 이루어지고 허물어짐이 있는 것이다. 그러나 불성은 상이 없다. 상이 없다는 것은 곧 공한 성품이다. 그러므로 진공의 성품은 허물어짐이 없는 것이다. 비유하면 마치 어떤 사람이 허공에 장작을 쌓았을 경우 장작 그 자체가 스스로 허물어지는 것이지 허공이 허물어지는 것은 아닌 것과 같다. 여기서 허공은 불성에 비유되고, 장작은 중생에 비유된다. 그러므로 같이 들어가지만 죄고를 같이 받는 것은 아니라고 한 것이다."

【注記】

○ **受罪衆生(수죄중생)**… : 이 말은 『열반경』에서 "일체의 모든 중생은 다 불성이 있다"고 한 주장을 전제로 한 질문이다.

○ **亦有佛性(역유불성)** : 원문에는 「有」가 「同」으로 되어 있지만 오자라고 생각되어 고친다.

○ **有相(유상)** : 형상이나 모양이 있는 것, 즉 생멸변화하는 유위법을 가리킨다. 이에 비해 無相은 유상에 상대되는 말이지만 유상의 상을 초월한 공 그 자체의 실상, 즉 무위법을 가리킨다.

○ 이 일단은 신회의 『남양화상문답잡징의』 제49단(정유진, 『神會語錄硏究』3, p.463)에 나온다. 즉, <양주의 장사인 왕이가 질문하기를, "불성이 이미 중생의 마음속에 있는데 만약 죽어서 지옥에 들어갈 때 그 불성이 다시 지옥에 들어옵니까, 들어오지 않습니까?" 대답하기를, "몸이 허망한 몸이면 지옥의 업을 짓는 것도 또한 허망하게 짓습니다." 질문하기를, "이미 망령되게 지었다면, 그 들어가는 것은 어떻게 들

어갑니까?" 대답하기를, "들어가는 것은 허망하게 들어갑니다." 질문하기를, "이미 망령된 것이 들어 왔다면 불성은 어느 곳에 있습니까?" 대답하기를, "불성은 망념을 여의지 아니 합니다." 질문하기를, "그렇다면 마땅히 같이 들어오는 것입니까?" 대답하기를, "비록 같이 들어가지만 업을 받지는 않습니다." 질문하기를, "이미 불성이 망념을 떠나지 않았다면 무엇 때문에 들어가는 것은 있는데 받는 것은 없습니까?" 대답하기를, "비유컨대 꿈속에 매를 맞지만 잠자고 있는 몸은 그것을 못 느끼는 것과 같이 그 불성이 비록 같이 들어가지만 받는 것은 없습니다. 그러므로 죄를 짓는 것도 허망한 것이고, 지옥도 역시 허망한 것이며, 둘이 모두 허망이 허망을 받아들이는 것임을 알아야 합니다. 망념은 스스로 진실을 미혹하게 하지만 불성은 원래 받아들이는 것이 없습니다"(揚州長史王恰問曰, 佛性旣在衆生心中, 若死去入地獄之時, 其佛性爲復入不入. 答曰, 身是妄身, 造地獄業, 亦是妄造. 問曰, 旣是妄造, 其入者何入. 答曰, 入者是妄入. 問, 旣是妄入, 性在何處. 答曰, 性不離妄. 問, 卽應同入否. 答, 雖同入而無受. 問, 旣不離妄, 何故得有入無受. 答曰, 譬如夢中被打, 爲睡身不覺知. 其佛性雖同入, 而無所受. 故知造罪是妄, 地獄亦妄, 二具是妄受妄. 妄自迷眞, 性元無受.>

34. 三身과 四智

問, 轉八識成四智, 束四智成三身. 幾箇識共成一智, 幾箇識獨成一智.

答, 眼耳鼻舌身,① 此五識共成成所作智. 第六是意, 獨成妙觀察智. 第七心識, 獨成平等性智. 第八含藏識, 獨成大圓鏡智.

問, 此四智爲別爲同.

答, 體同名別.

問, 體旣同, 云何名別. 旣②隨事立名, 正一体之時, 何者是大圓鏡智.③

答, 湛然空寂, 圓明不動, 卽④大圓鏡智. 能對諸塵, 不起愛憎, 卽是二性空. 二性空者,⑤ 卽⑥平等性智.⑦ 能入諸根境界, 善能分別, 不起亂⑧想, 而得自在, 卽是妙觀察智. 能令諸根隨事應用, 悉入正受, 無⑨二相者, 卽是成所作智.⑦

問, 束四智⑦成三身者, 幾箇智⑦共成一身, 幾箇智⑦獨成一身.

答, 大圓鏡智⑦獨成法身, 平等性智⑦獨成報身. 妙觀察智,⑦ 與成所作智,⑦ 共成化身. 此三身者⑩亦假立名字分別, 只令未解者看. 若了此理, 亦無三身應用.⑪ 何以故. 爲體性無相, 從無住本而立, 亦無無住本.⑫

【校記】

① 금본에는 「眼耳鼻舌身」의 5자가 「眼識及耳鼻舌身」으로 되어 있음.

② 금본에는 「體旣同, 云何名別. 旣」의 8자가 「體同旣名云何別旣是」로 되어 있음.

③ 금본에는 「何者是大圓鏡智」 다음에 「何者是平等性智, 何者是妙觀察智, 何者是成所作智」의 28자가 더 있음.

④ 금본에는 「卽」 다음에 「是」자가 더 있음.

⑤ 저본에는 「者」자가 없음. 금본에 의거하여 교보함.

⑥ 금본에는 「卽」 다음에 「是」자가 있음.

⑦ 금본에는 「智」가 「知」로 되어 있음.

⑧ 금본에는 「亂」이 「闇」자로 되어 있음.

⑨ 금본에는 「無」자가 없음.

⑩ 저본에는 「者」자가 없음. 금본에 의거하여 교보함.

⑪ 금본에는 「應用」 다음에 「卽有」의 2자가 더 있음.

⑫ 금본에는 「亦無無住本」의 5자가 「無住亦無本也」로 되어 있음.

【번역】

문, "여덟 가지 심식을 전환하여 네 가지 지혜를 이루며, 네가지 지혜를 묶어서 삼신을 이룬다. 몇 개의 식이 같이 하나의 지혜를 이루며, 어느 식이 홀로 하나의 지혜를 이루는가?"

답, "안식·이식·비식·설식·신식의 前五識이 함께 성소작지를 이룬다. 제6식은 意인데 이것이 홀로 묘관찰지를 이룬다. 제7심식은 홀로 평등성지를 이룬다. 제8함장식은 홀로 대원경지를 이룬다."

문, "이 네 가지 지혜가 다른가, 같은가?"

답, "본체는 같지만 이름은 다르다."

문, "본체가 이미 같다면 어떻게 이름이 다른가? 이미 일에 따라 이름을 세웠다면 바로 하나의 본체일 때 무엇이 대원경지인가?"

답, "담연히 공적하지만 원명하고 움직임이 없는 것이 대원경지이다. 능히 모든 대상을 대하지만 증애의 二見을 일으키지 않으면 이성공이다. 이성이 공한 것이 평등성지이다. 안·이·비·설·신·의 등 모든 인식기관(六根)의 경계에 들어가지만 능히 잘 분별하여 어지러운 생각을 일으키지 않아서 자유로운 것이 묘관찰지이다. 모든 인식기관으로 하여금 일에 따라 응용하여 모두 삼매에 들어가 두 가지 차별상이 없는 것이 성소작지이다."

문, "네 가지 지혜를 묶어서 삼신을 이룬다고 했는데 몇 개의 지혜가 같이 하나의 몸을 이루며, 몇 개의 지혜가 홀로 하나의 몸을 이루는가?"

답, "대원경지는 홀로 법신을 이루고, 평등성지는 홀로 보신을 이룬다. 묘관찰지와 성소작지는 함께 화신을 이룬다. 이 삼신도 역시 임시로 이름을 세워 분별하여 다만 알지 못하는 자로 하여금 살펴보게 했을 뿐이다. 만약 이러한 도리를 깨닫게 되면 삼신의 응용은 필요 없다. 왜냐하면 본체의 성품은 모양이 없어서 무주의 근본으로부터 서기 때문에 무주의 근본이란 것은 또한 없는 것이다."

【注記】

○ **八識(팔식)** : 유식의 교학에서는 인식의 주체를 여덟 가지로 나누고 있다. 즉, 안식(cakşur-vijñāna) · 이식(śrotra-vijñāna) · 비식(ghrāṇa-vijñāna) · 설식(jihvā-vijñāna) · 신식(kāya-vijñāna)을 前五識이라 하고, 여기에 제6의식(mano-vijñāna, 분별식)과 말나식(manas-vijñāna)과 아뢰야식(ālaya-vijñāna)을 더하여 8식이라 한다. 말나식은 사량하는 것을 그 주된 임무로 하는 식으로서 아뢰야식의 見分을 향하여 항상 나라고 집착하기 때문에 아집의 근본이 되는 식이다. 아뢰야식은 含藏識이라고 하듯이 저장하는 뜻을 가지고 있다. 七轉識의 세력은 모두 아뢰야식에 저장된다.

○ **四智(사지)** : 유식학에서 번뇌의 8식을 轉回하여 얻은 네 가지의 지혜를 말한다. 成所作智(kṛtyânuşṭhānajñāna)는 여러 가지 변화하는 일을 보여 모든 중생을 이익되게 하는 지혜이고, 妙觀察智(pratyavekşājñāna)는 모든 대상을 관찰

하여 장애가 없도록 하고 자유자재로 설법하여 의심을 끊어 주는 지혜이며, 平等性智(samatājñāna)는 자타와 피차가 평등한 사실을 깨닫고 대자비를 베푸는 지혜이고, 大圓鏡智(ādarśajñāna)는 거울이 영상을 비추는 것과 같이 모든 것을 있는 그대로 비추어 주는 가장 원만한 지혜이다.

○ **三身(삼신)** : 법신・보신・응신을 가리킨다. 응신은 화신이라고도 한다. 진여의 이체를 법신이라 하고, 肉身의 生身을 응신이라 하며, 양자의 사이에 보신이 있는데 이것은 수행의 과보로 받은 불신이다. 이 삼신의 상호관계는 마치 달의 「본체」와 「빛」과 「그림자」와 같다. 이것을 「一月三身」이라 한다. 즉 법신의 理體가 유일하고 상주불변한 것은 달의 본체에 해당하고, 보신의 지혜가 법신의 이체로부터 생하여 모든 것을 비추는 것은 달의 빛에 해당하며, 응신이 여러 가지로 변화하여 중생들의 기연에 따라 응하는 것은 달의 그림자가 물에 비치는 것에 해당한다.

○ **正受(정수)** : 범어 samāpatti를 번역한 것이다. 三摩鉢底라 음사하고, 그 뜻은 等至・三昧・正受이다.

○ **從無住本而立(종무주본이립)** : 『유마경』'관중생품'(『대정장』 권14, p.547하)에 "무주는 무엇을 근본으로 하는가? 무주는 근본이 없다. 문수사리야, 무주의 근본으로부터 모든 법이 서는 것이다(問, 無住孰爲本. 答曰, 無住則無本. 文殊師利, 從無住本, 立一切法.)"라고 한 말을 인용한 것이다. "무주의 근본으로부터 일체법을 세운다"고 한 것은 신회가 주장하는 「知」의 철학의 사상적 근거가 되는 말이다.

35. 부처의 진신

問, 云何是見佛眞身.

答, 不見有無, 卽是見佛眞身.

問, 云何不見有無,① 卽是見佛眞身.

答, 有因無立, 無因有顯, 本不立有, 無亦不存. 旣不存無, 有從何得. 有②之與無, 相因始有, 旣相因而有, 悉是生滅也. 但離③此二見, 卽是見佛眞身.④

問, 只如有無, 尙不可立,⑤ 建立⑥眞身, 復從何而立.⑦

答, 爲有問故. 若無問時, 眞身之名, 亦不可立. 何以故. 譬如明鏡, 若對物⑧像時, 卽現像, 若不對物⑧像⑨時, 終不見⑩像.⑪

【校記】

① 금본에는 「不見有無」 앞에 「不有」의 2자가 있음. 저본에 의거하여 校删함.

② 금본에는 「有」자 앞에 「故知」의 2자가 있음.

③ 금본에는 「離」가 「無」자로 되어 있음.

④ 금본에는 「身」 다음에 「也」자가 있음.

⑤ 저본에는 「立」이 「交」자로 되어 있음. 금본에 의거하여 고침.

⑥ 금본에는 「建立」의 2자가 없음.

⑦ 금본에는 「何而立」의 3자가 「何立」으로 되어 있음.

⑧ 금본에는 「物」자가 없음.

⑨ 금본에는 「像」 다음에 「之」자가 있음.

⑩ 금본에는 「見」이 「現」자로 되어 있음.

⑪ 금본에는 「像」 다음에 「也」자가 있음.

【번역】

문, "어떻게 하여야 부처의 진신을 보는가?"

답, "「있음」과 「없음」을 보지 않는 것이 부처의 진신을 보는 것이다."

문, "어째서 「있음」과 「없음」을 보지 않는 것이 부처의 진신을 보는 것이라 하는가?"

답, "「있음」은 「없음」을 말미암아 세워지고, 「없음」은 「있음」을 말미암아 나타나기 때문에 본래 '있음'을 세우지 않으면 「없음」 또한 존재하지 않는다. 이미 「없음」이 존재하지 않는데 「있음」이 어디에 있을 수 있겠는가. 「있음」과 「없음」은 서로 원인이 되어서 비로소 있는 것이며, 이미 서로 원인이 되어서 존재한다면 모두 다 생멸법인 것이다. 다만 이러한 이견을 여의기만 하면 부처의 진신을 보게 될 것이다."

문, "단지 저 「있음」과 「없음」도 오히려 서로 세울 수 없는데 부처의 진신은 또 어디에 세운다는 것인가?"

답, "질문을 했기 때문이다. 만약 질문이 없다면 진신의 이름도 또한 세울 필요가 없다. 왜냐하면 비유컨대 마치 밝은 거울이 만약 물상을 대할 때는 곧 물상이 나타나고, 만약 물상을 대하지 않을 때는 끝내 물상을 볼 수 없는 것과 같기 때문이다."

【注記】

○ **不見有無(불견유무)** : 『돈오요문론』제7단 참조

○ **眞身(진신)** : 법신을 如如身·法性身·自性身 또는 眞身이라 한다. 상식과는 달리 『대지도론』에서는 보신을 진신이라고 한 용례가 보인다. 대주가 주장하는 眞身觀은 유무 등의 분별심이 없는 마음이 그대로 부처의 참된 진신이라는 뜻이다.

○ **有因無立(유인무립)**… : 이것은 불교의 근본원리인 연기법을 연상케 하는 일절이다. 즉 모든 법은 서로 인연이 되어 생기하는 것을 말한다. "이것이 있기 때문에 저것이 있고, 이것이 생하기 때문에 저것이 생한다"고 한 연기의 도리를 보여 주고 있다.

○ **譬如明鏡(비여명경)** : 거울에 대한 비유는 신회의 『남양화상문답잡징의』제8단(楊曾文, 『神會和尙禪話錄』, p.69)에 나온다. 장열(장연공)의 질문에 신회가 대답하기를, " … 지금의 언설은 질문에 대답하기 위한 것입니다. 만약 질문에 대답하지 않는다면 결국 언설은 필요 없는 것입니다. 비유컨대 마치 밝은 거울 앞에 만약 대상이 나타나지 않으면 결

국 거울에는 형상이 나타나지 않는 것과 같습니다"(… 今言說者, 爲對問故. 若不對問, 終無言說. 譬如明鏡, 若不對像, 鏡中終不現像.)라고 한 이런 논법은 『단어』제32단(楊曾文, 위의 책, p.13)에 "중도의 뜻은 가로 말미암아 세울 수 있다. 마치 세 개의 손가락이 함께 있는 것과 같다. 요컨대 양변의 두 손가락으로 인하여 비로소 가운데 손가락을 세울 수 있는 것이다. 만약 양변의 두 손가락이 없다면 가운데 손가락도 또한 있을 수 없다(中道義因邊而立. 猶如三指並同. 要因兩邊, 始立中指. 若無兩邊, 中指亦無.)"고 한 것이나 또 석정본 『남양화상문답잡징의』제2단(楊曾文, 위의 책, p.64)에 <진법사가 질문하기를, "무엇이 항상의 뜻입니까?"대답하기를, "무상이 항상의 뜻입니다." 또 질문하기를, "지금 항상의 의미를 물었는데 어찌하여 무상이 항상의 뜻이라고 대답하십니까?" 대답하기를, "무상이 있으므로 인하여 비로소 항상을 설하는 것입니다. 만약 무상이 없다면 또한 항상의 뜻(常義)도 없는 것입니다. 이러한 의미 때문에 항상이라고 하는 것입니다. 왜냐하면 비유컨대 긴 것은 짧은 것이 있으므로 생기는 것이며, 반대로 짧은 것은 긴 것이 있음으로 인하여 성립하는 것과 같이 만약 긴 것이 없다면 짧은 것도 또한 세울 수 없는 것입니다"(眞法師問, 「云何是常義.」 答, 「無常是常義.」 又問, 「今問常義, 何故答無常是常義.」 答, 「因有無常, 而始說常. 若無無常, 亦無常義. 以是義故, 得稱爲常. 何以故. 譬如長因短生, 短因長立, 若其無長, 短亦不立.」)>라고 한 것과 또 석정본 『남양화상문답잡징의』제17단(양증문, 위의 책, p.77)에

<정용이 질문하기를, “무엇이 도입니까?” 대답하기를, “이름이 없는 것이 도입니다.” 또 질문하기를, “도가 이미 이름이 없다면 무엇 때문에 도라고 말합니까?” 대답하기를, “도는 끝까지 스스로 도라고 말을 하지 않는데 도라 말한 것은 다만 질문에 대답하기 위함입니다.” 질문하기를, “도가 이미 假名이라면 이름이 없는 것이 참된 도입니까?” 대답하기를, “참된 것이 아닙니다.” 질문하기를, “이름이 없는 것이 이미 참된 도가 아니라면 무슨 이유로 무명을 도라고 합니까?” 대답하기를, “질문이 있기 때문에 비로소 언설이 있는 것입니다. 만약 질문이 없다면 끝내 언설도 없는 것입니다”(鄭璿問曰, 「云何是道.」 答曰, 「無名是道.」 又問, 「道旣無名, 何故言道.」 答曰, 「道終不自言, 言其道, 只爲對問故.」 問, 「道旣假名, 無名是眞否.」 答曰, 「非眞.」 問, 「無名旣非眞, 何故無名是道.」 答, 「爲有問故, [始]有言說. 若無有問, 終無言說.」)>라고 한 것과 돈황본 『육조단경』제17단(정유진, 『돈황본 육조단경 연구』, 경서원, p.213)에 “만약 망념이 없다면 무념 또한 세울 필요가 없다.(若無有念, 無念亦不立.)”라고 한 것도 같은 논리이다.

36. 항상 부처를 여의지 않음

問, 云何是常不離佛.

答, 心無起滅, 對境寂然, 一切時中, 畢竟空寂, 卽是常不離佛.

【 번역 】

문, "어떻게 하는 것이 항상 부처를 여의지 않는 것인가?"

답, "마음에 일어나고 사라짐이 없어서 대상을 접하지만 적연하여 언제 어디서나 완전히 공적한 것이 항상 부처를 여의지 않는 것이다."

【 注記 】

○ **畢竟空寂(필경공적)** : 필경은 究極・至極・최종의 뜻이다. 절대의 공을 필경공(atyanta-śūnyatā)이라 한다. 『돈오요문론』제45・49단 참조

37. 무위법

問, 何者① 是無爲法.

答, 有爲是.

問, 今問無爲法, 因何答有爲是.

答, 有因無立, 無因有顯. 本不立有, 無從何生. 若論眞無爲者,② 卽不取有爲, 亦不取無爲, 是眞無爲法也. 何以故.③ 經云, 若取法相, 卽著我人, 若取非法相, 卽著我人. 是故不應取法, 不應取非法. 卽是取眞法也. 若了此理, 卽眞解脫, 卽會不二法門.

【校記】

① 금본에는 「何者」가 「云何」로 되어 있음.

② 금본에는 「無從何生」과 「若論眞無爲者」의 사이에 「今旣立無明知因有而顯今問無爲答曰有爲是有何妨礙」의 23자 가 더 있음.

③ 금본에는 「何以故」 다음부터 제41단 「名爲邪念」까지 없음.

【번역】

문, "어떤 것이 무위법인가?"

답, "유위법이 무위법이다."

문, "지금 무위법을 물었는데 무엇 때문에 유위법을 무위법이라고 하는가?"

답, "「있음」은 「없음」으로 말미암아 세워지고 「없음」은 「있음」으로 인하여 나타난다. 본래 「있음」을 세우지 않으면 「없음」은 어디서 나겠는가. 만약 참된 무위를 말한다면 유위도 취하지 않고, 또한 무위도 취하지 않는 것이 참된 무위법이다. 왜냐하면 경에 「만약 법의 모양을 취하면 아상과 인상에 집착하게 되고, 만약 법상이 아닌 것을 취하여도 곧 아상과 인상에 집착하게 된다. 그러므로 마땅히 법도 취하지 말고, 법이 아닌 것도 취하지 말라」고 했다. 이것이 참된 법을 취하는 것이다. 만약 이러한 이치를 깨달으면 참된 해탈이며, 둘 아닌 법문을 알게 되는 것이다."

【注記】

○ **有爲·無爲(유위·무위)**:『돈오요문론』제31단 참조

○ **有因無立(유인무립)**… :『돈오요문론』제35단 참조

○ **經云(경운)**:『금강경』(『대정장』권8, p.749중)에 "만약 법의 모양에 떨어지면 아상·인상·중생상·수자상에 집착하게 된다. 왜냐하면 법이 아닌 모양을 취해도 아상·인상·중생상·수자상에 떨어지기 때문이다. 그러므로 마땅히 법을 취해서도

안 되며, 법이 아닌 것을 취해서도 안 된다(若取法相, 卽着我人衆生壽者. 何以故. 若取非法相, 卽着我人衆生壽者. 是故不應取法. 不應取非法.)"고 한 말을 인용한 것이다.

○ **不二法門(불이법문)** : 상대적이고 차별적인 것, 즉 主客·善惡·是非·有無·去來·能所·斷常·憎愛 등을 초월한 절대평등의 진리를 나타내는 가르침이다. 『유마경』'入不二法門品'(『대정장』권14, p.550중)에 상대적인 양변을 여의고 절대적인 무차별세계로 환입하는 가르침을 설하고 있다. 『유마경』 '不二法門'(『대정장』권14, p.551하)의 끝부분에 문수보살과 유마힐거사와의 문답이 유명하다. 즉 "문수사리가 말하되, 내 생각으로는 모든 법에는 말도 없고 말할 것도 없고, 보이는 것도 없고 알 것도 없어서 모든 문답을 떠나 있는 것이 불이법문에 들어가는 것이라고 하겠나이다. 곧 바로 문수사리가 유마힐에게 물었다. 우리들이 각자 말을 하였으니 인자여 어떤 것이 불이법문에 들어가는 것인지를 말씀해 주십시오. 이 때 유마힐은 묵연히 말이 없었다. 문수사리보살이 찬탄하여 말하기를, 훌륭하다, 훌륭하다. 글자도 없고 말까지도 없는 것이 진실로 불이법문에 들어가는 것이다(文殊師利曰, 如我意者, 於一切法, 無言無說, 無示無識, 離諸問答, 是爲入不二法門. 於是文殊師利, 問維摩詰. 我等各自說已, 仁者當說, 何等是菩薩入不二法門. 時維摩詰默然無言. 文殊師利歎曰, 善哉善哉. 乃至無有文字語言, 是眞入不二法門.)"

○ 이 일단은 신회의 『남양화상문답잡징의』제39단(정유진, 『신회의 문답잡징의 연구』, p.379)에 <제사의 주지가 질문하기

를, "무엇이 대승입니까?" 대답하기를, "소승이 대승입니다." 또 질문하기를, "지금 대승을 물었는데 무엇 때문에 소승을 대승이라고 하십니까?" 대답하기를, "작은 것(소승)이 있기 때문에 비로소 큰 것(대승)이 있는 것입니다. 만약 작은 것(소승)이 없다면 큰 것(대승)이 무엇으로부터 생겨나겠습니까? 지금 크다고 말한 것은 이는 작은 집에 비해 큰 집을 가리키는 것입니다. 지금 대승이라고 말한 것은 텅 비어 소유할 것이 없기 때문에 가히 大小를 말할 수 없는 것이 마치 허공과 같습니다. 허공은 한량이 없지만 가히 한량이 없다고도 말할 수 없습니다. 허공은 無邊하지만 가히 무변하다고도 말할 수 없습니다. 대승도 또한 그러합니다. 그러므로 경에 말씀하시기를,「허공에는 중간과 끝이 없으며, 제불의 법신도 또한 그러하다」고 했습니다. 지금 대승을 물었기 때문에 소승이 곧 대승이라고 한 것 입니다(齊寺主問曰, 云何是大乘. 答曰, 小乘是. 又問曰, 今問大乘, 因何言小乘是. 答, 因有小故, 而始立大. 若其無小, 大從何生. 今言大者, 乃是小家之大. 今言大乘者, 空無所有, 卽不可言大小, 猶如虛空. 虛空無限量, 不可言無限量. 虛空無邊, 不可言無邊. 大乘亦爾. 是故經云, 虛空無中邊, 諸佛身亦然. 今問大乘者, 所以小乘是也.)>라고 한 것과 같은 논법이다.

38. 중 도

問, 何者是中道義.

答, 邊義是.

問, 今問中道, 因何答邊義是.

答, 邊因中立, 中因邊生. 本若無邊, 中從何有. 今言中者 因邊始有. 故知, 中之與邊, 相因而立, 悉是無常. 色受想行識, 亦復如是.

【번역】

문, "어떤 것이 중도의 뜻인가?"

답, "변(邊)의 뜻이 중도의 뜻이다."

문, "지금 중도의 뜻을 물었는데 무엇 때문에 변의 뜻이 중도의 뜻이라고 하는가?"

답, "「변」는 「중간」을 말미암아 세워지고 「중간」은 「변」으로 말미암아 생겨난다. 만약 본래 「변」이 없다면 「중간」은 어디에 있을 수 있겠는가. 지금 말한 「중간」이라는 것은 「변」으로 말미암아 비로소 있는 것이다. 그러므로 「중간」

과 「변」은 서로 원인이 되어 세워지기 때문에 모두 다 무상하다. 색 · 수 · 상 · 행 · 식의 오온도 이와 같다."

【注記】

○ **中道(중도)** : 범어 madhyamakā-pratipad를 번역한 말이다. 『중론』'觀四諦品'(『대정장』권30, p.33중)에 "유와 무의 양변을 떠나 있기 때문에 중도라 한다(離有無二邊, 故名爲中道.)"라고 한 것과 같이 중도는 生滅 · 常斷 · 一異 · 來出 등의 이변을 초월하여 얻은 中正한 도라는 뜻이다. 신회는 중도를 다음과 같이 말하고 있다. 신회의 『남양화상문답잡징의』 제46단에 "유와 무를 모두 버리고 중도까지도 없는 것이 무념이다(有無雙遣中道[亦]亡者, 卽是無念.)라고 한다. 그는 무념을 참된 중도로 보고 있다.

○ **邊(변)** : 변이라는 것은 중간을 전제로 한 말이다. 중간이 존재하지 않으면 변은 있을 수 없다. 반대로 중간이라는 것도 양변을 전제로 한 말이다. 양변이 없으면 중간도 또한 존재할 수 없다. 이와 같이 「내가 존재한다」는 생각이 있으면 피차가 있고, 증애 등의 二見도 있으며, 동서남북과 사유상하가 있지만 「내가 존재한다」는 생각이 없으면 피차가 있을 수 없고, 증애 등의 二見도 있을 수 없으며, 동서남북과 사유상하 등이 있을 수 없다. 양변을 초월하고 자기가 존재한다는 중심점마저도 없어진 상태가 중도의 세계이고, 만법과 하나가 된 경지이다. 그러므로 참된 중도는 양변을 모두 초월하는 것은 물론이고 고정된 중심까지도 없어야 한다.

○ **色受想行識**(색수상행식) : 『돈오요문론』제39단 참조

○ 이 일단은 석정본 『남양화상문답잡징의』제5단(양증문, 『神會和尙禪話錄』, p.66)에 <여산법사가 질문하기를, "무엇이 중도의 뜻입니까?" 대답하기를, "가의 뜻이 중도의 뜻입니다." 질문하기를, "지금 중도의 뜻을 물었는데 어찌하여 邊義가 중도의 뜻이라고 대답하십니까?" 대답하기를, "지금 말한 중도라는 것은 반드시 가의 뜻으로 인하여 세울 수 있는 것인데 만약 그 가를 세우지 않으면 중도 또한 세울 수 없는 것입니다(廬山法師問, 「何者是中道義.」 答曰, 「邊義卽是.」 問, 「今問中道義, 何故答邊義是.」 答曰, 「今言中道者, 要因邊義立, 若其不立邊, 中道亦不立.」)>"라고 한 것과 내용이 완전히 동일하다. 석정본 『남양화상문답잡징의』제2단(양증문, 앞의 책, p.64)에 "진법사가 질문하기를, "무엇이 항상의 뜻입니까?" 대답하기를, "무상이 항상의 뜻입니다." 또 질문하기를, "지금 항상의 의미를 물었는데 어찌하여 무상이 항상의 뜻이라고 대답하십니까?" 대답하기를, "무상이 있으므로 인하여 비로소 항상을 설하는 것입니다. 만약 무상이 없다면 또한 항상의 뜻(常義)도 없는 것입니다. 이러한 의미 때문에 항상이라고 하는 것입니다. 왜냐하면 비유컨대 긴 것은 짧은 것이 있으므로 생기는 것이며, 반대로 짧은 것은 긴 것이 있음으로 인하여 성립하는 것과 같이 만약 긴 것이 없다면 짧은 것도 또한 세울 수 없는 것입니다. 현실의 事相(현상)이 서로 인이 되기 때문에 그 의미 또한 어찌 다르겠습니까?(眞法師問, 「云何是常義.」 答, 「無常是常義.」 又問, 「今問常義, 何故答無常是常義.」

答, 「因有無常, 而始說常. 若無無常, 亦無常義. 以是義故, 得稱爲常. 何以故. 譬如長因短生, 短因長立, 若其無長, 短亦不立. 事[相因]故, 義亦何殊.」)"라고 한 것은 같은 논법이다. 『돈오요문론』제51단 참조

39. 오 음

問, 何名五陰等.

答, 對色染色, 隨色受生, 名爲色陰. 爲領納八風, 好集邪信, 卽隨領納受生, 名爲受陰. 迷心取想, 隨想受生, 名爲想陰. 結集諸行, 隨行受生, 名爲行陰. 於平等體, 妄起分別, 繫著虛識受生, 名爲識陰. 故云五陰.

【번역】

문, "무엇을 오음평등이라 하는가?"

답, "물질을 대함에 물질에 물들어서 물질을 따라 생활하는 것을 색음이라 한다(물질에 노예가 되는 것을 말함). 팔풍을 받아들이기 때문에 삿된 믿음을 즐겁게 모아 그것을 받아들임에 따라 생활하는 것을 수음이라 한다. 미혹한 마음이 생각에 집착하여 그 생각에 따라 생활하는 것을 상음이라 한다. 모든 행을 결집하여 그 행에 따라 생활하는 것을 행음이라 한다. 평등한 본체에서 망령되게 분별심을 일으켜 헛된 분별에 얽매여 생활하는 것을 식음이라 한다. 그러므로 오음이라 한다."

【注記】

○ **五陰(오음)** : 여기서 대주는 전통적인 불교학에서 오음을 설명하는 것과는 달리 독자적으로 관심석하고 있는 것에 주목할 필요가 있다. 참고로 오음에 대한 전통적인 해석을 간략히 소개하면 다음과 같다. 오음은 五蘊이라고도 한다. 온은 범어 skandha을 번역한 것이다. 「모이다」의 뜻이다. 오온은 色蘊 (rūpa-skandha, 물질)・受蘊(vedanā- skandha, 印象感覺)・想蘊(saṁjñā-skandha, 지각·표상)・行蘊(saṁskāra-skandha, 의지)・識蘊(vijñāna-skandha, 분별심)을 총칭한다. 이 중 색은 물질을, 수·상·행·식은 마음의 작용을 각각 지칭하는 것이기 때문에 결국 오온은 물질계와 정신계의 양면을 총합하는 유위법을 가리키는 말이다. 색은 범어 rūpa를 번역한 것이다. 색은 넓은 의미에서 보면 물질적 존재를 총칭하는 것이다. 예를 들면 안・이・비・설・신의 오근과 색・성・향・미・촉의 오경과 그리고 法處所攝色(의식의 대상에 포함되는 색법)의 11종의 색법이 있다. 수는 범어 vedanā를 번역한 말이다. 痛・覺이란 뜻이다. 외계의 대상을 받아들여서 감수하는 고락・쾌불・쾌 등의 印象이나 감각을 가리킨다. 상은 범어 saṁjñā를 번역한 것이다. 대경을 마음에 떠올려서 구상하고 그리는 일종의 표상작용이다. 이 상은 현실의 감각을 통합하는 과정이라고 볼 수 있다. 오온 중에서 가장 어려운 말인 행은 범어 saṁskāra를 번역한 것

이다. 명사로서의 뜻은 능동성·형성·합성물 등의 의미가 있고, 또 爲作이란 뜻도 있다. 동사로서의 뜻은 「모으다」이다. 명사와 동사의 뜻을 종합하면 「작용의 집합」이란 의미가 本義에 가깝다고 볼 수 있다. 식은 범어 vijñāna를 번역한 것이다. 대상을 식별하는 작용을 한다.

○ **受生**(수행) : 생노병사의 괴로움을 받는 것을 말한다.

○ **爲領納八風**(위영납팔풍) : 원문에는 「納」자 아래에 「入」자가 더 있다. 필요 없는 글자라 생각되어 삭제한다.

○ **八風**(팔풍) : 『돈오요문론』제3단 참조

○ **領納受生**(영납수생) : 원문에는 「領受中生」이라고 되어 있지만 전후의 문맥에 따라 고친다.

40. 스물다섯가지 세계

問, 經云二十五有, 何者是.

答, 受後有身是也. 後有身者, 卽六道受生也. 爲衆生現世心迷, 好結諸業, 後卽隨業受生. 故云後有也. 世若有人, 志修究竟解脫, 證無生法忍者, 卽永離三界, 不受後有. 不受後有者, 卽證法身. 法身者, 卽是佛身.

問, 二十五有名, 云何分別.

答, 本體是一, 爲隨用立名, 顯二十五有. 二十五有, 十惡十善五陰是.

問, 云何是十惡十善.

答, 十惡, 殺盜婬妄言綺語兩舌惡口, 乃至貪瞋邪見, 此名十惡, 十善者, 但不行十惡, 卽是也.

【번역】

문, "경에 「25유」라고 했는데 무엇이 25유인가?"

답, “후유(來世)의 몸을 받는 것이 25유이다. 후유의 몸이라는 것은 육도에서 생활하는 것이다. 중생은 현세에 마음이 미혹하기 때문에 모든 업을 즐겁게 모아 나중에 업에 따라 생활한다. 그러므로 후유라고 한다. 만약 세간에 어떤 사람이 수행하여 구경에 해탈할 뜻을 품고서 무생법인을 증득하게 되면 영원히 삼계를 떠나서 후유를 받지 않게 된다. 후유를 받지 않는 것은 법신을 증득한 것이다. 법신이라는 것은 불신이다.”

문, “25유의 이름을 어떻게 분별하는가?”

답, “본체는 하나이지만 쓰임에 따라 이름을 달리 세워서 25유를 나타낸 것이다. 25유는 십악과 십선과 그리고 오음이다.”

문, “무엇이 10악과 10선인가?”

답, “십악은 살생하는 것 · 도둑질 하는 것 · 음행하는 것 · 거짓말 하는 것 · 아첨하는 것 · 이간질 하는 것 · 악담하는 것, 그밖에 탐냄 · 성냄 · 삿된 견해 등이 10악이다. 10선이라는 것은 다만 10악행을 행하지 않기만 하면 바로 이것이 10선이다.”

【注記】

○ **有(유)** : 범어 bhava를 번역한 말이다. 「유정이 생존하는 공간」이란 뜻이다. 이것을 25가지로 분류한 것이 25유이다.

○ **二十五有(이십오유)** : 이 단에서 해석하는 25유도 전통적인 불교의 해석과는 달리 대주의 독자적인 관심석을 하고 있

다. 참고로 전통적인 불교의 해석에 따라 설명하면 다음과 같다. 25유는 욕계·색계·무색계 등 삼계의 내용을 세분해 놓은 것이다. 즉 삼계를 전개하는 것을 25유라 한다. 욕계는 지옥·아귀·축생·아수라의 4惡趣와 東勝身州·남염부주·西牛貨州·北俱盧州의 4주와 사왕천·야마천·도리천·도솔천·화락천·타화자재천의 6욕천 등을 합하면 욕계에 14유가 있고, 색계는 초선천·대범천·第2禪天·제3선천·제4선천·무상천·五淨居天의 7유가 있으며, 무색계는 공무변처천·식무변처천·무소유처천·비상비비상처천의 4유가 있다. 이상 전부 합하면 25유가 된다.

○ **後有(후유)** : 열반의 깨달음을 얻지 못한 자가 미래에 받는 미혹한 생존을 말한다.

○ **六道(육도)** : 도는 범어 gati를 번역한 것이다. 趣, 즉 갈래라는 뜻이다. 중생 자신이 지은 행위, 즉 업에 의하여 이끌려 가서 생존하는 형태, 또는 그 세계를 말한다. 즉 업으로 인하여 죽어서 머무르는 장소를 道라 한다.

○ **法身者(법신자)**… : 『유마경』'방편품'(『대정장』권14, p.539중)에 "이 몸은 독사와 같고 원수와 도적과 같으며 빈 마을과 같다. 왜냐하면 이 몸은 5음과 18계와 12입이 모여서 이루어졌기 때문이다. 여러분, 이 몸은 짜증스럽고 걱정거리이므로 마땅히 부처님의 몸을 좋아해야 할 것이다. 왜냐하면 부처님의 몸은 곧 법신이기 때문이다(是身如毒蛇如怨賊如空聚. 陰界諸入所共合成. 諸仁者, 此可患厭, 當樂佛身. 所以者何. 佛身者卽法身也.)"라고 한 것을 인용한 것이다.

41. 무념 · 돈오 · 진여

1) 무념

問, 上說無念, 猶未盡決.

答, 無念者一切處無心是. 無一切境界, 無餘思求是. 對諸境色, 永無起動, 是卽無念. 無念者是名眞念也. 若以念爲念者, 卽是邪念, 非爲正念. 何以故. 經云, 若敎人六念, 名爲非念. 有六念, 名爲邪念, 無六念者, 卽眞念.[①] 經[②]云, 善男子, 我等住於無念法中, 得如是金色三十二相, 放大光明, 照無餘世界, 不可思議功德, 佛說之猶不[③]盡, 何況聲聞辟支佛[④]能知也. 得無念者, 六根無染, 以無念故,[⑤] 自然得入諸佛知見. 得如是者, 卽名佛藏, 亦名法藏. 卽能生[⑥]一切佛生[⑥]一切法. 何以故. 爲無念故. 經[⑦]云, 一切諸佛及阿耨多羅三藐三菩提法[⑧]皆從此經出.[⑨]

問, 旣稱無念, 入佛知見, 復從何立.

答, 從無念立. 何以故. 經⑩云, 從無住⑪本, 立一切法. 又云, 喻如明鏡,⑫ 鏡⑫中雖無像, 而能現萬像. 何以故. 爲鏡⑫明故, 能現萬像. 學人爲心無⑬染故, 妄念不生, 我人心滅, 畢竟淸淨. 以淸淨故, 能生⑭無量知見.⑮

【校記】

① 금본에는「卽眞念」의 3자가「名正念」으로 되어 있음.

② 금본에는「經」자 앞에「小品般若」의 4자가 더 있음.

③ 금본에는「不」 다음에「能」자가 있음.

④ 저본에는「聲聞辟支佛」의 5자가「餘乘」으로 되어 있음. 금본에 따라 고침.

⑤ 저본에는「六根無染, 以無念故」의 8자가「六根無染故」로 되어 있음. 금본에 따라 고침.

⑥ 저본에는「生」자가 없음. 금본에 의거하여 校補함.

⑦ 금본에는「經」 앞에「金剛」의 2자가 있음.

⑧ 저본에는「及阿耨多羅三藐三菩提法」의 11자가「等」자로 되어 있음.

⑨ 금본에는「出」 다음에「也」자가 있음.

⑩ 금본에는「經」 앞에「維摩」의 2자가 더 있음.

⑪ 금본에는「住」자가 없음.

⑫ 저본에는「鏡」이「鑑」자로 되어 있음. 금본에 따라 고침.

⑬ 금본에는「無」 다음에「所」자가 있음.

⑭ 금본에는 「能生」 다음에 「如是」의 2자가 더 있음.

⑮ 금본에는 「見」 다음에 「也」자가 있음.

【번역】

문, "앞에서 무념을 언급하였지만 아직도 다 해결되지 않은 것이 있다."

답, "무념이라는 것은 일체의 모든 곳에서 무심한 것이다. 일체의 모든 경계가 없다는 것은 다른 생각으로 추구하는 것이 없는 것을 말한다. 모든 경계와 물질을 대하지만 영원히 마음의 동요가 없는 것이 무념이다. 무념이라는 것은 참된 생각이다. 만약 생각으로써 생각을 삼으면 이것은 사념인 것이지 정념이라 할 수 없다. 왜냐하면 경에 「만약 사람들에게 육념을 가르치면 정념이 아니라」고 했기 때문이다. 육념이 남아 있으면 邪念이라 하고, 육념이 없으면 진실한 思念이다. 경에 「선남자야 우리들이 무념의 법 가운데 생활하면서 이와 같은 금색의 32상을 얻어 훌륭한 광명을 발하여 모든 깨달음의 세계를 비춘다면 그 불가사의한 공덕은 부처가 설하여도 오히려 다 설할 수 없는데 어찌 하물며 성문 · 벽지불이 능히 알 수 있으리오」라고 했다. 무념을 체득하게 되면 육근이 대상에 염착되지 않으며, 염착되지 않기 때문에 자연히 모든 부처의 지견에 들어 갈수 있다. 이와 같은 무념의 법을 체득한 것을 불장이라 하고, 또한 법장이라 한다. 곧 바로 능히 일체의 부처를 낳고, 일체의 법을 생겨나게 한다. 왜냐하면 무념이기 때문이다. 그래서 경에 「일체의 모든 부처님들은 모두 이 경으로부터 나왔다」고 한 것이다."

문, "이미 무념이라고 한다면 부처의 지견을 깨닫는 것은 또 무엇으로부터 (불지견을) 세울(깨달을) 수 있는가?"

답, "무념으로부터 세울 수 있다. 왜냐하면 경에 「무주의 근본으로부터 일체의 법을 세운다」고 했기 때문이다. 또 비유하면 마치 밝은 거울이 그 거울 가운데 비록 물상이 없을지라도 능히 만상을 나타내는 것과 같기 때문이다. 왜냐하면 거울 자체가 밝기 때문에 능히 만상을 나타낼 수 있는 것이다. 학인이 마음에 물듦이 없기 때문에 망념이 일어나지 않으며 아집의 마음이 소멸하여 필경에 청정하게 된다. 청정하기 때문에 능히 무량한 지견을 낼 수 있는 것이다."

【注記】

○ **無念(무념)**: 『돈오요문론』 제9단 참조

○ **猶未盡決(유미진결)**: 원문에는 「猶」자가 「由」자로 되어 있다. 동음으로서 통용된다.

○ **若以念爲念者, 卽是邪念(약이념위념자, 즉시사념)**: 『전심법요』 제2단(入矢義高, 『傳心法要・宛陵錄』<禪の語錄8>, 筑摩書房, p.13)에 "마음 그 자체는 무심이며, 또 무심이라는 것도 없다. 그러므로 마음으로써 마음을 없애려고 하면 도리어 마음이 남게 된다(心自無心, 亦無無心者, 將心無心, 心却成有.)"라고 한 것과 같은 책 제1단(入矢義高, 『傳

心法要・宛陵錄』, p.6)에 "부처로 하여금 부처를 찾게 하거나 마음을 가지고 마음을 잡으려고 하면 겁이 다하고 이 몸이 다하도록 하여도 끝내 부처와 마음을 얻을 수 없다(使佛覓佛, 將心捉心, 窮劫盡形, 終不能得.)"고 한 말도 참고가 된다.

○ **經云, 若敎人(경운, 약교인)**… : 어떤 경인지 알 수 없다.

○ **六念(육념)** : 念佛・念法・念僧・念戒・念施・念天 등을 말한다.

○ **經云, 善男子(경운, 선남자)**… : 『대품반야경』(『대정장』권8, p.418상)에서 인용하고 있지만 약간 단절되어 있다. 신회의 『보리달마남종정시비론』제49단(楊曾文, 『神會和尙禪話錄』, p.39)과 석정본 『남양화상문답잡징의』제4단(楊曾文, 위의 책, p.74)에도 동일한 내용을 인용하고 있지만 '小品般若波羅蜜經云'이라고 한다. 『소품반야경』(『대정장』권8, p.581하)에도 『대품반야경』과 같은 내용으로 되어 있다. 그러나 신회나 대주는 경문과 똑같이 인용하고 있지 않고 취의하고 있다. 『소품반야경』의 경문을 보면, "선남자여, 반야바라밀이라는 것은 모든 법에 대하여 생각을 하지 않는 것이다. 우리들이 무념의 법 가운데 있으면 금색의 몸과 32상과 대광명과 불가사의한 지혜와 여러 부처님의 위없는 삼매와 위없는 지혜와 그밖에 여러 가지 공덕을 얻을 수 있다. 이러한 공덕은 여러 부처님이 그것을 설해도 오히려 다 말할 수 없거늘 하물며 성문과 벽지불이 그 공덕을 설할 수 있겠는가(善男子, 是爲般若波羅蜜, 所謂於諸法無所念. 我等住於無念法中. 得如是金色之身, 三十二相, 大光明, 不可

思議智慧, 諸佛無上三昧, 無上智慧, 盡諸功德邊. 如是功德. 諸佛說之. 猶不能盡. 況聲聞辟支佛.)"라고 되어 있다.

○ **三十二相(삼십이상)** : 부처님의 육신과 전륜성왕의 몸에 구족하고 있는 수승한 용모와 형상 가운데 특히 현저하게 보이는 32가지의 모양을 선발한 것이 32상이다. 이것을 또 세분한 것이 80種好이다. 32상과 80종호를 합하여 「相好」라 한다.

○ **得無念法者, 六根無染(득무념법자, 육근무염)** : 『보리달마남종정시비론』제49단(楊曾文, 『神會和尙禪話錄』, p.39)과 석정본 『남양화상문답잡징의』제14단(앞의 책, p.74)에 "무념을 깨달으면 6근이 망념에 물들지 않는다. 무념을 깨달으면 佛知見을 얻게 된다. 무념을 깨닫는 것을 실상이라 한다. 무념을 깨닫는 것은 중도 제일의제이다. 무념을 깨달으면 항하사와 같은 공덕을 일시에 평등하게 갖추게 된다. 무념을 깨달으면 능히 일체의 법을 낸다. 무념을 깨달으면 능히 일체법을 섭수하게 된다(見無念者, 六根無染. 見無念者, 得向佛知見. 見無念者, 名爲實相. 見無念者, 中道第一義諦. 見無念者, 恒沙功德一時等備. 見無念者, 能生一切法. 見無念者, 能攝一切法.)"고 하고, 돈황본 『육조단경』제31단(정유진, 『돈황본 육조단경 연구』, 경서원, p.296)에 "무념의 법을 깨닫는 사람은 만법에 모두 통한다. 무념의 법을 깨달은 사람은 모든 부처님의 경계를 본다. 무념의 돈법을 깨달은 사람은 부처님의 지위에 이른다(悟无念法者, 萬法盡通. 悟无念法者, 見諸佛境界. 悟无念頓法者, 至佛位地.)"고 한 것은 같은 의미이다.

○ **經云, 一切諸佛(경운, 일체제불)**… : 『금강경』(『대정장』권8, p.749중)에 “일체의 부처님과 모든 부처님의 아뇩다라삼먁삼보리법은 모두 이 경에서 나왔다.(一切諸佛, 及諸佛阿耨多羅三藐三菩提法. 皆從此經出.)”라고 한 말을 取義한 것이다.

○ **經云, 從無住本(경운, 종무주본)**… : 『유마경』‘관중생품’(『대정장』권14, p.547하)에 “무주는 무엇을 근본으로 하는가? 무주는 근본이 없다. 문수사리야, 무주의 근본으로부터 모든 법을 세우는 것이다(問, 無住孰爲本. 答曰, 無住則無本. 文殊師利, 從無住本立一切法.)”라고 한 말을 취의한 것이다.

○ 무념의 실천 : 『보리달마남종정시비론』제48단(정유진, 『신회의 남종정시비론 연구』, p.321)과 석정본 『남양화상문답잡징의』제14단(양증문, 앞의 책, p.73)에 “여러분, 만약 반야바라밀을 수학하려는 사람은 마음에 만약 망념이 일어나면, 곧 바로 망념이 일어난 사실을 깨달아 비추어라. 망념이 없어지면 깨달아 비추는 것까지도 없어지는 것이며, 이것이 곧 일체의 망념이 없는 무념이다(諸知識, 若在學地者, 心若有念起, 卽便覺照. 起心卽滅, 覺照自亡, 卽是無念.)”라고 한 것은 무념의 구체적인 실천방법을 말한 것이다.

○ 석정본 『문답잡징의』제42단(양증문, 앞의 책, p.97)에 “‘有와 無를 모두 버리고 중도 또한 없어야 한다’고 한 것은 바로 무념이다. 무념은 바로 일념이다. 일념은 바로 일체지이다. 일체지는 바로 매우 깊은 반야바라밀이다. 매우 심오한 반야바라밀은 바로 여래선이다(有無雙遣中道[亦]亡者, 卽是

無念. 無念卽是一念. 一念卽是一切智. 一切智卽是甚深般若波羅蜜. 般若波羅蜜卽是如來禪.)"라고 한 말도 무념을 이해하는데 참고가 된다.

2) 돈오

頓悟者,① 不離此生, 卽得解脫. 何以知之. 譬②如師子兒, 初生之時, 卽眞師子. 修頓悟者, 亦復如是. 卽修之時, 卽入佛位.③ 如竹於④春生筍,⑤ 不離於春, 卽與母齊, 等無有異. 何以故. 爲心空故. 修頓悟者, 亦復如是. 爲頓除妄念, 永絶我人, 畢竟空寂. 卽與佛齊, 等無有異. 故云, 卽凡卽聖也. 修頓悟者, 不離此身, 卽超三界. 經云, 不壞世間, 而超世間, 不捨煩惱, 而入涅槃. 不修頓悟者, 猶如野干,⑥ 隨逐師子, 經百千劫, 終不得成師子.

【校記】

① 금본에는 「頓悟者」 앞에 「問曰」의 2자가 있음.

② 금본에는 「譬」 앞에 「答曰」의 2자가 있음.

③ 금본에는 「卽入佛位」와 「如竹春生筍」의 사이에 「何以故. 菩薩戒云, 衆生受佛戒, 卽入諸佛位也」의 18자가 더 있음.

④ 저본에는 「於」자가 없음. 금본에 의거하여 교보함.

⑤ 금본에는 「筍」이 「笋」으로 되어 있음. 같은 글자임.

⑥ 금본에는 「干」이 「行」자로 되어 있음.

【번역】

"돈오라는 것은 이생을 떠나지 않고 곧 바로 해탈하는 것이다. 어떻게 알 수 있는가? 비유하면 마치 사자의 새끼가 처음 태어날 때도 진짜 사자인 것과 같다. 돈오를 닦는 것도 이와 같다. 수행할 때야 말로 곧 바로 부처의 자리에 들어간다. 마치 대나무가 봄에 새로운 죽순을 낼 때 봄을 넘기지 않고 곧 큰 대나무와 똑같아서 조금도 다르지 않는 것과 같다. 왜냐하면 마음이 공적하기 때문이다. 돈오의 법을 닦는 것도 이와 같다. 망념을 단번에 없애고 영원히 아집을 끊어 버렸기 때문에 필경에 공적한 것이다. 이렇게 되면 부처와 똑같아서 조금도 다름이 없다. 그러므로 범부가 곧 성인이라고 하는 것이다. 돈오의 법을 닦으면 이 몸을 떠나지 않고 곧 바로 삼계를 뛰어 넘는다. 경에 「세간을 파괴하지 않고 세간을 초월하며, 번뇌를 버리지 않고 열반에 들어간다」고 했다. 돈오의 법을 닦지 않으면 마치 여우가 사자를 따라서 좇아가지만 백천 겁이 지날지라도 끝내 사자가 될 수 없는 것과 같다."

【注記】

○ **卽修之時, 卽入佛位**(즉수지시, 즉입불위) : 「卽～之時」라고 한 용어는 「～라고 말할 때야말로」·「～라고 하는 것이야말로」 혹은 「～에 대하여 말하면」이란 뜻이다. 예를

들면 신회의 『단어』 제17단 '정혜쌍수'에 「卽燈之時光家體」라는 용례가 있다. 돈오의 초월적인 논리를 표현하고 있는 말이다. 『열반경』 권38 '迦葉菩薩品'(『대정장』 권12, p.590상)의 偈頌중에 "초발심과 구경각의 둘을 구별할 수 없어, 이 두 마음 중에 어느 것이 先心인지 구별하기 어렵다(發心畢竟二不別, 如是二心先心難.)"라고 한 말이나 『화엄경』 권8, '梵行品'에 "처음 발심한 때가 바로 정각(구경각)을 이룬 때다「初發心時便成正覺(『대정장』 권9, p.449하)」"라고 한 말과 또 『증도가』 제50게에 "한 생각 깨달음에 의해서 여래의 자리에 들어간다(一超直入如來地.)"라고 한 것 등은 모두 돈오사상의 근거가 되는 말이다.

○ **卽凡卽聖(즉범즉성)**: 『돈오요문론』 제24단 참조

○ **經云, 不壞世間, 而超世間, 不捨煩惱, 而入涅槃(경운, 불괴세간, 이초세간, 불사번뇌, 이입열반)**: 不壞世間, 而超世間의 두 구는 어떤 경에서 인용한 것인 알 수 없다. 不捨煩惱而入涅槃은 『유마경』 '제자품'(『대정장』 권14, p.539하)에 「不斷煩惱而入涅槃」이라고 한 말을 응용한 것이다. 이 구는 두 가지 번역이 가능하다. 하나는 "번뇌를 끊지 않고 열반에 들어간다"라고 할 수 있고, 또 하나는 "번뇌를 끊고 열반에 들어가지 않는다"라고 할 수도 있다. 煩惱卽菩提의 뜻으로서 현실성의 초월을 나타내는 말이다. 『증도가』 제3게에 "무명의 실성이 곧 불성이며, 허깨비와 같이 빈 몸이 곧 법신이다(無明實性卽佛性, 幻化空身卽法身.)"라고 한 주장도 같은 맥락으로 볼 수 있다.

○ **野干(야간)**: 여우과에 속하는 동물이다.

3) 진여

又問,[①] 眞如之性爲實空, 爲實不空. 若言不空, 卽是有相. 若言空者, 卽是斷滅. 一切衆生, 當依何法所修,[②] 而得解脫.

答, 眞如之性, 亦空亦不空. 何以故. 眞如妙體, 無形無相, 不可得也, 是名亦空. 然於空無相體中, 具足恒沙之[③]用, 卽無事不應, 是名亦不空. 經云,[④] 解一卽[⑤]千從, 迷一卽[⑤]萬惑. 若人守一萬事俱[⑥]畢, 是悟道之妙也.[⑦] 經[⑧]云, 森羅及萬像, 一法之所印, 云何一法中, 而生種種見. 如此功業, 由行爲本. 若不降心, 依文取證, 無有是處. 自誑誑他, 彼此俱墜.[⑨] 努力努力, 細細審[⑩]之. 只是[⑪]事來不受, 一切處無心. 得如是者. 卽入涅槃, 證無生法忍. 亦名不二法門, 亦名無諍, 亦名一行三昧.[⑫] 何以故. 畢竟[⑬]清淨, 無我人故, 不起愛憎,[⑭] 是二性空. 是無所見. 卽是[⑮]眞如無礙[⑯]之辯.

【校記】

① 금본에는 「又問」이 「問曰」로 되어 있음.

② 저본에는 「當依何法所修」의 6자가 「當依何修」로 되어 있음.
③ 금본에는 「之」가 「妙」자로 되어 있음.
④ 금본에는 「是名亦不空」과 「經云」의 사이에 「更欲廣說其義何窮」의 8자가 더 있음.
⑤ 금본에는 「卽」자가 없음.
⑥ 저본에는 「俱」자가 없음. 금본에 의거하여 교보함.
⑦ 금본에는 「是悟道之妙也」의 6자가 「悟道之要也」로 되어 있음.
⑧ 금본에는 「經」 앞에 「法句」의 2자가 더 있음.
⑨ 금본에는 「墜」가 「墮」자로 되어 있음.
⑩ 금본에는 「細細審」의 3자가 「審細詳」으로 되어 있음.
⑪ 금본에는 「只是」가 「只如」로 되어 있음.
⑫ 금본에는 「味」 다음에 「也」자가 있음.
⑬ 금본에는 「畢竟」 앞에 「爲」자가 있음.
⑭ 금본에는 「愛憎」이 「憎愛」로 되어 있음.
⑮ 금본에는 「卽是」가 「卽名」으로 되어 있음.
⑯ 저본에는 「礙」가 「得」자로 되어 있음. 금본에 따라 고침.

【 번역 】

문, "진여의 본성은 참으로 공한가, 공하지 않는가? 만약 공하지 않다고 한다면 이는 모양이 있는 것이다. 만약 공하다고 한다면 이는 단멸이다. 그렇다면 모든 중생들은 마땅히 무엇을 의지하여 닦아야 해탈할 수 있는가?"

답, "진여의 본성은 공하기도 하고 또한 공하지 않기도 하다. 왜냐하면 진여의 오묘한 본체는 형상이 없어서 가히 얻을 수 없기 때문에 「또한 공하다」고 한다. 그러나 공하여 모양이 없는 본체 중에 항사와 같은 묘용을 구족하고 있어서 어떤 일이든지 응하는 것을 「또한 공하지 않다」고 한다. 경에 「하나를 알면 천 가지를 알고, 하나에 미혹하면 만 가지가 미혹하다」고 한다. 만약 사람이 하나를 지키면 만사가 끝나는데 이것이 오도의 묘미이다. 경에 「삼라만상이 하나의 법으로부터 변현된다」고 했는데 어떻게 하나의 법중에 갖가지 견해를 낼 수 있는가? 이와 같은 功業(효과)은 행하는데 근본이 있다. 만약 마음을 조복하지 않고 문자에 의지하여 깨달음을 얻고자 한다면 옳지 않다. 스스로 속이고 남을 속이는 행동은 피차가 함께 악도에 떨어진다. 노력하고 또 노력하여 자세히 자신의 마음을 살펴보아야 한다. 다만 일이 다가 올 때 받아들이지 않으면 일체의 모든 곳에 무심하게 된다. 이러한 도리를 체득한 자는 열반에 들어가서 무생법인을 증득한다. 이것을 또한 불이법문이라 하고, 또한 무쟁이라 하며, 또한 일행삼매라 한다. 왜냐하면 필경에 청정하여 아집이 없기 때문에 증애의 마음을 일으키지 않는 것이 이견이 공한 것이며, 보는 바가 없는(관념의 설정이 없는) 것이다. 이상으로 진여는 無所得空임을 변론하였다."

【注記】

○ **經云, 解一卽千從**(경운, 해일즉천종)… : 이 경은 어떤 경인지 알 수 없다. 『능가사자기』'도신전'(鈴木大拙, 『禪宗思想史硏究』第2, p.272)에 知敏禪師의 말이라고 하면서 "근본

을 알면 만 가지를 알게 되고, 근본에 미혹하면 만사에 미혹하게 된다(一解千從, 一迷萬惑.)"고 한 말을 인용하고 있다.

○ **守一(수일)** : 『능가사자기』 '도신전'(『대정장』 권85, 1288상)에 "근본을 굳게 지켜 어지럽지 않고 動靜一如가 되면 도를 배우는 사람은 분명히 불성을 깨달아 빨리 선정의 문에 들어 갈 수 있다(守一不移, 動靜常住, 能令學者, 明見佛性, 早入定門.)"라고 한 말이 있다.

○ **經云, 森羅及萬像(경운, 삼라급만상)…** : 『불설법구경』(『대정장』 권85, p.1435상)에 보인다.

○ **事來不受(사래불수)…** : 『돈오요문론』 제43단 참조.

○ **無諍(무쟁)** : 「諍」은 「爭」과 같은 뜻이다. 和諍思想이다. 마음에 증애 등의 갈등이 없는 것을 말한다.

○ **一行三昧(일행삼매)** : 범어 ekavyūha-samādhi를 번역한 말로서 一相三昧·眞如三昧라고도 한다. 일행삼매를 최초로 설한 경전은 양 무제 天監2년(503)에 曼陀羅仙이 번역한 『문수설반야경』이다. 이 경에 "문수사리보살이 말씀하시기를, 세존이시여, 일행삼매란 무엇입니까? 부처님이 말씀하시기를, 법계의 일상이 법계를 묶는 것, 법계와 하나가 되는 것을 일행삼매라 한다「文殊師利言, 世尊, 云何名一行三昧. 佛言, 法界一相, 繫緣法界, 是名一行三昧.(『대정장』 권8, p.731)」"라고 설한 것을 선종에는 최초로 『능가사자기』 '도신전'(『대정장』 권85, p.1286하)에 佛心을 체득하는데 이 일행삼매설을 의용하고 있다. 즉 "『문수설반야경』에 의거하면 일행삼매란 부처의 마음이 곧 부처이며, 망념이 곧 범부라

고 생각하는 것이라고 한다(又依文殊說般若經, 一行三昧, 卽念佛心是佛, 妄念是凡夫.)"라고 한 것이 바로 『문수설반야경』을 전거로 인용한 것이다. 선종에서 『문수설반야경』의 일행삼매설을 최초로 주목한 사람은 도신임을 강조해 둔다. 신회는 『보리달마남종정시비론』 제47단(楊曾文, 『神會和尙禪話錄』2, p.39)과 석정본 『남양화상문답잡징의』 제14단(양증문, 위의 책, p.73)에서 "무념은 곧 반야바라밀이며, 반야바라밀은 곧 일행삼매이다(是無念者, 卽是般若波羅蜜. 般若波羅蜜者, 卽是一行三昧.)"라고 했고, 돈황본 『육조단경』 제14단(정유진, 『돈황본 육조단경 연구』, 경서원, p.200)에 "일행삼매라는 것은 언제 어디서 어떠한 행동을 할지라도 항상 직심을 행하는 것이다(一行三昧者, 於一切時中, 行住坐臥, 常行直心是.)"라고 했는데 『단경』의 일행삼매설은 『유마경』의 「直心是道場」(『대정장』 권14, p.542하), 「直心是淨土」(앞의 책, p.538중)"라고 한 것을 증거로 삼은 것이다. 『大乘起信論』(『대정장』 권32, p.582중)에서는 "모든 부처님의 법신은 중생신과 평등하여 다르지 않는 것을 일행삼매라 한다(一切諸佛法身, 與衆生身平等無二, 卽名一行三昧.)"고 한다. 이상의 일행삼매설을 종합해 볼 때 대주는 『문수설반야경』·『유마경』·『대승기신론』과 도신 등의 일행삼매설을 따르지 않고, 신회나 혜능의 설을 계승하고 있음을 알 수 있다.

○ **眞如無得(진여무득)** : "진여는 공하기도 하고, 공하지 않기도 하다"고 했는데 공한 측면(공진여)은 진여의 본성을 두고 한 말이고, 공하지 않는 측면(불공진여)은 공적체상에 항

사의 묘용, 즉 무한한 불성의 지혜가 작용하고 있는 것을 두고 한 말이다. 이 공한 측면은 불가설의 세계이기 때문에 얻을 수 없는 것이다. 그래서 진여는 얻을 수 없다고 한 것이다.

42. 스스로 제도함

此論不傳無信, 唯傳同見同行. 當觀前人有誠信心[①]堪任不退者, 如是之人, 乃可爲說示之令悟. 吾作此論, 爲有緣人,[②] 非求名利. 只如諸佛所說千經萬論, 只爲衆生迷故, 心行不同, 隨邪應說, 卽有差別,[③] 如論究竟解脫理者, 只是事來不受, 一切處無心, 永寂如空, 畢竟淸淨, 自然解脫. 汝莫求虛名. 口說眞如, 心似猿[④]猴, 卽言行相違. 名爲自誑, 當墮惡道. 莫[⑤]求一世虛名快樂. 不覺長劫受殃. 努力努力. 衆生自度, 佛不能度. 若[⑥]佛能度衆生時,[⑦] 過去諸佛如微塵數, 一切衆生, 總[⑧]應度盡. 何故我等至今流浪生死, 不得[⑨]成佛. 當知衆生自度, 佛不能度.[⑩] 努力努力.[⑪] 自修莫倚他佛力,[⑫] 經[⑬]云, 夫求法者, 不著佛求.

【校記】

① 금본에는 「心」자가 없음.
② 금본에는 「人」이 「者」자로 되어 있음.
③ 금본에는 「差別」이 「分別」로 되어 있음.
④ 금본에는 「猿」이 「獼」자로 되어 있음.
⑤ 금본에는 「莫」 앞에 「汝」자가 있음.
⑥ 금본에는 「若」 앞에 「衆生」의 2자가 더 있음.
⑦ 금본에는 「時」자가 없음.
⑧ 금본에는 「總」자가 없음.
⑨ 금본에는 「得」이 「能」자로 되어 있음.
⑩ 금본에는 「能度」 다음에 「衆生也」의 3자가 더 있음.
⑪ 금본에는 「努力努力」의 4자가 「努力」으로 되어 있음.
⑫ 금본에는 「力」자가 없음.
⑬ 금본에는 「經」 앞에 「維摩」의 2자가 있음.

【번역】

이 논은 믿음이 없는 자에게는 전하지 않아야 하며, 오직 같이 보고 같이 행하는 이에게만 전해야 한다. 마땅히 목전의 사람이 성실하고 신심이 있어서 이 논을 받아들여 감당해 낼 수 있는 사람인지를 관찰해야 하며, 감당할 수 있는 사람에게는 논을 설명하고 보여서 깨닫게 해야 한다. 내가 이 논을 지은 목적은 인연이 있는 사람을 위함이지 명예와 이익을 얻기 위함이 아니다. 단지 모든 부처님이 설한 수많은 경론은 다만 중생이 미혹하기 때문에 마음과 행동이 같지 않아 삿된 것을 따라 대응하여 설했으므로 차별이 있지만 만약 구경해탈의 이치에서 말한다면 다만 일이 다가와도 받아들이지 않으면 일체의 모든 곳에 무심하여 영원히 고요하기가 마치 허공과 같아서 필경에 청정하여 자연히 해탈하게 될 것이다. 그렇기 때문에 학도자는 헛된 명예를 추구해서는 안 된다. 입으로는 진여를 말하지만 마음으로는 원숭이와 같다면 말과 행동이 서로 어긋나는 것이다. 명리는 자신을 속이는 것이기 때문에 당연히 악도에 떨어지게 한다. 일생에 헛되이 명리와 쾌락을 추구하지 말라. 자신도 모르는 사이에 장겁토록 재앙을 받게 될 것이다. 노력하고 또 노력하라. 중생은 스스로 제도하는 것이지 부처가 제도할 수 없다. 만약 부처가 중생을 제도할 수 있다면 과거의 모든 부처가 미진 수만큼 많았기 때문에 일체의 중생들을 모두 다 마땅히 제도해 마쳐야 한다. 그러나 무엇 때문에 우리들은 오늘날까지 생사에 윤회하며 성불하지 못했는가. 중생이 스스로 깨달아야 하는 것이지 부처가 중생을 제도할 수 없다는 사실을 분명히 알아야 한다. 노력하고 또 노력하라. 스스로 닦을 뿐 저 부처의 힘에 기대지 말라. 경에 「법을 구하는 자는 부처에 집착하여 구하지 않는다」고 한다.

【注記】

○ **信(신)** : 신앙의 「信」은 아니다. 근본을 철저하게 믿는 信이다. 참고로『대승기신론』의 4信은 佛・法・僧 삼보와 자신

의 불성을 믿는 것이다.

○ **同見同行(동견동행)** : 돈황본 『육조단경』 제32단(정유진, 『돈황본 육조단경 연구』, 경서원, p.303)에 "여러분, 이 돈교의 가르침을 가지고 같이 깨닫고 같이 행하여 수지할 것을 발원해야 한다.(善知識, 將此頓敎法門, 同見同行, 發願受持.)"고 한 용례가 있다.

○ **隨邪(수사)** : 중생들의 그릇된 마음과 행동에 대응한다는 뜻이다.

○ **衆生自度(중생자도)…** : 『능가사자기』 '혜가전'(鈴木大拙, 『禪宗思想史硏究』 第2, p.307)에 "중생이 자신의 마음을 알고 스스로 제도하는 것일 뿐, 결코 부처님이 중생을 제도하는 것은 아니다. 만약 부처님이 중생을 제도할 수 있다면 과거에 항하사와 같은 수많은 부처님을 만났는데도 불구하고 무엇 때문에 우리들이 성불하지 못했는가"라고 한 말이 있다. 『수심요론』(鈴木大拙, 앞의 책, p.321)에도 같은 말이 보인다.

○ **經云, 夫求法者(경운, 부구법자)…** : 『유마경』 '부사의품'(『대정장』 권14, p.546상)에 "법을 구하고자 하는 사람은 부처에 집착해서 법을 구해서도 안 되며, 법에 집착해서 법을 구해서도 안 되며, 승가에 집착해서 법을 구해서도 안 된다(夫求法者. 不著佛求. 不著法求. 不著衆求.)"이라고 한 말을 인용한 것이다.

43. 같은 곳에 있지만 같이 살지 않음

問, 於來①世中, 多有雜學之徒, 云何共住.

答, 但②和其光, 不③同其業. 同處不同住. 經④云, 隨流而性常也. 只如學道者, 自爲大事因緣解脫之事, 愼⑤勿輕末學. 敬學如佛. 不高己德, 不嫉⑥彼能,⑦ 自察己⑧行, 不擧他過, 於一切處, 悉無妨礙, 自然快樂也. 重說偈云,⑨

忍辱第一道　　先須除我人
事來無所受　　卽眞菩提身

【校記】

① 금본에는 「來」 앞에 「未」자가 있음.

② 금본에는 「但」 다음에 「知」자가 있음.

③ 금본에는 「不」이 「莫」자로 되어 있음.

④ 금본에는 「經」 앞에 「楞伽」의 2자가 있음.

⑤ 저본에는 「愼」이 「俱」자로 되어 있음. 금본에 따라 고침.

⑥ 저본에는 「嫉」이 「疾」자로 되어 있음. 금본에 의거하여 고침.

⑦ 금본에는 「能」이 「功」자로 되어 있음.

⑧ 저본에는 「已」가 「於」자로 되어 있음. 금본에 따라 고침.

⑨ 금본에는 「云」이 「言」자로 되어 있음.

【번역】

문, “내세에 잡학을 배우는 무리가 많이 있을 것인데 어떻게 함께 살아야 하는가?”

답, “단지 그 빛을 감추고 업을 같이 짓지 않으면 된다. 같은 곳에 있으면서 그들과 같이 살지 않는 것이다. 경에 「흐름을 따르지만 본성은 변함이 없다」고 한다. 다만 도를 배우는 사람은 스스로 일대사 인연인 생사해탈의 일만을 생각할 뿐 삼가 말학을 업신여겨서는 안 된다. 배우는 자를 공경하기를 마치 부처님과 같이 해야 한다. 자기의 덕을 뽐내지 말고 남의 능력을 시기하지 말며 스스로 행동을 관찰할 뿐 남의 허물을 들추어내어서는 안 되며, 일체의 모든 곳에서 어떠한 방해와 장애가 없으면 자연히 쾌락할 것이다. 거듭 게송으로써 말하면,

인욕이 깨달음의 첫 번째 길이다.
먼저 반드시 아집을 제거해야 한다.
일이 다가옴에 받아들이지 않으면,
이것이 곧 참된 깨달음의 몸이니라.”

【注記】

○ **雜學**(잡학) : 불도를 배우는 것 이외에 잡다한 외전을 공부하는 것을 말한다. 뒤에 나오는 末學과 같이 연결하여 생각해 보자.

○ **和其光**(화기광) : 和光은 和光同塵을 줄인 말로서 『老子』 上篇 제4장과 하편 제56장에 나오는 말이다. 빛을 감추고 俗塵과 함께 한다는 뜻이다. 불교에서는 불보살이 중생을 제도하기 위하여 거짓으로 깨달음의 지혜광명을 감추고 번뇌의 속진에 섞여 세속에 태어나 중생들과 인연을 맺고 그들을 차츰차츰 불법으로 인도하는 것을 말한다.

○ **經云, 隨流**(경운, 수류)… : 어떤 경지인지 알 수 없다. 수류는 생사의 흐름에 隨順하는 것을 말한다.

44. 어디서나 무심

金剛經云, 菩薩無我相[①]者, 如來說名眞是菩薩. 又云, 不取卽不捨, 永斷於生死, 一切處無心, 卽名諸佛子.

涅槃經云, 如來證涅槃, 永斷於生死. 偈曰,[②]

我今意況大好　　他人罵時無惱
無言不說是非　　涅槃生死同道
識達自家本宗　　猶[③]來無有靑皁
一切妄想分別　　將知世人不[④]了
寄言凡夫末代　　除却心中藁草
我今意況大寬　　不語[⑤]無事心安
從容自在解脫　　東西去易[⑥]不難
終日無言寂寞　　念念向理思看
自然逍遙見道　　生死定不相干
我今意況[⑦]大奇　　不向世上侵欺
榮華總[⑧]是虛誑　　弊衣麤食充飢[⑨]

道逢世人懶語　　世人咸說我癡

外現瞠瞠[⑩]暗鈍　　心中明若琉[⑪]璃

默契羅睺密行　　非汝凡夫所知

吾恐汝等,[⑫] 不會[⑬]了眞解脫理, 再[⑭]示汝等.

【校記】

① 저본에는 「相」이 「法」자로 되어 있음.

② 금본에는 「偈曰」이 「又偈」로 되어 있음.

③ 금본에는 「猶」가 「由」자로 되어 있음. 동음으로 상통함.

④ 금본에는 「不」이 「未」자로 되어 있음.

⑤ 금본에는 「語」가 「說」자로 되어 있음.

⑥ 금본에는 「易」가 「亦」자로 되어 있음.

⑦ 금본에는 「況」자가 없음.

⑧ 금본에는 「總」이 「惣」자로 되어 있음.

⑨ 금본에는 「飢」가 「饑」자로 되어 있음.

⑩ 금본에는 「瞠瞠」이 「瞪瞪」으로 되어 있음.

⑪ 금본에는 「琉」가 「瑠」자로 되어 있음.

⑫ 금본에는 「等」자가 없음.

⑬ 금본에는 「會」가 「了」자로 되어 있음.

⑭ 금본에는 「再」자가 없음.

【번역】

『금강경』에 「보살로서 아상이 없는 자를 여래께서 말씀하시기를 참된 보살이라」고 한다. 또 「취하지 않으면 버릴 것도 없기 때문에 영원히 생사가 끊어져서 일체의 모든 곳에 무심하면 모든 부처님의 아들이라」고 했다.

『열반경』에 「여래가 열반을 증득하여 영원히 생사를 끊었다」고 한다. 게송으로 말하면,

내가 지금 마음이 너무 좋아서
남들이 욕할 때도 괴로움이 없고
말이 없어서 옳고 그름을 말하지 않으니
열반과 생사가 같은 길이로다.
자기 집의 본래 마음을 알면
오히려 푸름과 검음도 없음이로다.
모든 망상분별을
세상 사람들은 똑똑히 알지 못하는 사실을 앎이로다.
범부와 말세의 사람들에게 말하노니
마음속의 마른 풀을 제거하라.
내가 지금 마음이 너무 관대하여
말을 하지 않고 잡다한 일이 없어서 마음이 편안하니
한가하여 자유로운 해탈이라
어디를 가든지 쉬워 어려움이 없도다.
종일토록 말없이 적막하여
생각 생각마다 이치를 사유해 보니
자연히 유유자적하고 도를 깨달으니
생사가 결코 서로 방해롭지 않도다.

내가 지금 마음이 너무 기특하여
세간의 침해와 속임을 당하지 않도다.
부귀영화가 모두 헛되고 속임수이니
헤진 옷을 입고 거친 음식으로 주린 배를 채움이로다.
길에서 세상 사람들을 만나 말을 아끼니
세상 사람들이 모두 나를 어리석다고 하네
겉으로 드러난 모습은 대단히 암둔해 보이지만
마음속으로는 밝기가 유리와 같아서
묵연히 라후라의 밀행에 계합하니
너희 범부들이 알 바가 아니로다.

나는 너희들이 참된 해탈의 도리를 분명하게 모를까 염려되어 다시 너희들에게 말하여 보이노라.

【注記】

- **金剛經云(금강경운)** : 『금강경』(『대정장』 권8, p.751중)에 "만약 보살이 실체가 없는 법을 통달했다면 여래는 그 사람을 참된 보살이라 할 것이다(若菩薩通達無我法者. 如來說名眞是菩薩.)"라고 한 말을 인용한 것이다.
- **又云, 不取(우운, 불취)**… : 어떤 경에서 인용한 것인지 알 수 없다.
- **東西(동서)** : 집을 나가 동아리에게 나아가는 것, 나돌아다니는 것. 때로는 타국을 방랑하는 뜻으로도 사용한다. 「東東西西」라고도 한다.

○ **世人咸說我癡(세인함설아치)** : 『證道歌』제23게에 "정신은 청정하고 가풍은 절로 높아, 앙상히 마른 골격 사람들은 보지 않네(調古神淸風自高, 貌顇骨剛人不顧.)"라고 한 것은 분별심이 없는 선승의 모습을 어리석은 사람으로 표현하고 있다. 선승의 이런 모습을 『조당집』에서는 癡人(어리석은 사람), 癡鈍人(바보 같은 사람), 癡兀人, 癡客이라고 묘사하고 있다. 『완릉록』(『대정장』권48, p.386하)에는 "지금 다만 언제든지 오직 무심을 배우고 익혀서 분별도 없고 의지함도 없고 머무름도 없고 온 종일 본성에 따라 걸림이 없게 하여 마치 어리석고 바보 같은 사람이 되라. 세상 사람들이 그대를 알아 볼 수 없게 하며 그대도 역시 세상 사람들에게 알려지지 않도록 하라. 마음을 돌처럼 단단히 하고 조금도 흐트러짐이 없도록 하여 모든 법이 그대의 마음에 들어오거나 나가지 않게 하라. 올연히 그 어디에도 주착함이 없게 하라. 이렇게 할 때 비로소 진리와 약간의 상응이 있을 것이다"라고 했고, 송 대 無垢居士 張九成의 「六祖大鑑禪師贊」에서는 혜능의 모습을 "마치 작은 시골의 촌뜨기와 같다(似三家村裏田舍兒)"고 한다.

○ **瞠瞠(당당)** : 놀란 눈으로 보는 것을 말한다.

○ **羅睺(라후)** : 羅睺는 글자의 수를 맞추기 위하여 羅睺羅를 줄인 것이다. 석존의 嫡子이다. 라훌라의 밀행이라는 것은 『유마경』권3의 注에 라집의 말이라고 하여 "라훌라는 성문법 중에 밀행제일"이라고 한 것을 가리킨다.

45. 필경의 청정

問, 維摩經云, 欲得淨土, 當淨其心, 云何是淨心.

答, 以[①]畢竟淨爲淨.

問, 云何是畢竟淨爲淨.

答, 無淨, 無無淨, 卽[②]是畢竟淨.

問, 云何是無淨, 云何是[③]無無淨.

答, 一切[④]處無心是淨, 得淨之時, 不得作淨想, 卽名無淨也. 得無淨時, 亦不得作無淨想, 卽是[⑤]無無淨也.

【校記】

① 금본에는 「以」자가 없음.

② 금본에는 「卽」자가 없음.

③ 저본에는 「云何是」의 3자가 없음. 금본에 의거하여 교보함.

④ 금본에는 「一切」 앞에 「若」자가 있음.

⑤ 금본에는 「卽是」 다음에 「无淨」의 2자가 있음.

【번역】

문, "『유마경』에 「정토를 얻고자 한다면 마땅히 그 마음을 청정하게 해야 한다」고 했는데 어떻게 그 마음을 청정하게 하는가?"

답, "필경의 청정으로써 청정함을 삼는다."

문, "어떻게 하는 것이 필경의 청정으로써 청정함을 삼는 것인가?"

답, "청정함도 없고 청정함이 없는 것도 없으면 이것이 필경의 청정이다."

문, "어떤 것이 청정함도 없고 청정함이 없는 것도 없는 것인가?"

답, "일체의 모든 곳에서 무심한 것이 「청정」이며, 청정함을 얻었을 때 청정함을 얻었다는 생각도 하지 않는 것을 「청정함이 없다」고 하는 것이다. 청정함이 없음을 얻었을 때도 역시 청정함이 없다는 생각까지도 하지 않는 것이 「청정함이 없음도 없는 것」이다."

【注記】

○ **維摩經云(유마경운)** : 『유마경』'불국품'(『대정장』권14, p.538하)에 "정토를 얻고자 하거든 마땅히 그 마음을 청정히 해야 한다. 그 마음이 청정함에 따라 불토도 청정해 진다(欲得淨土, 當淨其心. 隨其心淨, 則佛土淨.)"고 한 말을 인용한 것이다.

○ **畢竟淨(필경정)** : 번뇌를 떠난 절대 청정한 진리, 열반・실

상·공성 등을 가리키는 말이다. 청정은 공적이나 공과 같은 뜻이다. 『돈오요문론』 제47단에 "解脫心도 없고 해탈이 없음도 없는 것을 眞解脫이라 한다"고 한 것이나 바로 다음 단에 이어져 나오는 「필경증」·「필경공」·「필경득」 등은 모두 상대적인 二見을 동시에 초월하고, 또 초월했다는 생각까지도 없어야 진공의 상태가 된다고 주장하는 논법이다. 제12단에 "일체의 선악, 즉 모든 대립적인 이견을 한꺼번에 모두 사량하지 말라(一切善惡 都莫思量)"라고 한 것과 함께 생각해 보자.

46. 필경의 깨달음

問, 修道者以何法[①]爲證.

答, 以[②]畢竟證爲證.

問, 云何是畢竟證.

答, 無證, 無無證, 是名畢竟證.

問, 云何是無證, 云何是無無證.

答, 於外[③]不染色聲等, 於內不起妄念心, 得如是者, 卽名爲證, 得證之時, 不得作證想, 卽名無證也. 得此無證之時, 亦不得[④]作無證想, 卽名[⑤]無無證也.

【校記】

① 저본에는 「法」자가 없음. 금본에 의거하여 교보함.

② 저본에는 「以」자가 없음. 금본에 의거하여 교보함.

③ 금본에는 「外」 다음에 「卽」자가 있음.

④ 금본에는 「得」자가 없음.

⑤ 금본에는 「卽名」이 「故名」으로 되어 있음.

【 번역 】

문, "불도를 닦는 사람은 무엇으로써 깨달음을 삼는가?"

답, "필경의 깨달음으로써 깨달음을 삼는다."

문, "무엇이 필경의 깨달음인가(구경각이란 무엇인가)?"

답, "깨달음도 없고, 깨달음이 없음도 없는 것이 필경의 깨달음이다."

문, "어떤 것이 깨달음도 없는 것이며, 어떤 것이 깨달음이 없음도 없는 것인가?"

답, "밖으로는 물질과 소리 등의 육경에 끄달리지 않고, 안으로는 망념의 마음을 일으키지 않는 이러한 도리를 체득한 것을 「깨달음」이라고 하는 것이며, 깨달음을 체득했을 때 깨달음을 체득했다는 생각도 하지 않는 것을 「깨달음도 없다」고 하는 것이다. 이 깨달음이 없음을 체득했을 때 역시 깨달음이 없다는 생각마저도 하지 않는 것을 「깨달음이 없음도 없다」고 하는 것이다.

【 注記 】

○ 원문에는 최후의 「卽名無無證也」의 위에 「是名無證」이라는 네 글자가 더 있지만 필요 없는 것으로 생각되어 삭제한다.

47. 참된 해탈

問, 云何是[①]解脫心.

答, 無解脫心, 亦無無解脫心, 卽名眞解脫也. 經[②]云, 法尙應捨, 何況非法也.[③] 法者是有, 非法者[④]是無也. 但不取有無, 卽眞解脫.

【校記】

① 저본에는 「是」자가 없음. 금본에 의거하여 교보함.

② 금본에는 「經」 앞에 「금강」의 2자가 있음.

③ 금본에는 「也」자가 없음.

④ 저본에는 「者」자가 없음. 금본에 의거하여 교보함.

【 번역 】

문, "어떤 것이 해탈한 마음인가?"

답, "해탈한 마음도 없고, 해탈한 마음이 없음도 없는 것을 참된 해탈이라 한다. 경에 「법도 오히려 마땅히 버려야 하거늘 어찌 하물며 법이 아닌 것이야 말해서 무엇하랴」고 한다. 법이란 것은 「있음」이고, 법이 아닌 것은 「없음」이다. 다만 「있음」과 「없음」을 취하지만 않으면 참된 해탈이다."

【注記】

○ **但不取有無, 卽眞解脫(단불취유무, 즉진해탈)**: 『돈오요문론』 제7단에 「不見有無, 卽眞解脫.」이라고 한 것과 제35단에 「不見有無, 卽是見佛眞身.」이라고 한 것도 참고가 된다.

○ **云何〔是〕解脫心(운하〔시〕해탈심)**: 원문에는 「是」자가 없지만 보충한다.

○ **經云, 法尙應捨(경운, 법상응사)**… : 『금강경』(『대정장』 권8, p.749중)에 "나의 설법은 마치 뗏목과 같은 줄을 알아야 한다. 법도 마땅히 버려야 할 것이거늘 하물며 법이 아닌 것은 말해서 무엇 하겠는가(知我說法, 如筏喩者. 法尙應捨, 何況非法.)"라고 한 말을 인용한 것이다.

48. 필경의 얻음

問, 云何是[①]得道.

答, 以畢竟得爲得.

問, 云何是畢竟得.

答, 無得, 無無得, 是名畢竟得也.[②]

【校記】

① 저본에는 「是」자가 없음. 금본에 의거하여 교보함.

② 금본에는 「也」자가 없음.

【 번역 】

문, "어떻게 불도를 얻는가?"

답, "필경의 얻음으로써 얻음을 삼는다."

문, "무엇이 필경의 얻음인가?"

답, "「얻음」도 없고 「얻음이 없음」도 없는 것을 필경의 얻음이라 한다."

【 注記 】

○ **云何〔是〕得道**(운하〔시〕득도) : 원문에는 「是」자가 없지만 보충한다.

49. 필경공

問, 云何是畢竟空.

答, 無空, 無無空, 卽名畢竟空.

【 번역 】

문, "무엇이 필경공인가?"

답, "「공함」도 없고 「공함이 없음」도 없는 것을 필경공이라 한다."

【 注記 】

○ **畢竟空(필경공)** : 『돈오요문론』 제5단 참조

50. 진여의 선정

問, 云何是眞如定.

答, 無定, 無無定, 卽名眞如定. 經①云, 無有定法名阿耨多羅三藐三菩提, 亦無②定法如來可說. 經③云, 雖修空, 不以空爲證. 不得作空想, 卽是也. 雖修定, 不以定爲證, 不得作定想, 卽是也. 雖得淨, 不以淨爲證, 不得作淨想, 卽是也. 若得定, 得淨, 得一切處無心之時, 卽作得如是想者, 皆是妄想. 卽被繫縛, 不名解脫. 若得如是之時, 了了自知, 得自在, 卽不得將此爲證, 亦不得作如是想時,④ 卽得无縛,⑤ 卽⑥得解脫. 經⑦云, 若起精進心, 是妄非精進. 若能心不妄, 精進無有涯.

【校記】

① 금본에는 「經」 앞에 「金剛」의 2자가 있음.

② 금본에는 「無」 다음에 「有」자가 있음.

③ 금본에는 「經」 앞에 「維摩」의 2자가 있음.

④ 금본에는 「時」자가 없음.

⑤ 저본에는 「卽得无縛」의 4자가 없음. 금본에 의거하여 교보함.

⑥ 저본에는 「卽」자가 없음. 금본에 의거하여 교보함.

⑦ 금본에는 「經」 앞에 「法句」의 2자가 있음.

【번역】

문, "무엇이 진여의 선정인가?"

답, "선정도 없고 선정이 없음도 없는 것을 진여의 선정이라 한다. 경에 「고정된 법을 아뇩다라삼막삼보리라 하지 않고, 또한 여래는 고정된 법을 설하지도 않는다」고 한다. 경에 「비록 공을 닦을지라도 공으로써 깨달음을 삼지 말아야 한다」고 한다. 공하다고 하는 생각을 결코 하지 않는 것이 바로 공을 닦는 것이다. 비록 선정을 닦을지라도 선정으로써 깨달음을 삼지 말아야 한다. 선정을 닦는다는 생각을 결코 하지 않는 것이 바로 선정을 닦는 것이다. 비록 청정함을 얻었을지라도 청정함으로써 깨달음을 삼지 말아야하며, 청정하다는 생각을 결코 하지 않는 것이 바로 청정을 닦는 것이다. 만약 선정을 얻고 청정함을 얻어서 일체의 모든 곳에 무심하게 되었을 때라도 그와 같은 생각을 한다면 모두 다 망상이다. 곧 바로 계박을 받기 때문에 해탈했다고 할 수 없다. 만약 이러한 도리를 체득했을 때 분명히 스스로 자각하여 자재를 얻었을 지라도 절대 이것(자재)을 깨달음이라고 착각해서는 안 되며, 또한 절대 이러한 생각을 하지 않을 때 곧 속박에서 벗어날 수 있고, 해탈할 수 있다. 경에 「만약 정진심을 일으키면 이것은 망념이지 정진이 아니다. 만약 능히 마음이 망령되지 않으면 정진이 끝이 없다」고 한다."

【注記】

○ **眞如定(진여정)** : 여기서 주장하고 있는 진여정이라는 것은 「定」과 「無定」을 초월한 구극의 선정을 가리킨다. 전개하고 있는 논법은 「필경공」과 「필경정」의 논법과 같다. 신회의 『단어』 제22단(정유진, 『신회의 단어 연구』, p.232)에 "만약 의도적으로 망념을 일으키지 않으려고 한다면 이것은 識定(의식적인 定)인 것이며, 또한 법견인 것이다. 그러나 마음의 본성은 본래 고요하다(若作心不起, 是識定, 亦名法見. 心自性定.)"고 한 주장에서 억지로 망념이 일어나지 않도록 하는 「心不起」란 의식적인 선정이며 법견이라고 한 점에 주목할 필요가 있다. 따라서 진여의 선정, 즉 자성의 선정(自性定)이란 조작심이 가미되지 않은 본래의 평온한 마음이 곧 眞如定인 것이다.

○ **定(정)** : 『돈오요문론』 제20단 참조.

○ **經云, 無有定法(경운, 무유정법)**… : 『금강경』(『대정장』 권8, p.749중)에 "일정하게 정해진 법이 없는 것을 아뇩다라삼먁삼보리라 하고, 또 정해지지 않은 법을 여래는 설했다(無有定法, 名阿耨多羅三藐三菩提. 亦無有定法, 如來可說.)"고 한 말을 인용한 것이다.

○ **經云, 雖修空(경운, 수수공)**… : 『유마경』 '보살행품'(『대정장』 권14, p.554하)에 "공을 수학하지만 공으로써 깨달음을 삼

지 않아야 하고, 무상과 무작을 수학하지만 무상과 무작으로써 깨달음을 삼지 않아야 하며, 일어남이 없음을 수학하지만 일어남이 없음으로써 깨달음을 삼지 않아야 한다(修學空, 不以空爲證, 修學無相無作, 不以無相無作爲證, 修學無起不以無起爲證.)"라고 한 말을 인용한 것이다. 원효의 『대승기신론소』에도 "선정을 닦되 선정에 주착해서는 안 된다(修禪定, 不住禪定.)"고 한다.

○ **繫縛(계박)** : 신회의 『단어』 제11단(정유진, 『신회의 단어 연구』, p.141)에 "여러분, 자세히 들어라. 망심에 대하여 말하겠다. 무엇이 망심인가? 구도자들이 지금 여기에 와서 재색과 남녀를 탐애하고 정원의 숲이나 가옥 등을 생각하는 것 등은 거친 망념이니 마땅히 이런 마음은 없어야 하며, 또 미세한 망념이 있지만 구도자들은 이를 잘 모르고 있다. 무엇이 미세한 망심인가? 보리를 설하는 것을 듣고 마음(망심)을 일으켜 보리를 취하려 하고, 열반을 설하는 것을 듣고 마음을 일으켜 열반을 취하려 하고, 공을 설하는 것을 듣고 마음을 일으켜 공을 취하려 하고, 청정을 설하는 것을 듣고 마음을 일으켜 청정을 취하려 하고, 선정을 설하는 것을 듣고 마음을 일으켜 선정을 취하려고 하는 것 등, 이런 마음들이 모두 망심이며, 또한 법에 속박된 것이며, 또한 법에 대한 잘못된 견해이다. 만약 이러한 마음을 일으키면 결코 해탈할 수 없고 본래 자성의 적정이라 할 수 없다. 마음이 열반의 경지에 머무르게 되면 열반의 속박(涅槃縛)을 받게 되고, 청정함에 머무르게 되면 청정의 속박(淨縛)을 받게 되고, 空에 머무르게 되면 공의 속박(空縛)을 받게 되고, 선정에 머무르게 되면

선정의 속박(定縛)을 받게 된다. 이와 같이 마음을 쓰는 것은 모두 다 깨달음의 세계로 나아가는데 장애가 된다(知識, 諦聽. 爲說妄心. 何者是妄心. 人者等今旣來此間, 貪愛財色男女等, 及念園林屋宅, 此是麤妄, 應無此心, 爲有細妄, 人者不知. 何者是細妄心. 聞說菩提, 起心取菩提, 聞說涅槃, 起心取涅槃, 聞說空, 起心取空, 聞說淨, 起心取淨, 聞說定, 起心取定. 此皆是妄心, 亦是法縛, 亦是法見. 若作此用心, 不得解脫, 非本自寂淨. 心作住涅槃, 被涅槃縛, 住淨, 被淨縛, 住空, 被空縛, 住定, 被定縛. 作此用心, 皆是障菩提道.)"고 한 것과 『남양화상문답잡징의』제16단(정유진, 『신회의 문답잡징의 연구』, p.226)에 "신회화상이 여러 도를 배우는 사람들에게 질문하기를, '지금 마음을 쓰는 것은 생각을 하는 것을 말하는 것 입니까, 생각을 하지 않는 것(無記空에 떨어져 멍하게 있는 것)을 말하는 것 입니까? 만약 부작의라면 이는 귀먹은 속인(어리석은 속인)과 다르지 않고, 만약 작의라고 말한다면 이는 얻을 것이 있는 것입니다. 얻을 것이 있다는 것은 이는 곧 繫縛을 의미하기 때문에 어떻게 가히 해탈할 수 있겠습니까? 성문이 空을 닦지만 그 공에 집착하는 것은 이는 공에 속박(空縛)되어 있다는 뜻입니다. 만약 선정을 닦되 그 선정에 머무르게 되면 곧 선정의 속박(定縛)을 받게 되는 것입니다. 만약 고요함을 닦되 그 고요함에 머물게 되면 고요함의 계박(靜縛)을 받게 되는 것입니다. 만약 적정을 닦되 그 적정에 집착하게 되면 적정의 계박(寂縛)을 받게 되는 것입니다(和上問諸學道者, 今言用心者, 爲是作意不作意. 若不作意, 卽是聾俗無別, 若言作

意, 卽是有所得. 以有所得者, 卽是繫縛故, 何由可得解脫. 聲聞修空住空, 卽被空縛. 若修定住定, 卽被定縛. 若修靜住靜, 被靜縛. 若修寂住寂, 被寂縛.)"라고 한 것도 같은 뜻이다. 또 참고로 『단어』제15단(정유진, 앞의 책, p.190)에 "(북종선에서) 「마음을 멈추어 그 청정함을 보고, 마음을 일으켜 밖을 비추며, 마음을 수섭하여 안으로 증득하는 것」은 해탈심이 아니고, 또 법에 속박된 마음이기 때문에 올바른 선법이라고 할 수 없다(住心看淨, 起心外照, 攝心內證, 非解脫心, 亦是法縛心, 不中用.)"라고 한 주장에서 「법박심」이란 말에 주목할 필요가 있다. 돈황본 『육조단경』제14단(정유진, 『돈황본 육조단경 연구』, 경서원, p.201)에 "마음이 머무르지 않으면 통하여 흐르게 되고, 머물러 버리면 속박을 받게 된다(心不住卽通流, 住卽被縛.)"고 한 것과 『단경』제17단(정유진, 앞의 책, p.213)에 "한 생각이 만약 머물러 버리면 생각마다 주착하게 되는 것을 계박이라 한다(一念若住, 念念卽住, 名繫縛.)"고 한 것과 『단경』제18단(정유진, 앞의 책, p.225)에 "청정은 형상이 없는데 도리어 청정하다는 모양을 세워 이를 공부라고 한다. 이러한 생각을 하는 것은 자신의 본성을 장애하여 도리어 청정함에 속박을 받게 된다(淨無形相, 却立淨相, 言是工夫, 作此見者, 障自本性, 却被淨縛.)"라 한 말과 그리고 『단경』제31단(앞의 책, p.296)에 "여러 가지 생각을 하지 않음으로써 망념을 끊으려고 하지 말라. 이렇게 하는 것은 법에 구속되는 것이고, 또 변견이라 한다(莫百物不思, 當令念絶. 卽是法縛, 卽名邊見.)"고 한 주장들은 계박의 내용을 이해하는데 참고가 된다.

○ **經云, 若起精進心**(경운, 약기정진심)… : 『불설법구경』(『대정장』 권85, p.1435상)에 "여러 가지 정진을 말하는 것은 증상만을 말하는 것이 된다. 증상만이 없다고 하는 것은 착함도 없고 정진도 없는 것이다. 만약 정진하고자 하는 마음을 일으키면 이는 망심인 것이지 정진이 아니다. 만약 마음이 망령되지 않으면 정진은 끝이 없다(說諸精進業, 爲增上慢說. 無增上慢者, 無善無精進. 若起精進心, 是妄非精進. 若能心不妄. 精進無有涯.)"고 말을 인용한 것이다.

○ **是妄非精進**(시망비정진) : 원문에는 「精進」의 밑에 「也」자가 있지만 필요 없는 글자라고 생각되어 삭제한다.

51. 어디서나 무심한 것이 중도

問, 云何是中道.

答, 無中間, 亦無二邊, 卽①中道也.②

問, 云何是二邊.

答, 爲有彼心有此心, 卽是二邊.

問, 云何名彼心, 云何名③此心.

答, 外縛色聲名爲彼心, 內起妄念, 名爲④此心. 若於外不染色, 卽名無彼心, 內⑤不生妄念, 卽名無此心.⑥ 此非二邊也.⑦ 心⑧旣無二邊, 中亦何有哉.⑨ 得如是者, 卽名中道. 中道者,⑩ 眞如來道. 如來道者, 卽是⑪一切覺人解脫處⑫也. 經云, 虛空無中邊. 諸佛身亦然. 然⑬一切色空者, 卽一切處無心也. 一切處無心者, 卽是⑭一切色性空. 二義無別, 亦名色空, 亦名無色法⑮也. 汝若離一切處無心, 得菩提解脫, 涅槃寂滅, 禪定見性者, 無有是處.⑯ 一切處無心者, 卽是⑰修菩提解脫, 涅槃寂滅, 禪定乃至⑱六度，見[19]性處. 何以故. 金剛經云，無有少法可得，是名阿耨多羅三藐三菩提也.

【校記】

① 금본에는 「卽」 다음에 「爲」자가 있음.

② 금본에는 「也」자가 없음.

③ 저본에는 「云何名」의 3자가 없음. 금본에 의거하여 교보함.

④ 금본에는 「名爲」가 「卽名」으로 되어 있음.

⑤ 금본에는 「內」 앞에 「於」자가 있음.

⑥ 금본에는 「心」 다음에 「也」자가 있음.

⑦ 금본에는 「此非二邊也」의 5자가 「卽无二邊」으로 되어 있음.

⑧ 금본에는 「心」자가 없음.

⑨ 금본에는 「哉」자가 없음.

⑩ 저본에는 「中道者」의 3자가 없음. 금본에 의거하여 교보함.

⑪ 저본에는 「是」자가 없음. 금본에 의거하여 교보함.

⑫ 저본에는 「處」자가 없음. 금본에 의거하여 교보함.

⑬ 금본에는 「然」이 「更爲說」로 되어 있음.

⑭ 저본에는 「是」자가 없음. 금본에 의거하여 교보함.

⑮ 저본에는 「無色法」이 「色無法」으로 되어 있음.

⑯ 저본에는 「無有是處」의 4자가 「非也」로 되어 있음. 금본에 의거하여 고침.

⑰ 저본에는 「是」자가 없음. 금본에 의거하여 교보함.

⑱ 금본에는 「乃至」의 2자가 없음.

⑲ 저본에는 「見」 앞에 「皆」자가 있음. 금본에 의거하여 校刪함.

【번역】

문, "무엇이 중도인가?"

답, "중간도 없고, 또한 두 변도 없는 것이 중도이다."

문, "무엇이 두 변인가?"

답, "저 마음이 있고, 이 마음이 있으면, 두 변으로 갈라진다."

문, "어떤 것을 「저 마음」이라 하고, 어떤 것을 「이 마음」이라 하는가?"

답, "바깥으로 물질과 소리 등 육경에 속박되는 것을 「저 마음」이라 하고, 안으로 망념을 일으키는 것을 「이 마음」이라 한다. 만약 외부의 물질에 물들지 않으면 저 마음이 없다고 하며, 안으로 망념을 일으키지 않으면 이 마음이 없다고 한다. 이것이 두 변을 모두 초월한 것이다. 이미 마음에 양변이 없다면 중간이 또한 어디에 있을 수 있겠는가. 이와 같은 도리를 체득한 것을 중도라 한다. 중도라는 것은 진실한 여래의 도이다. 여래의 도라는 것은 모든 깨친 사람이 해탈한 곳이다. 경에 「허공에는 중간도 변도 없다. 모든 부처의 몸도 또한 이와 같다」고 했다. 그리하여 모든 물질이 공하다고 한 것은 일체의 모든 곳이 무심한 것을 말한다. 일체의 모든 곳이 무심하다고 한 것은 모든 물질의 본성이 공한 것을 말한다. 이 두 가지 뜻이 다르지 않기 때문에 또한 「물질이 공하다」고 하고, 또 물질에는 고정불변한 실체가 없다고 한다. 그러므로 네가 만약 일체의 모든 곳에 무심함을 떠나서 보리·해탈, 열반·적멸, 선정·견성 등을 체득한다고 하는 것은 옳지 않다. 일체의 모든 곳에 무심한 것은 곧 보리・해탈, 열반・적멸, 선정과 그밖에 육도를 닦는 것이며, 견성한 곳이다. 왜냐하면 『금강경』에 「조그마한 법이라도 얻을 수 없는 것을 아뇩다라삼먁삼보리다」라고 했기 때문이다.”

【注記】

○ 이 일단은 『돈오요문론』 제38단 참조

○ **經云, 虛空無中邊(경운, 허공무중변)**… : 『如來莊嚴智慧光明入一切佛境界經』(『대정장』 권12, p.247하)과 『文殊師利菩薩無相十禮』(『대정장』 권85, p.1296중)에 나온다. 전자의 것을 소개하면, “모든 부처의 법신은 허공과 같다. 허공은 모양이 없으며, 모든 인과를 떠나 있다. 그러므로 볼 대상이 없는 것에 경례한다. 허공은 중간과 가가 없으며, 모든 부처의 법신도 그러하다. 마음이 허공과 같다. 그러므로 볼 대상이 없는 것에 경례한다(諸佛虛空相. 虛空亦無相, 離諸因果故. 敬禮無所觀. 虛空無中邊, 諸佛身亦然. 心同虛空故, 敬禮無所觀.)”라고 한 말을 인용한 것이다.

○ **金剛經云(금강경운)**… : 『금강경』(『대정장』 권8, p.751하)에 “작은 법도 가히 얻을 수 없는 것을 아뇩다라삼먁삼보리라 한다.(無有少法可得. 是名阿耨多羅三藐三菩提.)”고 한 말을 인용한 것이다.

52. 어디서나 무심한 것이 해탈

問, 若有修一切諸行, 具足成就, 得受記否.

答, 不得.

問, 若以[1]一切法[2]無修得成就, 得受記否.

答, 不得.

問, 若恁麽時, 當以何法, 而得受記.

答, 不以有行, 亦不以無行, 卽得受記. 何以故. 維摩經云, 諸行性相, 悉皆無常, 涅槃經云, 佛告迦葉, 諸行是常, 無有是處. 汝但[3]一切處無心, 卽無諸行,[4] 亦無無行, 卽名受記. 所言一切處無心者, 無憎愛心是. 言[無]憎愛者, 見好事不起愛心, 卽名無愛心也. 見惡事亦不起憎心, 卽名無憎心也. 無愛者, 卽名[5]無染心. 无染心者,[6] 卽是[7]色性空也. 色性空者, 卽是萬緣俱絶. 萬緣俱絶者, 自然解脫. 汝細看之. 若未惺惺了時, 卽須早問, 勿使空度. 汝等[8]若依此敎修行,[9] 不解脫者, 吾卽[10]終身爲汝受大地獄. 吾若誑汝者, 吾當所生之[⑪]處, 爲師子虎狼所食.[⑫] 汝[⑬]若不依敎, 自不勤修, 卽不知也. 一失人身, 萬劫不復. 努力努力. 須合知爾.

【校記】

① 금본에는 「以」자가 없음.
② 금본에는 「法」자가 없음.
③ 금본에는 「但」 다음에 「知」자가 있음.
④ 금본에는 「卽無諸行」의 4자가 「卽無有行」으로 되어 있음.
⑤ 금본에는 「名」자가 없음.
⑥ 저본에는 「无染心者」의 4자가 없음. 금본에 의거하여 교보함.
⑦ 금본에는 「是」자가 없음.
⑧ 금본에는 「等」자가 없음.
⑨ 저본에는 「行」자가 없음. 금본에 의거하여 교보함.
⑩ 금본에는 「卽」자가 없음.
⑪ 저본에는 「之」자가 없음. 금본에 의거하여 교보함.
⑫ 금본에는 「爲師子虎狼所食」의 7자가 「爲虎狼師子所食」으로 되어 있음.
⑬ 금본에는 「汝」자가 없음.

【번역】

문, "만약 일체의 모든 행을 닦아서 구족히 성취하면 수기를 얻을 수 있는가?"

답, "얻을 수 없다."

문, "그렇다면 만약 일체의 모든 가르침을 닦지 않고 성취하면 수기를 얻을 수 있는가?"

답, "얻을 수 없다."

문, "만약 이와 같은 때 마땅히 어떤 법을 닦아야 수기를 얻을 수 있는가?"

답, "수행함이 있지도 않고, 또한 수행함이 없지도 않으면 수기를 얻을 수 있다. 왜냐하면 『유마경』에 「제행의 본성과 모양은 모두 무상하다」고 했고, 『열반경』에 「부처님이 가섭에게 이르기를, <제행이 항상하다는 것은 맞지 않다>」라고 했다. 너희들이 다만 일체의 모든 곳에 무심하기만하면 모든 행도 없고, 또한 모든 행이 없음도 없는 것을 수기라 한다. 이른바 일체의 모든 곳에 무심하다는 것은 증애의 마음이 없는 것을 말한다. 증애의 마음이 없다는 것은 좋은 일을 보고도 사랑하는 마음을 일으키지 않는 것을 사랑하는 마음이 없다고 하며, 나쁜 일을 보고도 또한 미워하는 마음을 일으키지 않는 것을 미워하는 마음이 없다고 한다. 사랑함이 없는 것을 염심이 없다고 한다. 염착심이 없는 것은 곧 물질의 본성이 공한 것이다. 물질의 본성이 공한 것은 만연이 모두 끊어진 것을 의미한다. 만연이 모두 끊어지면 자연히 해탈하게 된다. 너희들은 자세하게 살펴보아야 한다. 만약 똑똑하게 깨닫지 못했을 때는 반드시 빨리 물어야만 하며, 헛되이 시간을 허비하지 말라. 너희들이 만약 이 가르침을 의지하여 수행했는데도 해탈하지 못한다면 나는 종신토록 너희들을 위하여 대지옥의 고통을 받을 것이다. 내가 만약 너희들을 속였다면 나는 마땅히 태어나는 곳마다 사자·범·이리 등의 먹이가 될 것이다. 너희들이 만약 이 가르침을 의지하지 않고, 또 스스로 부지런히 닦지도 않는다면 나는 책임을 못 진다. 한번 사람의 몸을 잃으면 만겁토록 회복하지 못한다. 노력하고 또 노력하라. 반드시 꼭 알 수 있을 것이다."

【注記】

○ **維摩經云, 諸行性相**(유마경운, 제행성상)… :『유마경』에 이와 동일한 경문은 보이지 않는다. 아마 取義한 것 같다.

○ **涅槃經云, 佛告迦葉**(열반경운, 불고가섭)… :『열반경』에 이와 똑 같은 경문은 없다. 다만 「諸行是常」(『대정장』권12, p.686상)이라는 말이 세 번 나오기는 하지만 대주가 인용하고 있는 것과는 내용이 다르다. 아마 『열반경』에 도처에 나오는 뜻을 취의한 것이라고 생각한다.

○ **行**(행) : 「一切諸行」의 「행」은 범어 carya, 또는 carita를 번역한 것이다. 깨달음에 이르기 위한 수행, 또는 행법을 가리킨다. 「諸行性相」과 「諸行是常」의 「행」은 오온 가운데 하나인 saṁskāra이다. 이것은 조작·遷流·爲作의 뜻이다.

○ **受記**(수기) : 記는 記別을 줄인 것이다. 부처님이 수행중인 제자에게 당래에 반드시 부처가 될 것이라고 기별하는 것을 말한다. 受記는 授記라고도 쓴다.

○ **言無憎愛者**(언무증애자) : 원본에는 「無」가 없지만 문맥으

로 보아 보충한다.

○ **汝等若依此教修行(여등약의차교수행)**… :『수심요론』말미(鈴木大拙, 『禪宗思想史硏究』제2, p.323)에도 같은 글이 나온다. "만약 내가 너희들을 속이면 당래에 18지옥에 떨어질 것이다. 천지를 가리켜 맹세한다. 만약 나를 믿지 않으면 세세생생에 호랑이의 밥이 될 것이다."

○ **一失人身(일실인신)**… :『범망경보살계』'序'(『대정장』권24, p.1003상)에 "한 번 사람의 몸을 잃으면 만겁토록 사람의 몸을 받을 수 없다(一失人身, 萬劫不復.)"이라고 한 말을 인용한 것이다.

『頓悟入道要門論』 終

諸方門人參問語錄

1. 大珠慧海의 略傳

師初至江西, 參馬祖.

祖問曰, 從何處來.

曰, 越州大雲寺來.

祖曰, 來此擬須何事.

曰, 來求佛法.

祖曰, 自家寶藏不顧, 抛家散走作什麽. 我這裏一物也無, 求什麽佛法.

師遂禮拜, 問曰, 阿那箇是慧海自家寶藏.

祖曰, 卽今問我者, 是汝寶藏. 一切具足, 更無欠少, 使用自在. 何假向外求覓.

師於言下大悟, 識自本心, 不由知覺, 踊躍禮謝, 師事六載. 後以受業師年老, 遽歸奉養. 乃晦迹藏用, 外示癡訥, 自撰頓悟入道要門論一卷. 法門師姪玄晏, 竊出江外, 呈馬祖.

祖覽訖, 謂衆曰, 越州有大珠, 圓明光透, 自在無遮障處也. 衆中有知師姓朱者, 迭相推識, 結契來越上, 尋訪依附. 時號大珠和尙也. 師諱慧海, 建州人, 依越大雲寺道智和尙受業.

【번역】

선사(대주혜해)는 처음 강서로 가서 마조를 참알했다.

그러자 마조가 물었다.

"어디에서 오는 것인가?"

이르기를, "월주의 대운사에서 왔습니다."

마조가 이르기를, "여기에 와서 도대체 무엇을 구하려고 하는가?"

이르기를, "불법을 구하려고 왔습니다."

거기서 마조가 말했다.

"자신에게 있는 보배창고는 돌아보지 않으며, 집을 내버려두고 사방으로 다니면서 무엇을 하려는 것인가? 나에게는 아무 것도 없는데 어떤 불법을 구하려고 하는 것인가?"

선사는 거기에서 절을 하고 물었다.

"무엇이 혜해 자신의 보배창고인 것입니까?"

마조가 대답했다.

"지금 여기에서 나에게 묻고 있는 사람, 바로 그것이 그대의 보배창고이다. 거기에는 일체의 모든 것이 갖추어져 있어서 조금도 모자라는 것이 없고, 뜻대로 자유롭게 사용할 수 있다. 그런데 무엇 때문에 밖에서 구할 필요가 있겠는가?"

선사는 그 한마디의 말끝에 대오하여 자기의 근본 마음을 깨달았지만 그것은 지적이해를 통한 것이 아니었음을 알고 뛸 듯이 기뻐서 감사를 표한 후 6년 동안 마조를 스승으로 섬겼다. 그 후 受業師가 연로하여 不安했기 때문에 급히 돌아가 봉양을 했다. 그리고 자취와 활동을 감추고 겉으로 바보인 척 하면서 『돈오입도요문론』 1권을 지었다. 그러나 조카 상좌인 玄晏이 그것을 훔쳐서 강서로 가지고 가 마조에게 보여드렸다.

마조가 이것을 보고 대중에게 말했다.

"월주에 큰 구슬이 있는데 그 둥글고 밝은 광명이 제 마음대로 투과하며 자유자재로 막히는 곳이 없다."

대중 가운데 선사의 성이 주씨인 것을 알고 있는 이가 있어서 그 인연으로 연결된 도반이 서로 연분을 맺어 월주로 와서 스님을 의지하여 입문했다. 이리하여 세간에서는 스님을 대주화상이라고 부르게 되었다. 스님의 시호는 혜해이고, 건주 사람이다. 월주 대운사의 도지화상에게 得度하고 그 밑에서 수행했다.

【注記】

○ 이 하권에 해당하는 『諸方門人參問語錄』은 『조당집』 권14, 『경덕전등록』 권6에 수록되어 있는 전기와 문답의 내용과 공통하지만 본문의 字句에는 많은 異同이 있다. 그러나 이하의 번역에 있어서는 본문 이해상 중요한 의미를 가진 차이만에 대하여

배려했다. 별로 중요하지 않는 자구의 상이는 다루지 않았다.

○ **越州**(월주) : 唐代의 월주는 浙江省 紹興縣이다.

○ **受業師**(수업사) : 得度와 그 후의 지도를 하는 스님. 道智和尙을 가리킨다.

○ **越州有大珠**(월주유대주) : 慧海의 성인 朱와 연관시켜「큰 구슬(珠)」라고 한 것이다.

○ **建州**(건주) : 福建省의 건주를 가리킨다.

2. 나는 선을 모른다

師謂學徒曰, 我不會禪, 並無一法可示於人. 故不勞汝久立, 且自歇去.

時學侶漸多, 日夜叩激. 事不得已, 隨問隨答, 其辯無礙.

【번역】

선사가 학도에게 말했다.

"나는 선 따위를 알고 있지 않기 때문에 한 법도 남에게 보일만한 것이 없습니다. 그러므로 그대들이 너무 오래 서서 헛수고를 할 필요가 없습니다. 어쨌든 그 자리에서 물러나십시오."

이 때 수행자들이 점점 많이 모여 밤낮으로 열심히 지도를 요청했다. 어쩔 수 없이 물음에 따라 대답을 했는데 그 변재가 막힘이 없었다.

【注記】

○ **辯(변)** : 말하는 솜씨가 교묘한 것으로 「辯才」라고도 한다. 『유마경』 '방편품'(『대정장』 권14, p.539상)에 "무생법인을 얻어 변재가 걸림이 없다(得無生忍, 辯才無礙.)"는 말이 있다.

3. 법사들과의 문답

時有法師數人來謁曰，擬伸一問，師還對否.

師曰，深潭月影，任意撮摩.

問，如何是佛.

師曰，淸潭對面，非佛而誰.

衆皆忙然. 法眼云，是卽沒交涉.

良久，其僧又問，師說何法度人.

師曰，貧道未曾有一法度人.

曰，禪師家渾如此.

師却問曰，大德說何法度人.

曰，講金剛般若經.

師曰，講幾座來.

曰，二十餘座.

師曰，此經是阿誰說.

僧抗聲曰，禪師相弄，豈不知是佛說耶.

師曰，若言如來有所說法，則爲謗佛，是人不解我所說義. 若言此經不是佛說, 則是謗經. 請大德說看.

僧無對.

師少頃又問, 經云, 若以色見我, 以音聲求我, 是人行邪道, 不能見如來. 大德且道, 阿那箇是如來.

曰, 某甲到此卻迷去.

師曰, 從來未悟, 說什麽卻迷.

僧曰, 請禪師爲說.

師曰, 大德講經二十餘座, 卻不識如來.

其僧再禮拜, 願垂開示.

師曰, 如來者, 是諸法如義. 何得忘卻.

曰, 是, 是, 諸法如義.

師曰, 大德, 是亦未是.

曰, 經文分明, 那得未是.

師曰, 大德如否.

曰, 如.

師曰, 木石如否.

曰, 如.

師曰, 大德如同木石如否.

曰, 無二.

師曰, 大德與木石何別.

僧無對. 乃歎云, 此上人者難爲酬對. 良久却問, 如何得大涅槃.

師曰, 不造生死業對.

對曰, 如何是生死業.

師曰, 求大涅槃, 是生死業. 捨垢取淨, 是生死業. 有得有證, 是生死業. 不脫對治門, 是生死業.

曰, 云何卽得解脫.

師曰, 本自無縛, 不用求解. 直用直行, 是無等等.

僧曰, 如禪師和尙者, 實謂希有, 禮謝而去.

【번역】

어느 때 법사 몇 사람이 와서 뵙고 말했다.

"한 가지 질문을 드리고 싶습니다만 선사께서는 대답해 주시겠습니까?"

선사가 대답했다.

"깊은 못을 비추고 있는 달그림자는 마음대로 취해도 좋습니다."

묻기를, "부처라는 것은 어떤 것입니까?"

선사가 대답했다.

"맑은 못을 보고 있는 바로 그 사람이 부처가 아니고 누구겠습니까?"

대중이 모두 어안이 벙벙했다.

법안이 말하기를, 「그러한 것이라면, 부처와는 아무 관련도 없다」고 했다.

조금 있다가 그 스님이 또 여쭈었다.

"선사께서는 어떤 법을 설하여 사람들을 제도하십니까?"

선사가 대답했다.

"빈도에게는 사람들을 제도할 만한 법은 하나도 없습니다."

그러자 그 스님이 "선사라고 하는 사람은 모두가 이 모양이군요"라고 말했다.

대사가 도리어 물었다.

"대덕은 어떤 법을 설하여 사람들을 제도하십니까?"

그 스님이 대답했다.

"『금강반야경』을 강의하고 있습니다."

"몇 번이나 강좌를 개설했습니까?"

"20번 정도 강의를 했습니다."

"그 경은 누가 설한 것입니까?"

그 스님이 소리를 높여 말했다.

"선사께서는 나를 조롱하는 것입니까? 그것이 어찌 부처님이 설하신 말씀인 줄 모르신단 말이오."

선사가 말했다.

"만약 부처에게 설한 법이 있다고 한다면 그것은 부처를 비방하는 것이며, 그 사람은 부처님이 설한 것의 의미를 이해하고 있지 않는 것입니다. 그러나 만약 이 경이 부처님이 설한 것이 아니라고 한다면 그것은 역시 경을 비방하는 것입니다. 대덕, 이 점에 대하여 한 마디 설명해 줄 수 있겠습니까?"

그 스님이 대답이 없었다.

조금 있다가 선사가 물었다.

"경에 「만일 형상에 의하여 나(여래)를 찾거나 음성에 의하여 나를 찾고자 한다면 이 사람은 그릇된 도를 행하는 자로 그러한 사람은 여래를 보지 못한다」고 말하고 있습니다. 대덕은 한번 말해 보십시오. 도대체 무엇이 여래인 것입니까?"

그 스님이 대답했다.

"제가 그 문제에 대해서는 전혀 모르겠습니다."

"지금까지 아직 알고 있는 것이 없는데 도대체 무엇을 또 모른다는 것입니까?"

그 스님이 다시 청문했다.

"선사시여, 부디 저를 위하여 자세히 설명해 주십시오."

선사가 말했다.

"대덕은 『금강경』을 20회나 강의했으면서도 아직까지 여래를 모른단 말입니까?"

그 스님은 다시 예배하고 가르침을 설해 주실 것을 원했다.

선사가 말했다.

"여래라는 것은 <여러 가지 법의 있는 그대로의 이치>인데 이 말을 어찌 망각할 수 있습니까?"

"그렇습니다. 그렇습니다. <모든 법의 있는 그대로>라고 하는 것이었습니다."

"대덕이 말한 그 <그렇다>는 것은 실은 그렇지 않는 것입니다."

"경의 본문에 분명히 그렇다고 말하고 있는데 어찌 그렇지 않다고 말씀하시는 것입니까?"

"대덕은 <있는 그대로>입니까?"

"있는 그대로입니다."

"나무나 돌도 <있는 그대로>입니까?"

"있는 그대로입니다."

"대덕의 <있는 그대로>는 나무나 돌의 <있는 그대로>와 같습니까?"

"다르지 않습니다."

"대덕과 목석과는 어떤 차이가 있습니까?"

그 스님은 대답을 못하고 곧 바로 감탄하며 말했다.

"이 上人(고승)과는 맞겨룰 수 없습니다."

조금 있다가 그 스님은 또 물었다.

"어떻게 해야 큰 열반을 얻을 수 있습니까?"

선사는 말했다.

"생사의 업을 짓지 않는 것입니다."

"생사의 업이라는 것은 어떤 것입니까?"

"큰 열반을 구하는 것이 생사의 업입니다. 더러운 것을 버리고 깨끗함을 취하는 것이 생사의 업입니다. 얻음이 있고 깨달음이 있는 것이 생사의 업입니다. 對治門에서 벗어나지 못하는 것이 생사의 업입니다."

"어떻게 하면 곧 바로 해탈할 수 있겠습니까?"

"본래 속박하는 것이 없기 때문에 해탈을 구할 필요도 없다. 단지 있는 그대로 무심하게 쓰고, 있는 그대로 무심하게 행하는 것, 그것이 부처와 같은 부처임에 틀림없습니다."

그 스님은 "선사와 같은 분은 정말로 세상에 드무십니다"고 말한 후 감사의 예를 올리고 물러갔다.

【注記】

○ **法師(법사)** : 불법의 스승으로서 師僧의 일반적인 호칭에 이용되지만 선사가 선정을 닦는 스님, 즉 선종의 스님으로서 이용되어지는 것에 대하여 법사는 教相의 스님으로서 이용되어 지는 경우가 많다. 그러나 엄밀하게 구별하여 쓰지 않으며, 예외도 있다.

○ **忙然(망연)** : 「茫然」과 같은 의미이다.

○ **法眼(법안)** : 法眼文益(885~958). 餘抗(浙江省) 출신이다. 처음 福州의 長慶慧陵(雪峰義存의 嗣)에게 나아가 수행했지만 뒤에 羅漢桂琛의 법을 이었다. 五家의 하나인 법안종의 祖이다. 어록 외에 自著로 『宗門十規論』이 있다.

○ **貧道(빈도)** : 승려의 겸칭.

○ **經云, 若以色見我(경운, 약이색견아)…** : 『금강경』(암파문고본, p.114) 참조하라.

○ **對治門(대치문)** : 「對治」라는 것은 범어 pratipakṣa를 번역한 것이다. 도를 가지고 번뇌를 끊는 법문. 이 경우 道는 能對治이고, 번뇌는 所對治이다. 따라서 능소로 갈라진다. 대주는 이 능소의 2견을 문제로 삼아 대치문을 생사의 업이라고 주장하고 있다.

○ **無等等(무등등)** : 「無等」은 범어 asama를 번역한 것이다. 부처는 그밖에 같은 것이 없기 때문에 무등이라 한다. 부처는 보살들과 비교해서는 무등이지만 부처와 부처는 완전히 동등하기

때문에 부처의 경우에는 또 「等」자를 더하여 「無等等」이라 한다. 이는 범어 asama-sama를 번역한 것이다.

4. 卽心卽佛

有行者, 問, 卽心卽佛, 那箇是佛.

師云, 汝疑那箇不是佛, 指出看.

無對.

師曰, 達卽遍境是, 不悟永乖疏.

【번역】

어떤 행자가 물었다.

"마음이 바로 부처라고 했습니다만 어떤 것이 부처입니까?"

선사가 대답했다.

"그대는 어느 것이 부처가 아니라고 의심하는가? 그것을 가리켜 보아라."

행자는 대답이 없었다.

선사가 말했다.

"그것에 도달하면 온 세계가 그렇게 되고, 깨닫지 못하면 영원히 부처와 인연이 멀어지게 될 것이다."

【注記】

○ **行者(행자)** : 禪寺에 숙박하며 여러 가지의 시중을 드는 사람. 승려는 아니다.

○ **卽心卽佛(즉심즉불)** : 마조도일의 말이다. 『경덕전등록』 권6(『대정장』 권51, p.246상)에 "마조가 하루는 대중에게 이르기를, 「너희 모든 사람들은 각자 자신의 마음이 부처인 사실을 믿어야 한다. 이 마음이 곧 불심이다」(一日謂衆曰, 汝等諸人, 各信自心是佛. 此心卽是佛心.)"라고 씌어있다. 또 『전심법요』 제1단에 "이 마음이 곧 부처이며, 다시 다른 부처가 없고, 또한 다른 마음이라는 것도 없다(此心卽是佛, 更無別佛, 亦無別心.)"고 한 것도 참고가 된다.

5. 法明律師와의 문답

有律師法明, 謂師曰, 禪師家多落空.

師曰, 卻是座主家多落空.

法明大驚曰, 何得落空.

師曰, 經論是紙墨文字, 紙墨文字者俱空. 設於聲上建立名句等法, 無非是空. 座主執滯教體, 豈不落空.

法明曰, 禪師[不]落空否.

師曰, 不落空.

曰, 何卻不落空.

師曰, 文字等皆從智慧而生. 大用現前, 那得落空.

法明曰, 故知一法不達, 不名悉達.

師曰, 律師不唯落空, 兼乃錯用名言.

法明作色問曰, 何處是錯.

師曰, 律師未辯華竺之音, 如何講說.

曰, 請禪師指出法明錯處.

師曰, 豈不知悉達是梵語耶.

律師雖省過，而心猶憤然．具梵語薩婆曷剌他悉陀，中國翻云一切義成．舊云悉達多，猶是訛略梵語．

又問曰，夫經律論是佛語，讀誦依教奉行，何故不見性．

師曰，如狂狗趁塊，師子咬人．經律論是自性用，讀誦者是性法．

法明又曰，阿彌陀佛有父母及姓否．

師曰，阿彌陀姓憍尸迦，父名月上，母名殊勝妙顏．

曰，出何教文．

師曰，出陀羅尼集．法明禮謝，讚歎而退．

【번역】

율사로 법명이라는 사람이 있어서 선사에게 말했다.

"선사는 모두 공에 떨어져 있습니다."

선사가 대답했다.

"오히려 좌주들이 모두 공에 떨어져 있습니다."

법명이 깜짝 놀라서 말했다.

"어째서 공에 떨어져 있다는 것입니까?"

선사가 말했다.

"경과 논이라는 것은 종이와 먹과 문자에 불과합니다. 종이와 먹과 그리고 문자는 모두 허무한 것입니다. 설령 소리에 따라 여러 가지 말들을 세울지라도 그것은 모두 허무한 것임에 틀림없습니다. 좌주들은 교리의 모양에 집착하고 있으니 어찌 공에 떨어져 있지 않았다고 말할 수 있겠습니까?"

법명이 말했다.

"선사는 공에 떨어지지 않은 것입니까?"

선사가 이르기를, "공에 떨어지지 않았습니다."

묻기를, "어째서 공에 떨어지지 않는 것입니까?"

선사가 말했다.

"문자 등은 모두 지혜로부터 생겨나 목전에서 大用(활용)을 펼치는데 어찌 공에 떨어졌다고 할 수 있겠습니까?"

법명이 말했다.

"그러므로 하나의 법이라도 통달치 못한 것이 있으면 <실달(모두 통달했다)>이라고 이름붙일 수 없다는 것을 알았습니다."

선사가 대답했다.

"율사는 공에 떨어져 있을 뿐만 아니라 낱말까지도 오인하여 잘못 사용하고 계십니다."

법명은 안색을 바꾸어 물었다.

"어디가 틀렸다는 것입니까?"

선사가 말했다.

"율사는 아직 중국어와 인도어의 발음조차도 분별하지 못하고 계십니다. 그래서 어떻게 강의나 설법을 하십니까?"

법사가 이르기를, "부디 선사께서 저의 잘못되어 있는 곳을 지적해 주십시오."

선사가 대답했다.

"어찌하여 실달이라는 말이 범어인 줄 모르는 것입니까?"

율사는 비록 자기의 잘못을 속으로 알아차렸지만 아직도 분한 기분이 남아 있었다. 상세하게 말하면 범어로는 <살바갈자타실다>이고, 중국어로 번역하면 <일체 意義의 완성>이라는 의미이다. 종래 <실달다>라고 한 것은 실은 범어를 잘못 줄인 어투이다.

또 물었다.

"경과 율과 논은 부처님의 말씀이기 때문에 나는 그것을 독송하고 거기에 설한 가르침대로 실천하고 있습니다. 그런데 어찌하여 성품을 깨닫지 못하는 것입니까?"

선사가 대답했다.

"미친개는 흙덩어리를 쫓아가지만 사자는 사람을 무는 것과 같은 것입니다. 경 · 율 · 논은 자성의 작용인 것이고, 읽고 외우는 자가 바로 자성 그 자체인 것이다."

법명이 또 물었다.

"아미타불에게 부모와 그 성명이 있습니까?"

선사가 대답했다.

"아미타의 성은 교시가이고, 아버지의 이름은 월상이며, 어머니의 이름은 수승묘안입니다."

이르기를, "어떤 경전에 있는 말입니까?"

선사가 말했다.

"『다라니집』에 있습니다."

법명은 감사의 예를 올리고 찬탄하며 물러갔다.

【注記】

○ **律師(율사)** : 경·율·론 중에 율(계율)에 정통한 사람을 말한다.

○ **座主(좌주)** : 학덕이 높아서 한 강좌 중 主가 되는 자를 이른다. 여기서는 율사에 대한 존칭으로 쓰이고 있다.

○ **〔不〕落空否(〔불〕낙공부)** : 원문에 「不」자가 없지만 補校함. 낙공에 대해서는 『전심법요』 제2단에 "도를 닦는 사람들이 감히 이 「무심」의 법문에 들어오지 못하는 것은 공(허무)에 떨어져 깃들여 머무를 곳이 없을까 두려워하기 때문이다(趣者不敢入此法, 恐落空無棲泊處.)"고 한 말이 있다. 또 落空이라는 말은 『전심법요』 제3단에도 두 번 보이지만 『완릉록』의 제3단에 "범부의 무심은 空寂에 빠진 것이 아닙니까"라고 한 것도 같은 의미이다. 『경덕전등록』 권28, 남양혜충의 말(『대정장』 권51, p.439상)에 "본래 없다고 하면 공에 떨어진 것이 아닙니까?(曰本來無莫落空否.)"라는 질문에 대하여 "공이 이미 없는데 떨어진다는 말이 어떻게 성립하겠는가(空旣是無墮從何立.)"라고 대답하고 있다. 또 『종경록』 권90(『대정장』 권48, p.910상)에 인용한 普智禪師의 頌에 "공에 떨어지고 단견에 빠질까 두려워하지 말라. 만법은 모두 이 곳(공)에서 생긴다(莫怕落空沈斷見. 萬法皆從此處生.)"는 말이 있고, 『경덕전등록』 권28, 大珠慧海의 말(『대정장』 권51, p.443중)에도 "無住(일정한 장소가 없는 것)가 일체법이 존립하는 기반이다(無住本立一切法)"라고 가르친 것에 대하여 질문자가 "太虛와 같은 것이 아닙니까?(莫同太虛否)"라고 묻는 것에 대하여 대주가 반문하기를 "그대는 태허와 같아질 것을 두려워하는가?(汝怕同太虛否)" "예, 두려

워합니다.(曰, 怕)" "두려움을 아는 것은 태허와 같지 않다.(解怕者不同太虛)"고 한 문답이 있다. 여기에 말하는 태허는 허공과 같은 뜻이다. 「落空」은 또 「沈空」이라고도 한다. 『조주록』에 "질문, 無爲寂靜한 사람은 沈空에 떨어지는 것은 아닙니까? 답, 침공에 떨어진다. 문, 결국 어떻게 됩니까? 당나귀나 말이 된다." 또 「無記空」이라고도 한다. 신회의 『단어』(돈황사본 스타인 6977호)에 "만약 知(근원적인 반야의 智)를 세우지 않고 마음이 無住가 되면 곧 無記空에 떨어진다. 그러므로 나는 지를 세운 것이다"고 한다. 돈황본 『육조단경』 제24단에는 "마음을 고정시켜서 앉지 말라. 그러면 무기공에 떨어진다(莫定心坐, 卽落无記空.)"고 주의를 주고 있다. 요컨대 「공에 떨어지는」 것의 두려움이라는 것은 공을 단순한 허무의 深淵이나 캄캄한 공허의 洞穴과 같은 것으로 이해하는 공포이다. 또한 본문의 이 전후 三句는 『종경록』 권41에 역시 「황벽화상이 말한다」고 하면서 「無人敢入此門, 恐畏落空, 盡望涯而退」라는 간단한 표현으로 인용하고 있다.

○ **何卻不落空(하각불낙공)** : 「却」은 「故」의 오기가 아닐까라고 의심해 본다.

○ **一法不達, 不名悉達(일법부달, 불명실달)** : 대주가 말하는 문자언구의 의의를 법명은 가볍게 생각해 버리고 있다. 거기서 대주가 「悉達」이 원래 범어인 것을 辛辣하게 지적한 것에 의하여 말을 표면적으로만 받아들인 이해의 얕음을 간접적으로 풍자한 것이다.

○ **悉達(실달)** : 범어 Sarvārthasiddha이다. 석가가 淨飯王의 태자이었던 때의 이름이다.

○ **狂狗趁塊, 師子咬人**(광구진괴, 사자교인) : 『절관론』(『鈴木大拙全集』 제2권<『禪思想史硏究』 제2>, p.200)에 같은 뜻의 어구가 있다. "개는 흙덩어리를 쫓아가지만 사람을 쫓아가지 않는 것과 같고, 사자는 사람을 쫓아가지만 흙덩어리를 쫓아가지 않는 것과 같다(如犬逐塊不逐人. 如師子逐人不逐塊.)."

○ **憍尸迦**(교시가) : kauśika 제석천의 이명이다. 그러나 『다라니집』에는 발견되지 않는다.

○ **陀羅尼集**(다라니집) : 『陀羅尼雜集』 권4(『대정장』 권21, p.598중)와 『阿彌陀鼓音聲王陀羅尼』(『대정장』 권12, p.352중)에 말하기를, "아버지의 이름은 월상전륜성왕이고, 그 어머니의 이름을 수승묘안이라 하며, 그 아들은 월명이라 이름한다(父名月上轉輪聖王, 其母名曰殊勝妙顏, 子名月明.)"고 한다.

6. 진여에 變易이 있는가

有三藏法師, 問, 眞如有變易否.

師曰, 有變易.

三藏曰, 禪師錯也.

師卻問, 三藏有眞如否.

曰, 有.

師曰, 若無變易, 決定是凡僧也. 豈不聞, 善知識者能迴三毒爲三聚淨戒, 迴六識爲六神通, 迴煩惱作菩提, 迴無明爲大智. 眞如若無變易, 三藏眞是自然外道也.

三藏曰, 若爾者, 眞如卽有變易.

師曰, 若執眞如有變易, 亦是外道.

曰, 禪師適來說眞如有變易, 如今又道不變易. 如何卽是的當.

師曰, 若了了見性者, 如摩尼珠現色, 說變亦得, 說不變亦得. 若不見性人, 聞說眞如變, 便作變解, 聞說不變, 便作不變解.

三藏曰, 故知南宗實不可測.

【번역】

어떤 삼장법사가 여쭈었다.

"진여에도 변역이 있습니까?"

선사가 대답했다.

"변역이 있습니다."

삼장이 말했다.

"선사께서는 지금 잘못 알고 계십니다."

선사가 도리어 삼장에게 물었다.

"그대에게 진여가 있습니까?"

이르기를, "있습니다."

선사가 말했다.

"만약 변역이 없다면 그대는 틀림없이 범승입니다. 다음과 같은 말을 듣지 못했습니까? 「선지식은 탐·진·치 삼독을 전환하여 삼취정계로 만들고, 안·이·비·설·신·의의 육식을 전환하여 육신통을 만들고, 번뇌를 바꾸어 보리로 만들고, 무명을 바꾸어 대지의 진여를 만든다」고 하는 것을. 진여가 만약 변역이 없다고 생각한다면 삼장은 분명히 자연외도입니다."

삼장이 말했다.

"만약 그렇다면 진여에 변역이 있습니까?"

선사가 대답했다.

"진여에 변역이 있다고 집착한다면 그것도 역시 외도입니다."

이르기를, "선사는 조금 전에 진여에 번역이 있다고 하시드니 지금은 또 번역이 없다고 말씀하십니까? 그러면 어떤 쪽이 옳은 것입니까?"

선사가 대답했다.

"만일 똑똑히 성품을 본 사람이라면 마니주에 빛이 나타나는 것과 같기 때문에 변한다 해도 좋고, 변하지 않는다 해도 좋습니다. 그러나 만약 견성하지 못한 사람은 진여가 변한다는 말을 들으면 곧 바로 변한다고 하는 것에 집착해 버리고, 변하지 않는다는 말을 들으면 곧 바로 변하지 않는다는 것에 집착해 버립니다."

삼장이 말했다.

"그래서 남종이라는 것은 정말로 이해하기 어렵다는 것을 잘 알았습니다."

【注記】

○ 이 일단과 비슷한 내용이 신회의 『南陽和尙問答雜徵義』 제45단, 「張萬頃問眞如等」에 보인다. "내향현의 현령인 장만경이 질문하기를, 「진여는 무엇과 비슷합니까?」 대답하기를, 「요즘 여러 대덕 도속들이 모두 遷變하지 않는 것을 <眞>이라고 말하는데 신회는 지금 그렇게 생각하지 않습니다. 지금 眞이라고 하는 것은 가히 천변될 수 없기 때문에 진이라고 합니다. 말한 바 <如>라고 하는 것은 요즘 여러 대덕 도속들이 모두 두 물건이 서로 비슷한 것을 여라고 하는데 신회는 그렇게 생각하지 않습니다. 물건이 서로 비슷함이 없는 것을 여라고 합니다.」

또 질문하기를, 「불성이 있습니까, 없습니까?」

대답하기를, 「불성이라는 것은 邊義가 없는데 무슨 이유로 유무의 차별을 묻는가.」 또 질문하기를, 「무엇이 非邊義입니까?」

대답하기를, 「있는 것도 아니고 없는 것도 아닌 것이 비변의입니다.」 또 질문하기를, 「무엇이 있지 않는 것이며, 무엇이 없지 않는 것입니까?」 대답하기를, 「있지 않다고 한 것은 있는 것에 상대해서 말한 것이 아닙니다. 없지 않다고 한 것은 없는 것에 상대해서 말한 것이 아닙니다. 둘(有·無) 다 가히 얻을 수 없기 때문에 非邊義라 한 것입니다.」(內鄕縣令張萬頃問, 眞如者似何物? 答曰, 比者諸大德道俗皆言, 不遷變名爲眞. 神會今卽不然. 今言眞者无可遷變, 故名爲眞. 所言如者, 比來諸大德道俗皆言, 兩物相似曰如. 會今卽不然, 无物相似曰如. 又問, 佛性是有是無? 答曰, 佛性非邊義, 何故問有无. 又問, 何者是非邊義? 答曰, 不有不无, 是非邊義. 又問, 何者是不有? 云何是不无? 答曰, 不有者不言於所有. 不无者不言於所无. 二俱不可得, 是故非邊義.).”

○ **能迴三毒(능회삼독)**… : 『觀心論』(破相論)(『대정장』 권48, p.367상)에 “만약 또 어떤 사람이 그 본원을 끊으면 곧 중류가 모두 그친다. 해탈을 구하는 자는 능히 삼독을 전환하여 삼취정계로 만들고, 육적을 전환하여 육바라밀로 만들어 자연히 일체의 고해를 영원히 여읜다(若復有人斷其本源, 卽衆流皆息. 求解脫者, 能轉三毒爲三聚淨戒, 轉六賊爲六波羅蜜. 自然永離一切苦海.)”고 하는 말이 있다.

○ **三聚淨戒(삼취정계)** : 三聚戒라고도 한다. 대승보살계의 대표

적인 것이다. 攝律儀戒·攝善法戒·攝衆生戒, 다시 말해서 부처님이 정해 놓은 규정을 지켜 악을 방지하고, 나아가 선을 행하며, 중생을 교화하고 그 이익을 위하여 힘을 다하는 세 가지를 말한다.

○ **六神通(육신통)** : 생각하는 곳에 갈 수 있고, 모든 것을 멀리까지 훤히 보며, 모든 소리를 듣고, 다른 사람의 마음을 알며, 자타의 과거세를 알고, 번뇌를 모두 끊은 여섯 가지 마음의 작용을 말한다.

○ **自然外道(자연외도)** : 자연의 의미에 대해서는 반드시 알아두어야 할 것은 불교에 의해 비판되는 자연의 관념이 있고, 불교에 의해 긍정되는 자연의 관념이 있다는 것이다. 먼저 불교에 의해 비판되는 자연은 인도의 자연외도나 중국 장자의 자연설이다. 전자의 경우 모든 존재에는 고정적인 실체(ātman, 我)와 自性(svabhāva)이 있어서 본래 결정되어 있으며, 또 자연히 생기하여 존재한다고 주장한다. 이것은 無因有果說로서 주체적인 인과형성의 노력을 부정하는 것이다. 따라서 자연외도는 결정론이나 숙명론에 떨어지게 되는 것이다. 중국 장자의 자연설도 이와 비슷하다. 예를 들면 천태지의(538~597)는 『마하지관』10권상에 "장자는 귀천고락과 시비득실을 모두 자연이라 한다. 만약 이들을 자연이라 한다면 그것은 결과를 부정할 수 없다. 先業을 변별할 수 없다면 곧 원인을 부정할 수 없다"고 하여 자연외도와 같은 무인유과설에 빠진 것을 비판하고 있다. 가상대사 吉藏(549~623)도 『중관론소』1권의 말에서 인도의 자연외도는 무인유과설인데 반하여 장자의 자연설은 自因自果, 自然因自然果라고 비평하고 있다. 자세히 말해서 자연외도는

결과를 실체적, 객체적으로 고정화하였으며, 장자의 자연설은 원인과 결과 모두를 고정화하고 있다. 다음 불교에 의해 긍정되는 자연설은 불교가 긍정적으로 사용하는 자연관념이다. 『법화경』의 번역자인 축법호와 구마라집이 사용한 자연이 바로 이에 해당한다. 축법호는 人空의 적극적인 의미, 즉 사물을 사물에 입각하여 있는 그대로 관찰하고 살리는 것에 「자연」이라는 역어를 사용하였으며, 구마라집은 그것을 「實相」이라 번역했다. 한편 구마라집은 法空의 적극적인 의미, 즉 사물에 사로잡히지 않는 자기의 자유자재한 활동을 「자연」이라는 말을 사용했으며, 축법호는 그것을 「자유」나 「자재」라는 말로 번역했다.

○ **摩尼珠(마니주)** : 마니는 범어 mani를 음사한 것이다. 珠, 寶珠라고 번역한다. 珠玉의 총칭이다. 일반적으로 마니는 불행과 재난을 제거하고 濁水를 淸澄하게 하며, 물의 색을 변하게 하는 등의 덕이 있는 것으로 여기고 있다.

○ **南宗(남종)** : 육조혜능 계통의 남종선이라는 말로 頓禪을 지칭한다. 신수계통의 북종선의 漸禪과 상대되는 말이다. 당시 이미 남종은 선종의 대명사로써 사용되고 있었다.

7. 자연을 초월한 理法이 있는가

有道流問, 世間有法過自然否.

師曰, 有.

曰, 何法過得.

師曰, 能知自然者.

曰, 元氣是道否.

師曰, 元氣自元氣, 道自道.

曰, 若如是者, 則應有二.

師曰, 知無兩人.

又問, 云何爲邪, 云何爲正.

師曰, 心逐物爲邪, 物從心爲正.

【번역】

어떤 道士의 무리가 물었다.

"이 세상에 <자연>을 뛰어넘은 理法이 있습니까?"

선사가 대답했다.

"있습니다."

이르기를, "어떤 법이 자연을 초월할 수 있습니까(그것은 어떠한 것입니까)?"

선사가 이르기를, "<자연>을 잘 아는 자가 그것입니다."

이르기를, "그러면 <원기>가 도입니까?"

선사가 이르기를, "원기는 원기이고, 도는 도일뿐입니다."

이르기를, "만약 그렇다면 원기와 도의 두 가지가 있다는 말씀이시군요."

선사가 대답했다.

"아는 데는 둘이 없습니다."

또 물었다.

"어떤 것이 삿된 것이고, 어떤 것이 바른 것입니까?"

선사가 대답했다.

"마음이 물건을 쫓으면 삿된 것이고, 물건이 마음을 쫓으면 바른 것입니다."

【注記】

○ **道流(도류)** : 도교를 받드는 사람들을 가리킨다.

○ **自然(자연)** : 도가의 용어로 만물의 生成化育의 모습을 天地造化의 행위로서 파악하여 그 행위를 스스로(自) 그러한 것(然), 있는 그대로 이해하는 것이다.

○ 元氣(원기) : 만물의 근본을 이루는 氣, 천지의 기, 고대 중국의 사상에는 천지가 개벽하기 전, 混沌으로서 모양이 정해지지 않은 것이 있어서 그것을 「원기」라고 이름붙인 것이다. 만물은

그것에 의하여 생성되었다고 생각한 것이다.

○ **知無兩人**(지무양인) : 「兩人」은 「兩个」(兩箇)의 오기가 아닐까?

○ **心逐物爲邪, 物從心爲正**(심축물위사, 물종심위정) : 『안심법문』(『대정장』 권48, p.370중)에 "미혹할 때는 사람이 법을 좇지만 이해했을 때는 법이 사람을 따른다(迷時人逐法, 解時法逐人.)"고 하는 취지를 토대로 한 것이다.

8. 배고프면 밥 먹고 피곤하면 잔다

有源律師, 來問, 和尙修道還用功否.

師曰, 用功.

曰, 如何用功.

師曰, 飢來喫飯, 困來卽眠.

曰, 一切人總如是, 同師用功否.

師曰, 不同.

曰, 何故不同.

師曰, 他喫飯時, 不肯喫飯, 百種須索, 睡時不肯睡, 千般計校, 所以不同也.

律師杜口.

【번역】

원율사라는 이가 와서 물었다.

"화상께서 도를 닦는데 있어서 수단을 사용하십니까?"

선사가 대답했다.

"수단을 사용합니다."

이르기를, "어떻게 수단을 사용하십니까?"

선사가 대답했다.

"배가 고프면 밥을 먹고, 피곤하면 잠을 잔다."

이르기를, "일체의 모든 사람들도 그러하니 선사께서 수단을 사용한다고 하는 것과 같습니까?"

선사가 대답했다.

"같지 않습니다."

"어째서 같지 않는 것입니까?"

선사가 대답했다.

"그들은 밥을 먹을 때 마음으로 밥을 먹지 않고, 여러 가지 주문을 하며, 잠을 잘 때도 마음으로 잠을 자지 않고 이것저것을 생각한다. 그러므로 같지 않은 것입니다."

율사는 아무 말도 할 수 없었다.

【注記】

○ **飢來喫飯, 困來卽眠**(기래끽반, 곤래즉면) : 혜능과 신회에 의하여 집대성된 달마선은 마조에 이르러 새로운 전개를 보이게 되는데 이 말이 그러한 일면을 대변해 준다. 즉 도는 일상생활의 행위 가운데 있다는 것이다. 남악나찬화상의 『樂道歌』에 이 구가 있다. "나는 하늘에 태어나는 것을 좋아하지 않고, 또 복전을 좋아하지도 않는다. 배고픔이 찾아오면 밥을 먹고, 피곤하면 잠을 잔다. 어리석은 사람은 나를 비웃지만 智[者]는 그것을 안다(我不樂生天, 亦不愛福田. 饑來喫飯, 困來卽眠. 愚人笑我, 智乃知焉.)." →『대정장』권51, p.461중)

○ **須索**(수색) : 「주문하다」의 뜻이다. 명사로 사용하는 경우도 있다.

9. 온광대사와의 문답

有韞光大德, 問, 禪師自知生處否.

師曰, 未曾死, 何用論生. 知生卽是無生法, 無離生法說有無生. 祖師云, 當生卽不生.

曰, 不見性人, 亦得如此否.

師曰, 自不見性, 不是無性. 何以故. 見卽是性, 無性不能見. 識卽是性, 故名識性. 了卽是性, 喚作了性. 能生萬法, 喚作法性, 亦名法身. 馬鳴祖師云, 所言法者, 謂衆生心. 心生故, 一切法生. 若心無生, 法無從生, 亦無名字. 迷人不知法身無象, 應物現形, 遂喚青青翠竹總是 法身, 鬱鬱黃華無非般若. 黃華若是般若, 般若卽同無情, 翠竹若是法身, 法身卽同草木. 如人喫筍, 應總喫法身也. 如此之言, 寧堪齒錄. 對面迷佛, 長劫希求. 全體法中, 迷而外覓. 是以解道者, 行住坐臥, 無非是道. 悟法者, 縱橫自在, 無非是法.

大德又問, 太虛能生靈智否. 眞心緣於善惡否. 貪欲人是道否. 執是執非人向後心通否. 觸境生心人有定否. 住於寂寞人有慧否. 懷於傲物人有我否. 執空執有人有智否. 尋文取證人, 苦行求佛人, 離心求佛人, 執心是佛人, 此皆稱道否. 請禪師一一開示.

師曰, 太虛不生靈智, 眞心不緣善惡. 嗜欲深者機淺. 是非交爭者未通. 觸境生心者少定. 寂寞忘機者慧沈. 傲物高心者我壯. 執空執有者皆愚. 尋文取證者益滯. 苦行求佛者俱迷. 離心求佛者外道. 執心是佛者爲魔.

大德曰, 若如是, 應畢竟無所有.

師曰, 畢竟是大德, 不是畢竟無所有.

大德踊躍, 禮謝而去.

【번역】

온광대덕이 물었다.

"선사께서는 자신이 내생에 태어날 곳을 알고 계십니까?"

선사가 대답했다.

"아직 죽지도 않았는데 어찌 태어날 일을 의론할 필요가 있겠습니까? 생이라고 하는 것이 곧 생이 아니라고 하는 것인 줄을 알면 생이라고 하는 것을 떠나서 무생이 있다고 할 필요가 없습니다. 조사께서는 「실제로 생하고 있으면서도 불생이다」고 말했습니다."

이르기를, "견성하지 못한 사람도 그와 같이 됩니까?"

선사가 대답했다.

"자신의 본성을 깨닫지 못했을 뿐 본성이 없는 것은 아닙니다. 왜냐하면 본다고 하는 것, 그것이 바로 본성이고, 본성이 없으면 볼 수 없기 때문입니다. 인식하는 것이 바로 본성입니다. 그렇기 때문에 <識性>이라 하는 것입니다. 똑똑히 아는 것이 본성입니다. 그렇기 때문에 <了性>이라고 하는 것입니다. 모든 법(존재)을 생기게 하는 것을 <법성>이라 하고, 또 <법신>이라고도 합니다. 마명조사께서 말씀하시기를, 「이른바 법이라는 것은 중생의 마음인 것이다. 마음이 생기하기 때문에 모든 법이 생긴다. 만약 마음이 생기하지 않으면 법도 생기지 않으며, 그들의 이름도 없다」고 했습니다. 미혹한 사람은 법신이 형상이 없지만 사물에 응하여 형상을 나타내는 것인 줄을 모르기 때문에 「푸르고 푸른 녹색의 대나무는 모두 법신의 모습이고, 울창한 황화는 모두 반야 아닌 것이 없다」고 하는 것입니다. 황화가 만약 반야라면 반야는 곧 무정물과 같은 것이고, 푸른 대나무가 만약 법신이라면 법신은 곧 초목과 같은 것입니다. 그렇다면 사람이 죽순을 먹을 때 모두 법신을 먹는 것이 됩니다. 이러한 말이야 들어 둘 필요가 있겠습니까? 부처를 마주 대하고 있으면서도 부처를 몰라보고 영겁토록 부처를 추구하고, 전체가 불법의 가운데 있으면서 미혹하여 밖에서 부처를 구하고 있습니다. 그러므로 도를 안 사람은 다니거나 머무르거나 앉거나 눕거나 모두 도가 아닌 것이 없습니다. 불법을 깨달은 이는 이리저리 자유로워 모든 것이 불법 아닌 것이 없는 것입니다."

대덕이 또 물었다.

"허공이 불가사의한 지혜를 생기게 할 수 있습니까? 진실한 마음이 선과 악에 관계하는 것입니까? 탐욕을 부리는 사람도 도에 들어맞습니까? 옳고 그름에 집착하는 사람도 장래에 마음이 열립니까? 대상에 접촉하여 마음을 일으키는 사람에게 선정이 있습니까? 적막에 머무르는 사람에게 지혜가 있습니까? 오만심을 품은 사람에게 아집이 있습니까? 공에 집착하고, 유에 집착하는 사람에게 지혜가 있습니까? 말을 찾아 증거를 얻으려고 하는 사람, 고행하여 부처를 구하고자 하는 사람, 마음을 떠나서 부처를 구하는 사람, <마음이 바로 부처이다>라고 하는 것에 집착하는 사람, 이러한 사람들은 불도에 적합합니까? 부디 선사께서 하나하나 설시해 주십시오."

선사가 대답했다.

"허공은 불가사의한 지혜를 생기게 하지 않습니다. 진실한 마음은 선과 악에 관계하지 않습니다. 탐욕이 깊은 사람은 불도로 향하는 근기가 얕습니다. 옳고 그름을 다투는 사람은 마음이 열리지 않습니다. 대상에 접촉하여 마음을 일으키는 사람은 선정이 없습니다. 적막할 정도로 고요함에 빠져 마음의 작용조차도 망각한 사람은 지혜가 숨어버립니다. 남에게 오만하여 도도한 사람은 아집이 맹렬합니다. 공에 집착하고 유에 집착하는 사람은 모두 어리석은 자입니다. 글을 찾아 증거를 얻으려고 한다면 더욱더 막혀버립니다. 고행하여 부처를 구하고자 하는 사람은 모두 부처를 보지 못합니다. 마음을 떠나서 부처를 찾는 사람은 외도입니다. <마음이 부처이다>라고 하는 것에 집착하는 사람은 마귀가 됩니다."

대덕이 말했다.

"만약 그렇다면 究極에는 아무것도 소유할 것이 없겠습니다."

선사가 대답했다.

"구극에는 대덕뿐입니다. 그러나 구극에 전혀 소유할 것이 없는 것은 아닙니다."

대덕이 뛸 듯이 기뻐하며 절을 하고 물러갔다.

【注記】

○ **當生卽不生(당생즉불생)** : 『경덕전등록』 권6, 마조선사의 게(『대정장』 권51, p.246상)에 "마음자리에서 때에 따라 설하니 보리 또한 이와 같다. 事와 理에 모두 걸림이 없으면 생이 곧 불생이다(心地隨時說, 菩提亦只寧. 事理俱無礙, 當生卽不生.)" 라고 하는 구는 선종 제18조 伽耶舍多尊者의 전법게의 최후의 구에 「當生生不生」<생에 당하여 생은 불생이다>(『대정장』 권51, p.212하)으로부터 인용한 것이다.

○ **見卽是性(견즉시성)** : 『제방문인참문어록』 제32단 참조

○ **所言法者(소언법자)…** : 이 문구는 『대승기신론』과 자구가 같지는 않지만 같은 趣意이다(암파문고본, p.30~32 참조).

○ **心生故(심생고)** : 원본에는 「心」자 위에 「若」자가 더 있지만 衍字라고 판단하여 校刪했다.

○ **靑靑翠竹總是法身, 鬱鬱黃華無非般若(청청취죽총시법신,

울울황화무비반야) : 『조당집』 권15의 '歸宗和尙章'에는 僧肇의 말이라 하고 있고, 『祖庭事苑』 권5에는 竺道生과 관계를 짓고 있다. 신회의 『남양화상문답잡징의』 제35단, 「袁禪師問佛法不遍一切無情」에 다음과 같은 말이 있다. 질문하기를, "선배 대덕이 모두 말하기를, 「푸르고 푸른 翠竹이 다 법신이며, 울창하게 우거진 黃花가 반야가 아님이 없다」고 했습니다. 그런데 지금 선사는 무슨 이유로 불성이 오직 일체의 유정에게만 있고, 일체의 무정에는 없다고 하십니까?" 대답하기를, "어찌 푸르고 푸른 취죽이 여래의 공덕법신과 같다고 할 수 있겠습니까? 어찌 울창하게 우거진 황화가 반야의 지혜와 같다고 할 수 있겠습니까? 만약 푸른 대나무와 노란 꽃이 법신반야와 같다면 여래께서 어느 경중에 청죽과 황화에게 菩提記를 설하였습니까? 만약 이 청죽과 황화가 법신반야와 같다고 한다면 이는 외도의 설입니다. 왜냐하면 『열반경』에 「불성이 없는 것은 이른바 無情物이라」고 자세하게 밝혀 놓았기 때문입니다(問曰, 先輩大德皆言道, 靑靑翠竹盡是法身, 鬱鬱黃花無非般若. 今禪師何故言道佛性獨遍一切有情, 不遍一切無情? 答曰, 豈將靑靑翠竹, 同於功德法身? 豈將鬱鬱黃花, 等般若之智? 若靑竹黃花同於法身般若者, 如來於何經中, 說與靑竹黃花授菩提記? 若是將靑竹黃花, 同於法身般若者, 此卽外道說也. 何以故. 涅槃經云, 具有明文. 無佛性者, 所謂無情物是也.).

○ **太虛(태허)** : 虛空深玄의 이치, 深遠幽玄한 이법, 즉 도가의 도를 말한다. 원래 태허는 허공이란 뜻이다.

○ **定(정)** : 『돈오입도요문론』 제20단 참조

○ **慧(혜)** : 여기서는 慧와 智를 별도로 취급하고 있지만 내용으로

부터 추찰해 보면 같은 의미로 사용되고 있다. 반야의 지혜를 가리킨다.

○ **有**(유) : 사물의 존재 모두를 말한다.

○ **機**(기) : 부처님의 교법을 이어받아 그 교화를 입을 수 있는 소질과 능력, 또 연을 만나면 발동할 가능성을 소유한 것을 의미한다.

○ **畢竟無所有**(필경무소유) : 이 말은 畢竟淨이나 畢竟空과 같은 뜻이다.

○ **不是畢竟無所有**(불시필경무소유) : 이 말은 선이 허무가 아님을 말하고 있는 것이다. 『돈요입도요문론』제6단 · 제16단 · 제25단 · 제41단을 보라.

10. 無事人

師上堂曰, 諸人幸自好箇無事人, 苦死造作, 要擔枷落獄作麽. 每日至夜奔波, 道我參禪學道, 解會佛法. 如此轉無交涉也. 只是逐聲色走, 有何歇時. 貧道聞江西和尙道, 汝自家寶藏, 一切具足, 使用自在, 不假外求. 我從此一時休去, 自己財寶, 隨身受用. 可謂快活. 無一法可取, 無一法可捨, 不見一法生滅相, 不見一法去來相, 遍十方界, 無一微塵許不是自家財寶. 但自子細觀察自心. 一體三寶, 常自現前, 無可疑慮. 莫尋思, 莫求覓. 心性本來淸淨. 故華嚴經云, 一切法不生, 一切法不滅. 若能如是解, 諸佛常現前. 又, 淨名經云, 觀身實相, 觀佛亦然. 若不隨聲色動念, 不逐相貌生解, 自然無事去. 莫久立, 珍重.

【번역】

선사께서 상당하여 말씀하셨다.

"여러분들은 다행히 본래부터 온화하고 선량한 자기의 소유자인데 일생동안 목숨을 걸고 업을 지어 그 결과 자기에게 형틀을 채워 지옥에 떨어지는 것은 도대체 어떻게 된 일입니까?

매일 아침부터 저녁 늦게까지 분주하게 자기는 참선을 하고 도를 배우고 있다든가 불법을 알고 있다는 등의 말을 하고 있습니다. 이렇게 하면 할수록 더욱더 불법과는 관계가 없게 되어 버립니다. 오로지 빛과 소리(현상의 세계)를 쫓아 이리저리 분주히 돌아다닐 뿐이니 언제 쉴 기회가 있겠습니까? 빈도는 강서화상으로부터 「그대들 자신에게 있는 보배의 곳집에는 일체의 모든 것이 갖추어져 있어서 마음대로 사용할 수 있는 것이다. 그러니 밖에서 추구할 필요가 없다」라고 하신 말씀을 들었습니다. 나는 그 때부터 일시에 모든 것을 다 놓아버리고 편안하게 자기의 재보를 자기의 몸에 응하여 마음대로 사용할 수 있게 되었습니다. 그래서 매우 유쾌했습니다. 어느 한 법도 취할 수 있는 것이 없고, 어느 한 법도 버릴 수 있는 것이 없습니다. 어느 한 법이 생멸하는 형상도 볼 수 없고, 어느 한 법이 오기도 하고 가기도 하는 형상도 볼 수 없습니다. 이 시방세계에 한 티끌만큼도 자기의 재보 아닌 것이 없습니다. 단지 자기의 마음을 면밀히 관찰하기만 하라. 그러면 일체삼보가 항상 자기의 눈앞에 나타나 있어서 조금도 의심할 필요가 없습니다. 또 思念하지도 마십시오. 그리고 또 찾아 추구하지도 마십시오. 왜냐하면 마음의 본성은 본래 청정하기 때문입니다. 『화엄경』에 말씀하시기를, 「일체의 법(존재)은 나지도 않고, 일체의 법은 멸하지도 않는다」고 합니다. 만약 이와 같이 이해했다면 여러 부처들이 항상 눈앞에 나타날 것입니다. 또 『정명경』에 말씀하시기를, 「자기 자신의 있는 그대로의 진실한 모양을 관찰하라. 부처에 대해서도 그와 같이 관찰하라」고 말하고 있습니다. 만약 빛과 소리(현상계)에 끄달려 생각을 일으키지 않고 형상과 모양을 좇아 관념을 일으키지 않는다면 자연히 편안하게 될 것입니다. 오래 동안 서 있을 것 없습니다. 지금까지 안녕."

【注記】

○ **上堂(상당)** : 선종에서 장노나 주지가 법당에 올라가 법을 설하고 문답을 행하는 것. 옛날에는 수시로 행해졌지만 나중에는 정기적으로 행해진 적도 있었다.

○ **一體三寶(일체삼보)** : 同體三寶, 同相三寶라고도 한다. 의미상으로부터 불보, 법보, 승보의 세 가지로 구별되지만 그 본질은 일체인 것을 말한다. 예를 들면 부처는 깨달은 자라고 하는 점으로부터 불보이지만 부처의 덕은 軌範이라할만하기 때문에 또 법보라고 이름하는 것이며, 그리고 부처에게는 다툼이 전혀 없어서 화합의 상태로 있기 때문에 또 승보라고 이름하는 것이다. 따라서 동일한 부처에게 삼보가 구비되어 있다고 본다. 다음의 제11단 참조

○ **華嚴經云(화엄경운)** : 『화엄경』 권16(『대정장』 권10, p.81하)에 "제법을 관찰함해 보면 자성은 소유할 것이 없다. 그 생멸의 모양 따위는 단지 가명일 뿐이다. 일체의 법은 생함도 없고, 일체의 법은 멸함도 없다(觀察於諸法, 自性無所有. 如其生滅相, 但是假名說. 一切法無生, 一切法無滅.)."

○ **淨名經云(정명경운)** : 『유마경』 '見阿閦佛品'(『대정장』 권14, p.554하)에 나오는 말이다. 라집역 『유마경』 '入不二法門品'(『대정장』 권14, p.551중)에 「見身實相」이란 말도 있다.

11. 一體三寶

此日大衆普集，久而不散.

師曰，諸人何故在此不去．貧道已對面相呈．還[不]肯休麽．有何事可疑．莫錯用心，枉費氣力．若有疑情，一任諸人恣意早問.

時有僧法淵，問曰，云何是佛，云何是法，云何是僧，云何是一體三寶，願師垂示.

師曰，心是佛，不用將佛求佛．心是法，不用將法求法．佛法無二，和合爲僧．卽是一體三寶．經云，心佛與衆生，是三無差別．身口意淸淨，名爲佛出世，三業不淸淨，名爲佛滅度．喩如瞋時無喜，喜時無瞋．唯是一心，實無二體．本智法爾，無漏現前．如蛇化爲龍，不改其鱗．衆生迴心作佛，不改其面．性本淸淨，不待修成．有證有修，卽同增上慢者．眞空無滯，應有無窮，無始無終．利根頓悟，用無等等，卽是阿耨菩提．心無形相，卽是微妙色身．無相卽是實相法身．性相體空，卽是虛空無邊身. 萬行莊嚴, 卽是功德法身. 此法身者, 乃是萬化之本, 隨處立名. 智用無盡, 名無盡藏. 能生萬法, 名本法藏, 具一切智, 是智慧藏. 萬法歸如, 名如來藏. 經云, 如來者卽諸法如義. 世間一切生滅法, 無有一法不歸如也.

【번역】

이 날 산내의 대중이 모두 모인 채 오래 동안 해산하지 않았다. 그래서 선사가 말했다.

"여러분은 왜 여기를 떠나지 않고 그대로 있는 것입니까? 빈도는 이미 여러분들의 면전에서 제시하여 보여주었습니다. 그래도 아직 납득되지 않습니까? 무언가 의심스러운 것이라도 있는 것입니까? 마음을 그릇되게 사용하지 마십시오. 쓸데없이 기력만 허비할 뿐입니다. 만약 의문이 있다면 여러분은 사양하지 말고 마음대로 물어도 좋습니다."

이 때 법연이라는 스님이 여쭈었다.

"부처란 무엇입니까? 법이란 무엇입니까? 스님이란 무엇입니까? 일체삼보란 무엇입니까? 부디 설시해 주십시오."

선사가 대답했다.

"마음이 부처입니다. 그러므로 부처를 가지고 부처를 구해서는 안 됩니다. 마음이 법입니다. 그러므로 법을 가지고 법을 구해서는 안 됩니다. 부처와 법이 둘이 아니어서 화합한 것이 승가입니다. 이것이 일체삼보라고 하는 것입니다. 경에 「마음과 부처와 중생, 이 세 가지는 차별이 없다」고 말씀하고 계십니다. 몸으로 행동하는 것, 입으로 말하는 것, 마음으로 생각하는 것이 청정한 것을 부처가 세상에 나오셨다고 하며, 신·구·의 삼업이 청정하지 않는 것을 부처가 멸도했다고 합니다. 비유하자면 마치 성이 났을 때 기쁜 마음이 없고, 기쁠 때 성내는 마음이 없는 것처럼 단지 하나의 마음만 존재할 뿐이며, 두 가지의 본체가 있는 것은 결코 아닙니다. 본래의 지혜(부처의 지견)가 있는 그대로 실상의 이법으로서 나타나는 것입니다. 마치 뱀이 변화하여 용이 되더라도 그 비늘은 원래 그대로 인 것과 같이 중생이 마음을 바꾸어 부처가 될지라도 그 얼굴을 바꾸지 않습니다. 그 본성은 본래 청정하여 수행을 할 필요가 없습니다. 증득할 것이 있고 수행할 것이 있다고 한다면 증상만인(잘난 체 하는 사람)과 같습니다. 진실한 반야의 공에는 막히는 것이 없으며, 그 사물에 응하는 작용은 무궁하여 시작도 없고, 끝도 없습니다. 영리한 자질을 가진 사람이 돈오하면 그 작용은 비길 데가 없습니다. 이것이 바로 위없이 바르고 평등한 깨달음입니다. 마음은 형상이 없는 것, 이것이 미묘하여 알기 어려운 색신입니다. 無相하다고 하는 것, 그것이 바로 있는 그대로의 진실한 모양의 법신입니다. 마음의 본성도 형상도 그 실질은 공하다고 하는 것, 이것이 바로 허공에 편만한 법신입니다. 모든 행으로 아름답게 장엄한 것, 이것이 많은 행의 공덕을 쌓아 태어난 법신입니다. 이와 같은 법신은 모든 교화의 근본이며, 그 때 그 때에 따라서 이름을 짓습니다. 예를 들면 그 지혜의 작용이 다하지 않는 점에서 <무진장>이라 하고, 능히 만 가지 법을 생기게 하는 점에서 <本法藏>이라 하며, 일체의 지혜를 갖추고 있는 점에서 <지혜장>이라 하고, 만법이 있는 그대로의 제자리로 되돌아가는 점에서 <여래장>이라 합니다. 경에 「여래라고 하는 것은 모든 존재가 있는 그대로 존재하는 것이다」고 말씀하고 있습니다. 세간에 일체의 생멸하는 법(존재)은 하나로서 있는 그대로의 본래 자리로 돌아가지 않는 것이 없습니다."

【注記】

○ **還〔不〕肯休麽(환〔불〕긍휴마)** : 원본에는 「不」자가 없다. 탈자라고 보여 補校한다.

○ **枉費氣力(枉費氣力)** : 여기의 「枉」은 속어로 「쓸데없이 · 헛되이 · 허무하게」의 뜻이다. 「무리하게라도 · 억지로」라고 읽으면 안 된다.

○ **經云, 心佛與衆生, 是三無差別(경운, 심불여중생, 시삼무차별)** : 『화엄경』(『대정장』 권9, p.465하)에 이르기를, "마음은 마치 화가와 같아서 여러 가지 오음을 그린다. 일체의 세계 가운데 법으로써 만들어지지 않은 것이 없다. 마음과 부처도 또한 이와 같으며, 부처와 중생도 또한 이와 같다. 마음과 부처와 중생의 이 세 가지는 차별이 없다. 제불은 모두 일체가 마음으로부터 전변된 것인 줄 안다. 만약 능히 이와 같이 이해한다면 그 사람은 진불을 본다(心如工畵師, 畵種種五陰. 一切世界中, 無法而不造. 如心佛亦爾, 如佛衆生然. 心佛及衆生, 是三無差別. 諸佛悉了知, 一切從心轉. 若能如是解, 彼人見眞佛.)"

고 한다.

○ **出世(출세)** : 부처가 세간에 나와 중생을 교화하는 것.

○ **蛇化爲龍(사화위룡)…** : 『史記』'外戚世家'에 "뱀이 변하여 용이 되더라도 그 무늬를 바꾸지 않고, 집(가정)이 변하여 나라가 되더라도 그 姓을 바꾸지 않는다"는 말이 있다.

○ **心無形相(심무형상)…** : 「無盡藏」까지 『종경록』(『대정장』 권48, p.946중)에 인용되어 있다.

○ **實相法身(실상법신)** : 『돈오입도요문론』 제14단과 『제방문인참문어록』 제29단을 참조하라.

○ **萬法歸如(만법귀여)** : 우두법융의 『心銘』(『대정장』 권51, p.457하)에 이르기를, "번뇌는 본래 없기 때문에 제거하려고 해서는 안 된다. 영지는 스스로 비추기 때문에 만법은 여로 돌아간다. 그러나 돌아가는 것도 없고 받아들이는 것도 없어서 觀을 끊고 守를 잊는다(煩惱本無不須用除. 靈知自照萬法歸如. 無歸無受絶觀忘守.)"고 하는 말이 보인다.

○ **如來藏(여래장)** : 여기서의 여래장은 전통적인 불교에서 말하는 여래자의 개념이 아니라 대주의 독자적인 용법이다. 무진장·본법장·지혜장과 이어진 곳에 語呂로서 합쳐져 더해진 것 같은 느낌이 든다. 더구나 이 단 전체가 말하고 있지 않는 것을 「만법의 如에 돌아가는 것을 여래장이라 이름한다」로써 마무리 지은 것 같기도 하다. 전통적인 여래장의 해석도 여러 가지가 있지만 그것의 일반적인 의미는 여래장이라는 것은 모든 중생의 번뇌 가운데 감싸여 숨겨져 있는 본래 청정한 여래법신이다. 다시 말해서 번뇌 중에 있으면서도 번뇌에 오염되지 않고 절대 청정한 채로 영원히 불변함을 유지하는 본성을 말한

다.

○ **經云, 如來者卽諸法如義**(경운, 여래자즉제법여의) : 『금강경』의 말이다(암파문고본, p.94).

○ **諸法如義**(제법여의) : 원본에는 아래에 「又云」의 2자가 있지만 『조당집』에 의거하여 삭제했다.

12. 율사 · 법사 · 선사의 비교 및 儒 · 道 · 佛의 동이

有客, 問云, 弟子未知, 律師法師禪師, 何者最勝. 願和尙慈悲指示.

師曰, 夫律師者, 啓毘尼之法藏, 傳壽命之遺風, 洞持犯而達開遮, 秉威儀而行軌範, 牒三番羯磨, 作四果初因. 若非宿德白眉, 焉敢造次. 夫法師者, 踞師子之座, 瀉懸河之辯, 對稠人廣衆, 啓鑿玄關, 開般若妙門, 等三輪空施. 若非龍象蹴蹋, 安敢當斯. 夫禪師者, 撮其樞要, 直了心源, 出沒卷舒, 縱橫應物, 咸均事理, 頓見如來. 拔生死深根, 獲現前三昧. 若不安禪靜慮, 到這裏總須茫然. 隨機授法, 三學雖殊, 得意忘言. 一乘何異. 故經云, 十方佛土中, 唯有一乘法, 無二亦無三, 除佛方便說. 但以假名字, 引導於衆生.

客曰, 和尙深達佛旨, 得無礙辯.

又問, 儒道釋三教, 爲同爲異.

師曰, 大量者用之卽同, 小機者執之卽異. 總從一性上起用, 機見差別成三. 迷悟由人, 不在敎之異同.

【번역】

어떤 속인 나그네가 여쭈었다.

"저는 아직까지 율사·법사·선사 가운데 어느 분이 가장 수승한지 잘 모르겠습니다. 그러니 부디 화상께서 자비로 가리켜 주십시오."

선사가 대답했다.

"율사라는 것은 율장의 서적들을 통하여 석존이 일생동안 남겨놓은 유풍을 전하고, 계율을 보전하는 것과 범하는 것의 구별을 명확하게 하며, 열고 닫는 것을 확실히 궁구하고, 규율에 필적하는 기거동작을 하며, 법식과 규범을 행하고, 세 차례의 갈마를 되풀이하며, 네 가지 깨달음의 계기를 짓는 것 입니다. 이와 같은 것은 훌륭한 덕을 갖춘 사람이나 뛰어나게 훌륭한 사람이 아니면 어떻게 감히 쉽게 할 수 있겠습니까? 법사라는 것은 사자좌에 앉아서 滔滔한 辯舌을 휘두르고, 많은 사람들에게 현묘한 도에 들어가는 문을 열어 주며, 반야의 영묘한 지혜를 작용케 하고, 보시하는 자와 施物과 받는 사람 등 삼륜이 모두 청정한 것을 말합니다. 학덕이 뛰어난 사람이 아니면 어떻게 감히 이와 같은 일을 할 수 있겠습니까? 선사라는 것은 근본을 포착하여 곧 바로 마음의 근원을 깨달아 나가기도 하고 들어오기도 하며, 나아가기도 하고 물러나기도 하며, 이리저리 자유롭게 사물에 응하여 차별계의 현상과 균등한 본체와를 통일적으로 파악하며, 단번에 여래를 통견하며, 생사의 깊은 근원을 제거하며, 목전에 삼매를 이룰 수 있습니다. 만약 좌선하여 깊은 선정에 들어가지 않으면 이러한 경지에 대해서는 망연자실할 수밖에 없습니다. 사람을 보고 그 근기에 따라 법을 일러 주는 방식으로서는 율사와 법사 그리고 선사는 각각 다른 입장이 있지만 그 원근을 이해하면 그 말은 사라져 버립니다. 근본적인 일승의 입장에서는 三者에 무슨 차이가 있겠습니까? 그러므로 경에도 「시방의 불국토 안에는 오직 일승의 법만 있을 뿐 이승과 삼승은 존재하지 않는다. 부처님이 방편으로써 설한 경우는 제외한다. 다만 임시로 말과 문자에 의하여 중생을 인도할 뿐이다」고 말하고 있습니다."

나그네가 말했다.

"화상께서는 깊은 불법의 奧義를 통달하여 걸림 없는 변재를 갖추고 계십니다."

그리고 또 물었다.

"유교와 도교 그리고 불교, 이 세 가지는 같습니까, 다릅니까?"

대사가 대답했다.

"기량이 훌륭한 자가 이것을 사용하면 같고, 기근이 작은 사람이 이것에 집착하면 다릅니다. 모두 하나의 본질상에서 작용이 나온 것이며, 각각의 근기에 의하여 차별을 하면 셋이 될 뿐입니다. 미혹함과 깨달음은 사람에 의한 것이며, 교법의 같고 다름에 의한 것이 아닙니다."

【注記】

○ **毘尼之法藏(비니지법장)** : 비니는 범어 vinaya를 음사한 것이다. 여러 가지 허물이나 악을 制伏除滅하는 것을 의미하며, 부처님이 制定한 것에 대하여 출가자가 지켜야 하는 생활규범금계를 가리킨다. 비니의 법장이라는 것은 경·율·론의 3장 가운데 율장으로 교단의 규칙을 설한 전적을 말한다.

○ **壽命(수명)** : 여기서는 석존의 강탄부터 열반까지의 한 생애를 가리킨다.

○ **開遮(개차)** : 예를 들면 목숨이 위험할 때는 계율을 지키지 않아도 좋다(開). 살해당하더라도 계율은 지키지 않으면 안 된다(遮)고 하는 의미이다.

○ **牒三番羯磨(첩삼번갈마)** : 갈마는 범어 karma의 음사이다. 業, 小作, 事, 辨事 등으로 한역된다. 업의 뜻으로 사용되는 경우도 있지만 통상적으로 수계, 참회, 結界 등 계율에 관하는 행사를 행하는 경우에 意志를 신체의 동작이나 언어상으로 나타내어 그것에 의하여 선을 생기게 하고, 악을 제멸하는 것을 서약하는 作法을 의미한다. 「三番」은 확실하게 알 수 없지만 『조당집』에는 「三翻」이라고 있다. 아마 계를 주는 경우 戒師가 우선 한 번 告知하고, 그것에 대하여 다시 세 번 가부를 묻는 「三能」을 말하는 것일 것이다. 「牒」은 「疊」과 통용되며, 「포개다, 겹치다」의 뜻이다.

○ **四果(사과)** : 성문승(소승)의 聖道로부터 얻은 결과의 차별을 가리키는 말이다. 즉, 수다원과, 사다함과, 아나함과, 아라한과이다. 다시 말해서 소승의 여러 가지 깨달음의 경지를 말한다.

○ **獅子之座**(사자지좌) : 경외로울 정도로 위대함을 사자에 비유한다. 부처님의 좌석을 사자좌라고 한다.

○ **玄關**(현관) : 奧深하고 수승한 도에 나아가는 관문.

○ **三輪空施**(삼륜공시) : 보시를 행할 때 施者(能施)와 受者(所施)와 시물의 세 가지에 집착하지 않는 것. 삼륜청정이라고도 한다.

○ **龍象蹴蹋**(용상축답) : 고덕으로 학식이 있는 훌륭한 스님을 용상이라고 한다. 「蹴蹋」은 「蹴踏」과 같으며, 「짓밟다, 밟고 걷다」의 의미이다. 용이나 코끼리가 밟고 지나간다는 뜻으로 여기서는 훌륭한 스님의 행동을 말한다.

○ **心源**(심원) : 마음이 만물의 근원이라는 것으로부터 심원이라 한다.

○ **一乘**(일승) : 부처님의 진실한 가르침은 유일하다고 하는 입장으로부터 삼승(성문·연각·보살)에 대하여 대승의 가르침을 말한다. 뒤에 인용되고 있는 『법화경』'방편품'(『대정장』권9, p.8상)에 근거를 두고 있다.

○ **經云**(경운) : 『법화경』'방편품'(암파문고본 상권, p.106).

13. 유식가의 도광좌주와의 문답

講唯識道光座主問曰, 禪師用何心修道.

師曰, 老僧無心可用, 無道可修.

曰, 旣無心可用, 無道可修, 云何每日聚衆, 勸人學禪修道.

師曰, 老僧尙無卓錐之地, 什麽處聚衆來. 老僧無舌, 何曾勸人來.

曰, 禪師對面妄語.

師曰, 老僧尙無舌勸人, 焉解妄語.

曰, 某甲卻不會禪師語論也.

師曰, 老僧自亦不會.

【번역】

유식을 강의하는 도광좌주라는 강사가 물었다.

"선사께서는 어떻게 마음을 부려서 불도를 수행하고 계십니까?"

선사가 대답했다.

"노승(대주)은 부릴 마음도 없고, 수행할 도도 없습니다."

이르기를, "이미 부릴 마음도 없고, 수행할 도도 없다고 한다면 어떻게 날마다 많은 대중들을 모아놓고 선을 배우고 도를 닦으라고 권하십니까?"

선사가 이르기를, "노승에게는 송곳을 세울 땅조차도 없는데 도대체 어디에 많은 대중을 모았다고 하며, 노승에게는 혀도 없거늘 무엇을 사람들에게 권했다고 하십니까?"

이르기를, "선사께서는 얼굴을 마주보면서 거짓말을 하고 계십니다."

선사가 이르기를, "노승은 사람들에게 권장할 혀조차도 없는데 어떻게 거짓말을 할 수 있다는 말씀이십니까?"

이르기를, "저는 선사의 말씀을 잘 이해하지 못하겠습니다."

선사가 대답하기를, "나도 이해할 수 없습니다."

【注記】

○ **唯識**(유식) : 법상종의 근본교의, 만법유식을 법문으로 한다.

○ **無卓錐之地**(무탁추지지) : 『돈오입도요문론』 제4단, 제12단에 보이는 「無住處」「無住心」의 입장을 의미하고 있다. 참고로 『경덕전등록』 권11, '앙산혜적장'(『대정장』 권51, p.283중)과 『오등회원』 권9, '향엄지한선사장'에 "작년 가난은 송곳 세울 땅이 없었으나 금년 가난은 송곳조차 없다"고 하는 말이 보인다.

○ **老僧無舌**(노승무설) : 「無舌」은 무엇을 말할 수 없다. 즉 언어를 초월해 있다는 뜻이다. 『南泉語要』에 "법신은 진실한가, 진

실하지 않는가? 노승은 혀가 없어(老僧無舌) 말을 할 수 없다"고 하는 말이 있다.

○ **焉解妄語(언해망어)** : 여기의 「解」는 「能」의 의미이다. 『전심법요』 제9단에 「汝自是不解語」(무엇을 말할 수 있다, 말을 할 수 있다)도 같은 용법이다.

14. 화엄가의 지좌주와의 문답

講華嚴志座主問, 何故不許青青翠竹盡是法身, 鬱鬱黃華無非般若.

師曰, 法身無象, 應翠竹以成形. 般若無知, 對黃華而顯相. 非彼黃華翠竹而有般若法身也. 故經云, 佛眞法身, 猶若虛空, 應物現形, 如水中月. 黃華若是般若, 般若卽同無情. 翠竹若是法身, 翠竹還能應用. 座主會麽.

曰, 不了此意.

師曰, 若見性人, 道是亦得, 道不是亦得. 隨用而說, 不滯是非. 若不見性人, 說翠竹著翠竹, 說黃華著黃華. 說法身滯法身, 說般若不識般若. 所以皆成諍論.

志禮謝而去.

【번역】

화엄을 강의하는 지좌주라는 사람이 물었다.

"선사께서는 왜 「푸르고 푸른 취죽이 모두 법신이고, 울창한 황화가 반야 아닌 것이 없다」고 하는 말을 인정하지 않는 것입니까?"

선사가 대답했다.

"법신은 형상이 없지만 푸른 대나무에 응하여 형상을 나타내고 있는 것입니다. 반야는 앎이 없지만 황색의 꽃에 응하여 그 法相을 명확하게 드러내는 것입니다. 그 황색의 꽃이나 푸른 대나무가 그대로 반야나 법신을 갖추고 있는 것은 아닙니다. 그러므로 경에도 「부처의 진실한 법신은 마치 허공과 같으며, 사물에 응하여 형상을 나타내는 것이 마치 물에 달이 투영하는 것과 같다」고 말하고 있습니다. 황색의 꽃이 만약 반야라면 반야는 무정물과 같은 것이고, 녹색의 푸른 대나무가 만약 법신이라면 푸른 대나무는 사물에 응하여 작용을 할 수 있어야 합니다. 좌주여, 알겠습니까?"

이르기를, "그 의미를 확실히 모르겠습니다."

선사가 말했다.

"만약 본성을 본 사람이라면 <무엇이다>라고 말해도 좋고, <무엇이 아니다>라고 말해도 좋습니다. 그 때에 응하여 말해주어도 괜찮지만 그 당사자는 <이다> <아니다>에 사로잡히지 않는다. 그러나 본성을 보지 못한 사람은 푸른 대나무라고 말하면 푸른 대나무에 집착하고, 황색의 꽃이라고 말하면 황색의 꽃에 집착하며, 법신이라고 말하면 법신에 집착하고, 반야라고 말해도 반야를 알지 못합니다. 그러므로 무엇을 말해도 언쟁이 될 뿐입니다."

지강사가 감사를 표하고 물러갔다.

【注記】

○ 이 단의 내용은 『제방문인참문어록』의 제9단과 공통하는 부분이 많다.

○ **經云(경운)** : 『金光明經』(『대정장』 권16, p.344중)에 보이는 말이다.

15. 견성과 돈오의 道가 최상승이다

人問, 將心修行, 幾時得解脫.

師曰, 將心修行, 喩如滑泥洗垢. 般若玄妙, 本自無生. 大用現前, 不論時節.

曰, 凡夫亦得如此否.

師曰, 見性者卽非凡夫, 頓悟上乘, 超凡越聖. 迷人論凡論聖, 悟人超越生死涅槃. 迷人說事說理, 悟人大用無方. 迷人求得求證, 悟人無得無求. 迷人期遠劫證, 悟人頓見.

【번역】

어떤 사람이 물었다.

"마음을 가지고 수행하면 언제 해탈할 수 있습니까?"

선사가 대답했다.

"마음을 가지고 수행하는 것은 비유하자면 마치 더러운 진흙으로 얼룩을 씻는 것과 같은 것 입니다. 반야는 현묘하여 본래부터 나지 않지만 그 큰 작용이 현현할 때 그것은 이미 시간을 초월한 것 입니다."

묻기를, "범부라도 그와 같이 될 수 있습니까?"

선사가 대답했다.

"본성을 본 사람은 이미 범부가 아니며, 최상의 불법을 돈오하여 범부도 성인도 모두 초월해 버립니다. 미혹한 사람은 범부를 논하고 성인을 논하지만 깨달은 사람은 생사도 열반도 모두 초월합니다. 미혹한 사람은 현상이나 본체를 말하지만 깨달은 사람은 모든 틀을 초월한 위대한 작용을 발휘합니다. 미혹한 사람은 무엇인가 얻을 것과 무엇인가 깨달을 것을 찾지만 깨달은 사람은 얻을 것도 구할 것도 없습니다. 미혹한 사람은 영겁의 피안에서 깨달으려고 하지만 깨달은 사람은 곧 바로 단번에 깨닫습니다."

16. 『유마경』의 六師外道의 段에 대하여

維摩座主問, 經云, 彼外道六師等是汝之師. 因其出家, 彼師所墮, 汝亦隨墮. 其施汝者, 不名福田, 供養汝者, 墮三惡道. 謗於佛, 毁於法, 不入衆數, 終不得滅度. 汝若如是, 乃可取食. 今請禪師, 明爲解說.

師曰, 迷徇六根者, 號之爲六師. 心外求佛, 名爲外道. 有物可施, 不名福田, 生心受供, 墮三惡道. 汝若能謗於佛者, 是不著佛求. 毁於法者, 是不著法求. 不入衆數者, 是不著僧求. 終不得滅度者, 智用現前. 若有如是解者, 便得法喜禪悅之食.

【번역】

『유마경』을 강의하는 좌주가 물었다.

"경에 「저 외도의 육사들이 그대의 스승이다. 그들을 따라 출가했기 때문에 그들이 빠져 가는 곳으로 그대도 빠져 가야 한다. 그대에게 보시하는 것은 복덕을 낳지 않아야 하고, 그대에게 음식을 베푸는 자는 세 가지 나쁜 길(삼악도)에 떨어져야 한다. 부처를 비방하고, 불법을 나쁘게 말해야 한다. 승단에 참여하지 않아야 한다. 그리고 최후까지 열반에 들어가지 않아야 한다. 만약 그대가 이상과 같이 할 수 있다면 그 때 비로소 施食을 받아라」라고 말하고 있습니다. 이제 선사께서 알기 쉽게 자세히 설명해 주십시오."

선사가 대답했다.

"미혹하여 안·이·비·설·신·의의 육근이 하는 대로 따라 하는 것, 그것을 육사라고 합니다. 마음 밖에서 부처를 구하는 것을 외도라 합니다. 보시하는 물건이 있어서 보시하는 것은 복덕을 낳는다고 말할 수 없습니다. 마음을 措定하여 공양을 받으면 세 가지 나쁜 길에 빠집니다. 만약 그대가 완전하게 부처를 비방할 수 있다면 이는 <부처에 집착하지 않고 부처를 구하는 것>입니다. 불법을 비방할 수 있다면 <법에 집착하지 않고 법을 구하는 것>입니다. 승단에 참가하지 않는다면 <승단에 집착하지 않고 승단을 구하는 것>입니다. 최후까지 열반에 들어가지 않는다고 말하는 것은 반야의 지혜작용이 현현하고 있는 것입니다. 만약 이상과 같이 이해할 수 있는 사람은 법희라는 음식과 선열이라는 음식을 얻을 수 있을 것입니다."

【注記】

○ **經云(경운)** : 『유마경』'제자품'에 나오는 말이다.

○ **外道六師(외도육사)** : 석존의 시대에 정통 바라문에 대하여 자유로운 입장을 취한 사상가가 있었다. 이 사람들은 석존의 사상과도 대립했기 때문에 불교측에서는 외도라고 했다. 그 대표

적인 여섯 사람을 「외도육사」라고 한다.

○ **三惡道**(삼악도) : 지옥, 아귀, 축생.

○ **不著佛求 · 不著法求 · 不著僧求**(불저불구 · 불저법구 · 불착승구) : 이 삼구는 『유마경』'부사의품'(『대정장』권14, p.546상)에 있다. 경전의 문구와는 異同이 있다.

○ **是不著佛求**(시불저불구) : 이 말은 부처를 손수 직접 마음대로 다룰 수 있는 것을 의미하는 말이다. 이하 「是不著法求」의 자구들도 마찬가지이다.

○ **法喜禪悅之食**(법희선열지식) : 수행자의 마음을 기르기 위한 정신적인 食物이라는 의미로 「出世間食」이라고도 불리는 名目이 있다. 『관심론』(『대정장』권48, p.368하)에 설하는 「五食」도 그것이다. 즉 법희식 · 선열식 · 念食 · 願食 · 해탈식의 다섯 가지이다.

17. 一字法門

有行者問, 有人問佛答佛, 問法答法, 喚作一字法門. 不知是否.

師曰, 如鸚鵡學人語話, 自語不得, 爲無智慧故. 譬如將水洗水, 將火燒火, 都無義趣.

【번역】

어떤 행자가 물었다.

"어떤 사람이 부처를 물으면 부처라고 대답하고, 법을 물으면 법이라고 대답하고서는 그것을 한 글자의 법문이라 하고 있습니다. 과연 옳은 것입니까?"

선사가 대답했다.

"마치 앵무새가 사람의 말을 배워도 자기 자신은 말을 못하는 것과 같습니다. 그것은 지혜가 없기 때문인 것입니다. 비유하면 물을 가지고 물을 씻는 것과 같고, 불을 가지고 불을 태우는 것과 같아서 전혀 무의미한 이야기입니다."

18. 言과 語의 차이

人問, 言之與語, 爲同爲異.

師曰, 夫一字曰言, 成句名語矣. 且如靈辯滔滔, 譬大川之流水, 峻機疊疊, 如圓器之傾珠. 所以郭象號懸河, 春鸚稱義海, 此是語也. 言者一字表心也. 內著玄微, 外現妙相. 萬機撓而不亂, 淸濁混而常分. 齊王猶慙大夫之辭, 文殊尙歎淨名之說. 今之常人, 云何能解.

【번역】

어떤 사람이 물었다.

"말(言)과 말씀(語)이라는 것이 같습니까, 다릅니까?"

선사가 대답했다.

"한 글자를 <言>이라 하고, 句로 이루어져 있는 것을 <語>라고 합니다. 예컨대 영묘한 변설이 도도한 것은 마치 큰 강의 흐르는 물과 같고, 거기에 이루어지는 준수한 작용이 겹쳐지는 것은 마치 둥근 그릇에 구슬이 끊임없이 흘러들어가는 것과 같습니다. 그러므로 곽상을 현하(폭포)의 변설가라 하고, 춘

앵이 義理의 海原이라 불린 것 등은 바로 <語>의 예입니다. 말이라는 것은 한 자(一字)를 가지고 마음을 표현하는 것입니다. 안으로는 奧深하고 미묘한 것을 명확하게 나타내고, 밖으로는 절묘한 말이 되어 나타나 많은 작용이 요란하지만 어지럽지 않고, 淸濁이 섞여 들어갈지라도 항상 나누어집니다. 제왕(齊의 선왕)조차도 대부의 말에 크게 부끄러워 하고, 문수조차도 유마의 말을 찬탄했습니다. 지금 보통 사람들이야 어떻게 이해할 수 있겠습니까?"

【注記】

○ **夫一字曰言**(부일자왈언) : 원본은 「一也謂言」으로 되어 있지만 景德本에 의거하여 고쳤다.

○ **郭象**(곽상) : 晉時代의 사람(265~316)이다. 『장자』의 주를 쓴 사람이다. 또 원문은 「郭萬象」으로 되어 있으나 경덕본에 의거하여 고쳤다.

○ **春鸚**(춘앵) : 어떤 사람인지 알 수 없다. 원문은 「剖乎」로 되어 있으나 경덕본에 의거하여 고쳤다.

○ **齊王**(제왕)… : 齊의 宣王이 맹자의 충언에 자신의 몸을 반성하여 들어준 것을 말한다. 『맹자』'梁惠王下'에 있다.

19. 卽心卽佛에 대하여

源律師問, 禪師常譚卽心是佛, 無有是處. 且一地菩薩, 分身百佛世界, 二地增於十倍. 禪師試現神道看.

師曰, 闍梨自己是凡是聖.

曰, 是凡.

師曰, 旣是凡僧, 能問如是境界. 經云, 仁者心有高下, 不依佛慧, 此之是也.

又問, 禪師每云, 若悟道現前, 身便解脫, 無有是處.

師曰, 有人一生作善, 忽然偸物入手, 卽身是賊否.
曰, 故知是也.

師曰, 如今了了見性, 云何不得解脫.

曰, 如今必不可, 須經三大阿僧祇劫始得.

師曰, 阿僧祇劫還有數否.

源抗聲曰, 將賊比解脫, 道理得通否.

師曰, 闍梨自不解道, 不可障一切人解. 自眼不開, 瞋一切人見物.

源作色而去云, 雖老渾無道.

師曰, 卽行去者是汝道.

【번역】

원율사라는 사람이 물었다.

"선사께서는 언제나 <마음이 바로 부처다>라고 말씀하십니다만 그렇게 말하는 것은 틀린 것입니다. 우선 초지 보살만 되어도 百佛의 세계에 몸을 나누고, 2지에서는 그 10배로 늘어난다고 합니다. 선사께서는 한 번 신통력을 이 상태에서 나타내 보여 주십시오."

선사가 대답했다.

"화상 자신은 범부인가, 성인인가?"

이르기를, "범부입니다."

선사가 말했다.

"이미 凡僧이라면 이와 같은 경지를 물을 수 있는 것 입니까? 경에 「그대 자신의 마음에 고하가 있는 것은 부처의 지혜를 근본으로 하지 않기 때문이다」라고 한 말이 바로 그러한 경우입니다."

또 물었다.

"선사께서는 항상 <만약 깨달음이 실현한다면 그 몸은 해탈이다>고 말씀하십니다만 그와 같이 말하는 것은 옳지 않은 것입니다."

선사가 대답했다.

"어떤 사람이 평생 동안 착한 일만 해 왔더라도 뜻하지 않게 남의 물건을 훔쳐서 손에 넣으면 그 사람은 그대로 도적입니까?"

이르기를, "물론 그렇게 생각합니다."

선사가 말했다.

"그럼 사람이 지금 확실하게 본성을 보았다고 한다면 그대로 해탈하여 부처가 될 수 없다고 하는 것이 어떻게 있을 수 있는 일입니까?"

이르기를, "지금은 절대 불가능합니다. 반드시 무한한 시간 동안 수행한 그 바탕 위에서만 비로소 가능합니다."

선사가 말했다.

"무한한 시간이라고 하는 것이 도대체 셀 수 있는 것입니까?"

"원율사가 소리를 높여서 말했다."

"해탈의 일을 도적의 이야기로 비유하는 것은 어처구니없는 도리가 아닙니까?"

선사가 대답했다.

"그대 자신이 도리를 모르고 있으면서 다른 모든 사람들이 아는 것을 가로막아서는 안 됩니다. 자신의 눈을 뜨고 있지 않으면서 모든 사람들이 사물을 보는 것에 대하여 노여워하고 있는 것은 아닙니까?"

원율사가 안색을 바꾸어 떠나면서 말했다.

"나는 나이는 먹었지만 도는 전혀 없구나."

선사가 말했다.

"떠나가는 것, 그것이 바로 그대의 도(길)입니다."

【注記】

○ **一地菩薩**(일지보살) : 10지 가운데 초지를 말하는 것일 것이다. 10지라는 것은 보살의 수행계위를 나타내는 것이다. 초지의 보살은 번뇌를 끊고 불성을 보아 聖者가 되는 佛智를 길러 널리 중생을 소중히 여긴다. 환희지라고도 한다.

○ **二地增於十倍**(이지증어십배) : 초지의 다음 단계를 離垢地라고 하는데 이 자리에 오른 2지 보살이 정진을 하면 천불세계를 示現한다고 하기 때문에 10배라고 한 것일 것이다. 『십지경』(『대정장』권10, p.541상, p.544중) 참조

○ **經云**(경운) : 『유마경』'불국품'(『대정장』권14, p.538하)에 이르기를, "인자여, 자신의 마음에 고하가 있어서 부처님의 지혜에 의지하지 않기 때문에 이 국토를 보고 부정하다고 할뿐이다(仁者, 心有高下, 不依佛慧故, 見此土爲不淨耳.)"고 하는 말이 있다.

○ **三大阿僧祇劫**(삼대아승지겁) : 보살은 삼대아승지겁의 수행을 거쳐서 성불한다고 하는 것이 불교의 일반적인 설이다. 「阿僧祇」라는 것은 <세는 것이 불가능하다>는 의미이다. 「劫」은 <무한>이라는 뜻이다.

20.『마하지관』의 魔와 一心三觀에 대하여

講止觀慧座主問, 禪師辨得魔否.

師曰, 起心是天魔, 不起心是陰魔. 或起不起, 是煩惱魔. 我正法中, 無如是事.

曰, 一心三觀義又如何.

師曰, 過去心已過去, 未來心未至, 現在心無住. 於其中間, 更用何心起觀.

曰, 禪師不解止觀.

師曰, 座主解否.

曰, 解.

師曰, 如智者大師, 說止破止, 說觀破觀. 住止沒生死, 住觀心神亂. 爲當將心止心, 爲復起心觀觀, 若有心觀, 是常見法. 若無心觀, 是斷見法. 亦有亦無, 成二見法. 請座主子細說看.

曰, 若如是問, 俱說不得也.

師曰, 何曾止觀.

【번역】

『마하지관』을 강의하는 혜좌주라는 사람이 물었다.

"선사께서는 마를 구별할 수 있습니까?"

선사가 대답했다.

"마음을 일으키는 것이 천마이고, 마음을 일으키지 않는 것이 음마이며, 마음을 일으키기도 하고 일으키지 않기도 하는 것이 번뇌마입니다. 나의 진실한 불법에는 그와 같은 것이 없습니다."

이르기를, "일심삼관이라는 것은 어떠한 것입니까?"

선사가 대답했다.

"과거의 마음은 이미 지나갔고, 미래의 마음은 아직 다가오지 않았습니다. 현재의 마음은 머무는 곳이 없습니다. 그 중간에 다시 어떠한 마음을 가지고 관을 일으킵니까?"

묻기를, "선사께서는 지관을 모르고 계십니까?"

선사가 이르기를, "그러면 좌주는 알고 있습니까?"

이르기를, "알고 있습니다."

선사가 말했다.

"천태지자대사는 止를 설명하여 그 지를 논파하고, 觀을 설명하여 그 관을 논파했습니다. 지에 정체되면 생사에 빠지고, 관에 정체되면 정신이 어지러워집니다. 마음을 가지고 마음을 그치게 하는 것이 좋습니까, 그렇지 않으면 마음을 일으켜서 관을 관찰하는 것이 좋습니까? 만약 有心으로 관찰하면 이것은 상견의 법이며, 무심으로 관찰하면 이는 단견의 법입니다. 있기도 하고 없기도 하면 二見의 법이 됩니다. 부디 좌주는 자세히 설명해 보십시오."

이르기를, "만약 그와 같이 물으시면 어떠한 설명도 할 수 없습니다."

선사가 말했다.

"그래서야 어찌 지관이라 할 수 있겠습니까?"

【注記】

○ **止觀(지관)** : 여러 가지 생각을 그치게 하여 마음을 하나의 대상에 집중시켜(止) 그것에 의하여 바른 지혜를 일으켜 대상을 관찰하는 것(觀)을 말한다. 이 지관에 대하여 천태지의가 설한 책을 『마하지관』이라 한다. 여기서 말하는 지관이란 이 『마하지관』에서의 그것이다.

○ **魔(마)** : 마에 대해서는 『유가론』『마하지관』『화엄경』 등에 여러 가지로 분류하여 설하고 있지만 여기서 천마(天子魔), 음마, 번뇌마의 세 가지를 말하고 있는 것은 분명히 『마하지관』에 의거하고 있다. 상대가 천태승이기 때문에 굳이 이 세 가지를 끄집어 낸 것일 것이다(암파문고본, 하책, p.227 참조).

○ **一心三觀(일심삼관)** : 이것도 『마하지관』에 의한 것이다. 삼관이라는 것은 공·가·중을 말한다. 이것이 일심으로 돌아가는 것을 말한다(암파문고본, 상책, p.139. 하책, p.74 참조).

○ **過去心已過去(과거심이과거)**… : 이 3구는 『금강경』(『대정장』 권8, p.751중)에 「過去心不可得, 現在心不可得, 未來心不可得」을 바탕으로 하고 있다.

○ **常見·斷見(상견·단견)** : 五見에 포함된다. 근본번뇌 가운데

견(惡見)은 다섯 가지로 나누어지는데 그 중 하나인 邊執見(한쪽으로 치우쳐 극단적인 것을 집착하는 견해)을 두 가지로 나눈 것이 상견과 단견이다. 내가 사후에 상주(영구불변)한다고 하는 것이 상견(有見)이고, 나는 사후에 단멸한다고 하는 것이 단견(無見=허무론)이다.

21. 반야의 大小

人問, 般若大否.

師曰, 大.

曰, 幾許大.

師曰, 無邊際.

曰, 般若小否.

師曰, 小.

曰, 幾許小.

師曰, 看不見.

曰, 何處是.

師曰, 何處不是.

【번역】

어떤 사람이 물었다.

"반야는 큽니까?"

선사가 대답했다.

"큽니다."

묻기를, "얼마나 큽니까?"

선사가 이르기를, "끝이 없습니다."

묻기를, "반야는 작습니까?"

선사가 이르기를, "작습니다."

묻기를, "얼마나 작습니까?"

선사가 이르기를, "눈으로도 보이지 않습니다."

묻기를, "어디가 그렇습니까?"

선사가 이르기를, "어디가 그렇지 않습니까?"

22. 『유마경』의 入不二法門品에 대하여

維摩座主問, 經云, 諸菩薩各[說]入不二法門, 維摩默然, 是究竟否.

師曰, 未是究竟. 聖意若盡, 第三卷更說何事.

座主良久曰, 請禪師爲說未究竟之意.

師曰, 如經第一卷, 是引衆呵十大弟子住心, 第二諸菩薩各說入不二法門, 以言顯於無言. 文殊以無言顯於無言, 維摩不以言不以無言. 故默然收前言語也° 第三卷從默然起說, 又顯神通作用. 座主會麽.

曰, 奇怪如是.

師曰, 亦未如是.

曰, 何故未是.

師曰, 且破人執情, 作如此說. 若據經意, 只說色心空寂, 令見本性. 敎捨僞行入眞行. 莫向言語紙墨上討意度. 但會淨名兩字便得. 淨者本體也. 名者迹用也. 從本體起迹用, 從迹用歸本體. 體用不二, 本迹非殊.

所以古人道，本迹雖殊，不思議一也．一亦非一．若識淨名兩字假號，更說什麽究竟與不究竟．無前無後，非本非末．非淨非名，只示衆生本性不思議解脫．若不見性人，終身不見此理．

【번역】

『유마경』을 강의하는 좌주가 물었다.

"경에「여러 보살들이 제각기 불이의 법문에 들어가는 것을 설명하지만 유마거사는 묵연히 있었다」고 합니다. 이것이 究極處입니까?"

선사가 대답했다.

"아직 구극처는 아닙니다. 만약 유마의 구극처가 다했다면 뒤의 제3권에서 또 무엇을 설할 필요가 있었겠습니까?"

좌주가 조금 있다가 말했다.

"부디 선사께서 아직 구극이 아니라고 말씀하시는 그 의미를 설명해 주십시오."

선사가 대답했다.

"『유마경』의 제1권에서는 대중들을 끌어들여 불타의 10대 제자들의 停滯한 마음을 꾸짖었고, 제2권에서는 여러 보살들이 제각기 불이의 법문에 들어간 것을 설하고, 말을 가지고 무언을 표현하며, 문수는 무언을 가지고 무언을 표현하고, 유마는 말을 가지고도 무언을 가지고도 표현하지 않았습니다. 그러므로 묵연히 있었던 것으로 지금까지의 말(표현) 전체를 마무리 지은 것입니다. 제3권에서는 그 묵연으로부터 나와 설명하고, 다시 신통묘용을 나타낸 것입니다. 좌주여, 알겠습니까?"

이르기를, "참으로 기괴합니다."

선사가 이르기를, "그렇지도 않습니다."

이르기를, "왜 그렇지 않습니까?"

선사가 말했다.

"다만 사람들의 집착된 사고방식을 우선 타파해 두기 위하여 이상과 같은 설명의 방법을 취한 것뿐입니다. 『유마경』의 본의로부터 말하면 다만 물질도 마음도 공적한 것의 설명뿐이며, 그것에 의하여 본성을 깨닫게 합니다. 거짓된 행동을 버리고 진실한 행동으로 들어가게 하고, 언어나 지묵위의 글로부터 헤아려 가려고 하는 것을 그만두게 하는 것입니다. 마침내 단지 <淨名>이라는 두 글자를 알면 되는 것입니다. <淨>이라는 것은 본체이고, <名>이라는 것은 迹用입니다. 본체로부터 적용이 발동하고, 적용에서 본체로 회귀합니다. 체와 용은 둘이 아니고, 本과 迹도 다른 것은 아닙니다. 그러므로 옛 사람도 「本과 迹과는 다를지라도 부사의하다는 점에서 하나이다」라고 말하고 있습니다. 그러나 그 <하나>도 실은 하나가 아닌 것입니다. 그래서 <淨>과 <名>의 두 글자도 임시의 이름에 지나지 않는다고 이해했다면 이제 와서 새삼스럽게 <구극이다> <구극이 아니다>라는 것에 대하여 논할 필요가 있겠습니까? 앞도 없고 뒤도 없으며, 근본도 아니고 끝도 아니며, 淨도 아니고 名도 아닙니다. 거기에 단지 중생의 본성은 부사의한 해탈이라고 하는 것을 開示했을 뿐입니다. 만일 성품을 보지 못한 사람은 죽을 때 까지 이런 이치를 보지 못할 것입니다."

【注記】

○ **經云(경운)** : 『유마경』 '入不二法門品'(『대정장』 권14, p.551하)에 이르기를, "이 때 문수사리가 유마힐에게 물었다. 「우리들은 지금 각자 스스로 설해 마쳤으니 다음으로 인자께서 어떤 것이 보살이 불이법문에 들어가는 것인지를 설하셔야 합니다.」 그 때 유마힐은 묵연히 말이 없었다(於是文殊師利, 問維摩詰, 我等各自說已, 仁者當說, 何等是菩薩入不二法門. 時維摩詰默然無言.)"고 하는 말이 있다.

○ **各〔說〕入不二法門(각〔설〕입불이법문)** : 원본에는 「說」자가 없다.

○ **第三卷(제삼권)**… : 『유마경』 제3권(『대정장』 권14, p.552상)에 "그 때 유마힐이 삼매에 들어가 신통력으로써 모든 대중에게 보였다. … (時維摩詰卽入三昧, 以神通力示諸大衆. …)"고 한다.

○ **迹用(적용)** : 「迹」은 本과 상대되는 말이다. 예를 들면 本迹二門, 本地垂迹 등이라는 말이 있다. 本門이라는 것은 진실한 부처는 久遠의 옛날에 성도한 것으로써 本佛의 本地, 근원, 본체를 나타내는 면이다. 迹門이라는 것은 가깝게 이 세상에 형체를 나타낸 부처님은 그 根源佛이 중생을 이끌기 위하여 本地로부터 迹을 드리운 것으로 應迹·影現을 보이는 면을 말한다. 迹用이라는 것은 그 迹을 드리워 활동하는 작용이나 기능을 말한다.

○ **古人道(고인도)**… : 고인은 僧肇를 가리킨다. 이 글은 『注維摩

經』의 승조의 서문에서 인용한 것이다. "근본이 아니면 자취를 드리우지 않고, 자취가 아니면 근본을 나타내지 못한다. 本과 跡은 비록 다르지만 부사의하다는 점에서 하나이다(非本無以垂跡, 非跡無以顯本. 本跡雖殊而不思議一也.)"고 하는 말이 있다(『대정장』 권38, p.327중).

○ **不思議(부사의)** : 범어 acintya를 번역한 것이다. 不可思議라고도 한다. 말로 표현하거나 마음으로 헤아릴 수 없는 것을 이르는 말이다. 後文에 말하는 "중생의 본성은 부사의한 해탈이다"가 『유마경』의 근본사상인 것은 승조의 서문에 "종극을 말하면 불이로써 문을 삼고, 대개 이 여러 가지 말은 모두 부사의의 근본이다(語宗極則以不二爲門, 凡此衆說皆不思議之本也.)"라고 한 것으로도 알 수 있다(『대정장』 권38, p.327중). 또 『유마경』의 별명을 『維摩詰不思議經』이라는 것도 단적으로 그 소식을 나타내고 있다.

23. 심식의 본성에 대하여

僧問, 萬法盡空, 識性亦爾. 譬如水泡一散, 更無再合. 身死更不再生, 卽是空無. 何處更有識性.

師曰, 泡因水有, 泡散可卽無水. 身因性起, 身死豈言性滅.

曰, 旣言有性, 將出來看.

師曰, 汝信有明朝否.

曰, 信.

師曰, 試將明朝來看.

曰, 明朝實是有, 如今不可得.

師曰, 明朝不可得, 不是無明朝. 汝自不見性, 不可是無性. 今見著衣喫飯, 行住坐臥, 對面不識, 可謂愚迷. 汝欲見明朝與今日, 不異將性覓性, 萬劫終不見. 亦如盲人不見日, 不是無日.

【번역】

어떤 스님이 물었다.

"모든 법(존재)이 전부 공하다면 식별하는 작용의 본질도 그렇다는 것입니다. 비유하자면 물거품이 한 번 흩어지면 결코 다시 합쳐지지 않는 것과 같이 몸이 한 번 죽으면 결코 다시 살아 돌아오는 것은 아닙니다. 이것은 바로 空無인 것입니다. 그러니 도대체 어디에 또 식별하는 작용이 있을 수 있겠습니까?"

선사가 대답했다.

"거품은 물이 있기 때문에 그것이 있습니다. 거품이 흩어진다고 해서 어떻게 물까지 없겠습니까? 몸은 본질이 있기 때문에 성립합니다. 몸이 죽었다고 해서 어찌 본질까지 소멸한다고 말할 수 있겠습니까?"

이르기를, "본질이 있다면 꺼내 보여주십시오."

선사가 이르기를, "그대는 내일이 존재하는 것을 믿습니까?"

이르기를, "믿습니다."

선사가 이르기를, "여기에 내일을 가지고 와서 보여 주시오."

이르기를, "내일은 실제로 있지만 지금은 잡아 취할 수 없습니다."

선사가 말했다.

"내일은 취할 수 없다고 해서 내일이 없다고 말하는 것은 아닙니다. 그대 자신이 본성을 보지 못했을 뿐 본성이 없는 것은 아닙니다. 그대는 지금 실제로 옷을 입고, 밥을 먹고, 다니고, 머무르고, 앉고, 눕고 하는 중에 그 본질과 얼굴을 마주 보면서도 그것을 알지 못하고 있다. 참으로 어리석고 미혹한 사람이라고 할 만합니다. 그대가 내일과 오늘을 보려고 생각한다면 그것은 본질을 가지고 본질을 찾고자 하는 것과 같은 것으로 영원히 본질을 보지 못할 것입니다. 또 맹인은 태양을 볼 수 없지만 그렇다고 해서 태양이 없는 것이 아닌 것과 같습니다."

【注記】

○ **識性**(식성) : 「識」은 존재에 대하여 마음의 작용적인 면으로부터 이름붙여진 것으로 식별, 인식 등의 작용을 포함한다. 「性」은 불변의 뜻으로 본래 구족하고 있는 성질, 여기서는 본질이고 번역했다.

○ **試將明朝來看**(시장명조래간) : 원본은 「試」를 「我」로 잘못 쓰고 있다.

○ **盲人**(맹인) : 원본은 「盲」을 「有」로 오기하고 있다.

24. 『금강경』을 강의하는 좌주와의 문답

講青龍疏座主問, 經云, 無法可說, 是名說法. 禪師如何體會.

師曰, 般若體畢竟淸淨, 無有一物可得, 是名無法. 卽於般若空寂體中, 具河沙之用, 卽無事不知, 是名說法. 故云, 無法可說, 是名說法.

【번역】

『금강경』의 청룡소를 강의하는 좌주가 물었다.

"경에 「법으로서 가히 설할 것이 없는 것, 그것이 법을 설하는 것이다」라고 말하고 있습니다만 선사께서는 이것을 어떻게 체득하십니까?"

선사가 대답했다.

"반야지혜의 본체는 절대 청정하여 거기에는 한 물건도 얻을 수 없는 것입니다. 이것을 <법이 없다>고 하는 것입니다. 그 반야지혜의 공적한 본체 중에 항사와 같이 무수히 많은 작용을 갖추고 있어서 모르는 것이 없습니다. 이것을 <법을 설한다>

고 하는 것입니다. 그러므로 「법으로서 가히 설할 것이 없는 것, 그것이 법을 설하는 것이다」고 말한 것입니다.

【注記】

○ 이 일단은 『돈오입도요문론』 제16단의 내용과 거의 같다.

○ **青龍疏(청룡소)** : 현종황제의 『金剛經注』에 青龍寺 道氤이 複注한 것으로 『御注金剛經宣演』이라고 한다(『대정장』 권85에 수록).

○ **經云(경운)** : 『금강경』(『대정장』 권8, p.751하)에 이르기를, "수보리야, 너는 여래가 이 생각을 지어서 「내가 마땅히 법을 설하는 바가 있어야 한다」고 생각하지 말라. 이 생각을 짓지 말라. 왜냐하면 만약 사람이 「여래에게 설할 바의 법이 있다」고 말하면 곧 부처를 비방하는 것이 되며, 내가 설하는 바를 이해하지 못했기 때문이다. 수보리야, 법을 설한다고 하는 것도 법으로서 설할 만한 것이 없는 것이다. 이것을 법을 설한다고 이름하는 것이다(須菩提, 汝勿謂如來作是念, 我當有所說法. 莫作是念. 何以故. 若人言如來有所說法, 卽爲謗佛, 不能解我所說故. 須菩提, 說法者無法可說, 是名說法.)"고 하는 말이 있다.

○ **般若體(반야체)** : 원본에는 「般」자 위에 「爲」자가 있지만 연자로 본다.

25. 無情有佛性說의 비판

講華嚴座主問, 禪師信無情是佛否.

師曰, 不信. 若無情是佛者, 活人應不如死人. 死驢死狗亦應勝於活人. 經云, 佛身者卽法身也. 從戒定慧生, 從三明六通生, 從一切善法生. 若說無情是佛者, 大德如今便死, 應作佛去.

【번역】

『화엄경』을 강의하는 좌주가 물었다.

"선사께서는 무정이 부처라고 하는 말을 믿습니까?"

선사가 대답했다.

"믿지 않습니다. 만약 무정이 부처라고 한다면 살아 있는 사람은 죽은 사람만 못하고, 죽은 당나귀나 개도 살아 있는 사람보다 뛰어나야 합니다. 경에 「부처의 몸이라는 것은 법신이다. 이는 계·정·혜로부터 생기고, 삼명과 육신통에서 생기며, 모든 착한 법에서 생긴다」고 했습니다. 만약 무정이 부처라고 한다면 대덕이 지금 즉시 죽으면 마땅히 부처가 되어야 할 것입니다.”

【注記】

○ 『제방문인참문어록』 제9단, 제14단 참조

○ **經云(경운)** : 『유마경』 '방편품'(『대정장』 권14, p.539하)에 보인다.

○ **法身(법신)** : 『돈오입도요문론』 제14단 주기에 자세하게 기술했지만 불타에게는 육체적인 몸(색신)의 근저에 그 깨달은 법 그 자체로서의 신체(법신)가 있다고 하는 것이다.

○ **三明(삼명)** : 불타나 아라한이 가진 세 가지의 신통으로 宿命明(자타의 과거세의 모습을 분명하게 하는 지혜)과 天眼明(미래 중생의 생사의 모습을 분명하게 하는 지혜)과 漏盡明(불교의 진리를 명확하게 證知하여 번뇌를 끊는 지혜)을 말한다.

○ **善法(선법)** : 오계 · 10선 · 삼학 · 육도 등을 가리킨다.

26. 『반야경』의 공덕에 대하여

有法師問, 持般若經, 最多功德. 師還信否.

師曰, 不信.

曰, 若爾, 靈驗傳十餘卷, 皆不堪信也.

師曰, 生人持孝, 自有感應. 非是白骨能有感應. 經是文字紙墨, 文字紙墨性空, 何處有靈驗. 靈驗者在持經人用心. 所以神通感物. 試將一卷經, 安著案上, 無人受持, 自能有靈驗否.

【번역】

어떤 법사가 물었다.

"『반야경』을 수지하고 있으면 가장 많은 공덕이 된다고 하는데 선사께서는 이 말을 믿습니까?"

선사가 대답했다.

"믿지 않습니다."

묻기를, "만약 그렇다면 영험전 10여권이 모두 믿을 만한 가치가 없는 것이군요."

선사가 대답했다.

“살아 있는 사람이 弔喪에게 복종하면 죽은 사람으로부터 감응이 있다고 하는 것은 지하의 백골이 感應力을 바치고 있다고 하는 것은 아닙니다. 경은 단지 종이와 먹에서 나온 문자일 뿐입니다. 그 종이와 먹으로부터 나온 문자는 본질적으로 공한 것입니다. 그 어디에 영험이 있겠습니까? 영험이라는 것은 경을 수지하는 사람의 마음가짐에 달려 있습니다. 그러므로 신비적인 감응이 당사자의 몸에 나타나는 것입니다. 시험삼아 한 권의 경을 책상 위에 오려 놓기만 하고 아무도 그것을 몸에 지니고 수지하지 않았다면 경 혼자만으로 영험을 가질 수 있겠습니까?”

【注記】

○ **靈驗傳**(영험전) : 어떤 경전을 수지, 독송하는 것에 의하여 얻은 많은 영험을 모은 책. 『법화경영험전』이라고 하는 책이 현존하고 있기 때문에 『반야경영험전』도 있었음에 틀림없다.

○ **持孝**(지효) : 아들이 부모의 喪에 복종하는 것.

27. 名相과 法相

僧問, 未審一切名相及法相, 語之與默, 如何通會卽得無前後.

師曰, 一念起時, 本來無相無名. 何得說有前後. 不了名相本淨, 妄計有前有後. 夫名相關鑰, 非智鑰不能開. 中道者病在中道, 二邊者病在二邊. 不知現用是無等等法身, 迷悟得失, 常人之法, 自起生滅, 埋沒正智. 或斷煩惱, 或求菩提, 背卻般若.

【번역】

어떤 스님이 물었다.

"도대체 모든 名相과 法相, 말하는 것과 침묵하고 있는 것, 이 양방을 어떻게 융화시키면 앞뒤를 없앨 수 있는 것입니까?"

선사가 대답했다.

"한 생각이 일어날 때 본래 그것은 모양도 없고 이름도 없는 것이기 때문에 어떻게 앞뒤가 있다고 말할 수 있겠습니까? 그대는 이름과 모양이 본래 청정(=空)한 것을 알지 못했기 때문에 망령되게 전후의 관계가 있을 것이라고 착각하는 것입니다. 대개 이름과 모양이라는 문의 자물쇠는 반야의 지혜라는 열쇠가 아니면 열 수 없습니다. 중도의 병은 중도에 있고, 二邊의 병은 이변에 있습니다. 현재 활동하고 있는 작용 그 자체가 무등등의 법신이며, 미혹하기도 하고, 깨닫기도 하고, 얻기도 하고 잃기도 하는 것은 일반인의 속성임에 틀림없는 것을 알지 못하고 스스로 생이라든가 멸이라는 것을 措定하여 바른 지혜를 파묻어버리고 있습니다. 또 번뇌를 끊기도 하고, 보리를 구하기도 한다면서 도리어 반야의 지혜를 등져버리고 있습니다."

【注記】

○ **名相(명상)** : 일체의 존재에는 이름이 있고 모양이 있어서 귀로 듣는 것을 「名」이라 하고, 눈으로 보는 것을 「相」이라고 한다. 그 어느 쪽도 거짓이다. 다음의 제28단 참조

○ **法相(법상)** : 모든 존재가 가지고 있는 본질의 모양들을 말한다.

○ **語之與默(어지여묵)** : 『무문관』 제24칙(『대정장』 권48, p.296상)에 "말을 하거나 침묵을 지키거나 離와 微에 마음대로 드나들면서 어떻게 해야 조금도 어긋나지 않을 수 있겠습니까(語默涉離微, 如何通不犯.)"라고 한 말이 있다.

○ **無前後(무전후)** : 『돈오입도요문론』 제9단에 "단지 보리라는 것은 임시로 세운 이름이기 때문에 실제로는 얻을 수 없는 것이며, 또한 과거에도 얻은 사람이 없었으며, 앞으로도 얻을 사람이 없을 것이다"고 말하고 있다.

○ **現用是無等等法身(현용시무등등법신)** : 뒤의 제32단을 참조하라. 「無等等」은 『제방문인참문어록』 제3단 주기 참조

28. 깨달은 자와 미혹한 자

人問, 律師何故不信禪.

師曰, 理幽難顯, 名相易持. 不見性者, 所以不信. 若見性者, 號之爲佛. 識佛之人, 方能信入. 佛不遠人, 而人遠佛. 佛是心作. 迷人向文字中求, 悟人向心而覺. 迷人修因待果, 悟人了心無相. 迷人執物守我爲己, 悟人般若應用現前. 愚人執空執有生滯, 智人見性了相靈通. 乾慧辯者口疲, 大智體了心泰. 菩薩觸物斯照, 聲聞怕境昧心. 悟者日用無生, 迷人見前隔佛.

【번역】

어떤 사람이 물었다.

"율사는 무엇 때문에 선을 믿지 않습니까?"

선사가 대답했다.

"진리는 심오하여 나타내기 어렵지만 이름과 모양은 지니기 쉽기 때문입니다. 그러므로 견성하지 않은 사람은 믿지 않는 것입니다. 만약 견성한 사람이라면 부처라고 부릅니다. 부처를 아는 사람이라야 비로소 믿을 수 있는 것입니다. 부처가 사람을 멀리하는 것이 아니라 사람이 부처님을 멀리합니다. 부처란 마음이 지어내는 것입니다. 미혹한 사람은 말 가운데서 부처를 찾으려고 하지만 깨달은 사람은 마음에서 바로 부처를 깨닫습니다. 미혹한 사람은 원인을 닦고 그 결과를 기다립니다만 깨달은 사람은 마음이 무상임을 요달합니다. 미혹한 사람은 사물에 집착하고 아집을 고수하여 자기를 위해 생각하지만 깨달은 사람은 반야의 작용이 목전에 약동합니다. 어리석은 사람은 공에 집착하고 유에 집착하여 움직일 수 없지만 지혜가 있는 사람은 본성을 보고 無相의 相을 깨달아 變通이 자유롭습니다. 아무것도 없이 영리한 체 하는 사람은 입이 피로할 뿐이지만 반야의 지혜를 체득한 사람은 마음이 편안하고 자유롭습니다. 보살은 사물에 접촉을 해도 자유롭게 마음에 투영하지만 성문도의 수행자는 사물을 무서워하여 자기의 마음을 어둡게 해 버립니다. 깨달은 사람은 날마다 마음을 활용하면서도 마음을 설정하지 않지만 미혹한 사람은 부처를 목전에 함께 하면서도 부처와 떨어져 있습니다.

【注記】

○ **律師何故不信禪**(률사하고불신선) : 『조당집』에 다음과 같이 말하고 있다. “그 때 俗官이 있어서 묻기를, 「법사는 무엇 때문에 선을 믿지 않습니까?」 스님이 대답하기를, 「名相은 알기 쉽지만 至理는 보기 어렵다」”는 말이 있다.

○ **理幽難顯, 名相易持**(리유난현, 명상이지) : 「理幽難顯」은 선

이 말로 표현할 수 없기 때문에 이해하기 어렵다고 하는 의미를 포함하고 있고, 「名相易持」는 계율은 말로 표현할 수 있는 것이기 때문에 이해하기 쉽다고 하는 의미를 포함하고 있다.

○ **佛不遠人**(불불원인) : 『중용』의 「道不遠人」이란 말에 바탕을 두고 있다. 그밖에 다음과 같은 유사한 말이 있다. 『논어』'述而篇'에 "仁은 멀지 아니하다. 내가 인을 바라면 이리로 인이 온다." 『중용』 제1장에 "도는 잠시라고 떨어질 수 없다. 떨어지면 도가 아니다." 『맹자』'離婁上'에 "도는 그대에게 있다. 그런데 이를 먼 데서 찾는다. 일은 쉬운 데 있다. 그런데 이를 어려운 데서 찾는다." 승조의 『반야무지론』에 "도가 어찌 멀리 있겠는가? 무슨 일이나 그대로 진실이다(觸事而眞). 성인이 어찌 멀리 있겠는가? 그것을 체득하면 바로 그대로 神聖이다(體之卽神)."

○ **佛是心作**(불시심작) : 『관무량수경』(『대정장』 권12, p.343상)에 말하기를, "이 마음이 부처를 만들고, 이 마음이 부처이다(是心作佛, 是心是佛.)"고 한다.

○ **乾慧**(간혜) : 「乾」은 속어로 「허무하다, 헛되다」라는 의미이다.

○ **聲聞**(성문) : 부처님의 가르침을 듣고 깨달은 사람을 말한다. 연각과 보살에 대하여 이승과 삼승의 하나로 셀 때는 불타의 교설에 따라서 수행을 해도 자기의 해탈만을 목적으로 하는 사람을 이른다. 연각과 함께 소승에 속한다.

○ **日用無生**(일용무생) : 날마다 마음을 활용하면서도 더구나 집착하는 것이 없기 때문에 停滯가 생기지 않는다는 의미이다.

29. 신통에 대하여

人問, 如何得神通去.

師曰, 神性靈通, 偏周沙界. 山河石壁, 去來無礙. 剎那萬里, 往返無踪. 火不能燒, 水不能溺. 愚人自無心智, 欲得四大飛空. 經云, 取相凡夫, 隨宜爲說. 心無形相, 卽是微妙色身. 無相卽是實相. 實相體空, 喚作虛空無邊身. 萬行莊嚴故, 云功德法身. 卽此法身, 是萬行之本. 隨用立名, 實而言之, 只是淸淨法身也.

【번역】

어떤 사람이 물었다.

"어떻게 하면 신통력을 얻을 수 있습니까?"

선사가 대답했다.

"이 영묘한 정신은 불가사의한 感通力이 있어서 무수한 세계에 널리 퍼지며, 산·강·돌·벽 등도 자유자재로 관통하며, 한 순간에 만리까지도 遠行가며, 가서 돌아온 후에도 흔적을 남기지 않습니다. 불로써도 태울 수 없고, 물도 빠지게 할 수 없습니다. 어리석은 사람은 자기 자신의 지혜가 없기 때문에 육체로 허공을 날려고 생각하는 것입니다. 경에 「형상에 사로잡히는 범부에게는 각각의 경우에 맞는 설명을 해 준다」고 말하고 있습니다. 마음에 형상이 없는 것, 이것이 <미묘한 색신(幽深하여 알기 어려운 존재)>이고, 무상이 그대로 <실상법신>입니다. 그 실상의 본체가 공한 것, 이것을 <허공에 가득 찬 법신>이라 합니다. 많은 덕을 쌓아 그 몸을 장엄하기 때문에 이것을 <공덕법신(모든 행위의 공덕으로 인하여 생긴 불신)>이라 합니다. 그리고 이 법신이 만행의 근본입니다. 그 작용에 따라 여러 가지의 이름을 세우지만 진실대로 말하면 그것은 단지 <청정한 법신>뿐입니다."

【注記】

○ **沙界(사계)** : 恒河沙의 세계, 항하사는 갠지스 강의 모래라는 것으로 다수의 비유이다. 『전심법요』 제15단에 「大千沙界海中漚」(대천세계는 바다 위의 물거품)라는 말이 있다.

○ **四大飛空(사대비공)** : 물질을 구성하는 지·수·화·풍의 네 가지 원소를 4대라 하지만 여기서는 육체를 가리킨다. 육체가 허공을 비행한다고 하는 것은 신통력을 통속적으로 해석한 것이다.

○ **經云(경운)** : 『법화경』 '信解品'의 제4게(『대정장』 권9, p.19상)에 "제불은 희유하고, 무량무변하며, 불가사의한 신통력이 있어서 무루무위의 제법의 왕으로서 능히 하열을 위하여 이 일을 참아내고 있으며, 모양을 취하는 범부에게 적의에 따라 법을

설한다(諸佛希有, 無量無邊, 不可思議, 大神通力, 無漏無爲, 諸法之王, 能爲下劣, 忍于斯事, 取相凡夫, 隨宜爲說.)"고 한다.

○ **心無形相**(심무형상)… : 『제방문인참문어록』 제11단을 참조하라.

30. 견성하려면 과거의 죄업을 소멸해야 한다

人問, 一心修道, 過去業障得消滅否.

師曰, 不見性人, 未得消滅. 若見性人, 如日照霜雪. 又見性人猶如積草等須彌山, 只用一星之火, 業障如草, 智慧似火.

曰, 云何得知業障盡.

師曰, 見前心通, 前後生事, 猶如對見前佛後佛, 萬法同時. 經云, 一念知一切法是道場. 成就一切智故.

【번역】

어떤 사람이 여쭈었다.

"오로지 일심으로 불도를 수행하면 과거의 업장을 소멸할 수 있습니까?"

선사가 대답했다.

"본성을 보지 못한 사람은 소멸할 수 없지만 만약 본성을 본 사람이라면 태양이 서리나 눈을 비추는 것과 같습니다. 또 비유하자면 본성을 본 사람이라면 마른 풀을 수미산과 같이 높이 쌓아올려도 [그것을 燒盡하려면] 단지 반딧불 정도의 불만 있으면 충분한 것과 같습니다. 여기서 업장은 그 마른 풀과 같고, 지혜는 그 불과 같습니다."

묻기를, "업장이 끊어져 다한 것을 어떻게 알 수 있습니까?"

선사가 대답했다.

"지금 사물의 핵심에 통하기만 하면 과거에 생긴 일도, 미래에 생길 일도 마치 과거·미래의 부처와 대면하는 것처럼 모든 존재가 동시가 됩니다. 경에 「한 찰나에 모든 법을 남김없이 이해하는 것, 그것이 도량이다. 모든 지혜가 성취되었기 때문이다」고 말하고 있습니다."

【注記】

○ **業障(업장)** : 숙세의 악업 때문에 생긴 장애를 말한다.

○ **須彌山(수미산)** : 하나의 세계 중앙에 수미산이 있다고 생각하는 고대 인도의 세계관이다.

○ **見前心通(현전심통)…** : 「心通」은 『돈오입도요문론』 제29단의 「宗通」과 같다. 그 해당 주기를 참조하라. 「見前」의 「見」은 「실제로」의 뜻이다. 돈황본 『육조단경』 제36단에 「說通及心通」이란 말에서 「心通」(=종통)도 같은 뜻이다.

○ **經云(경운)** : 『유마경』 '보살품'(『대정장』 권14, p.543상)의 글이다.

31. 해탈을 추구하지 말라

有行者問, 云何得住正法.

師曰, 求住正法者是邪. 何以故, 法無邪正故.

曰, 云何得作佛去.

師曰, 不用捨衆生心, 但莫汚染自性. 經云, 心佛及衆生, 是三無差別.

曰, 若如是解者, 得解脫否.

師曰, 本自無縛, 不用求解. 法過語言文字, 不用數句中求. 法非過現未來, 不可以因果中契. 法過一切, 不可比對. 法身無象, 應物現形. 非離世間而求解脫.

【번역】

어떤 행자가 물었다.

"어떻게 하면 바른 법에 안주할 수 있습니까?"

선사가 대답했다.

"바른 법에 안주하는 것을 구하는 것은 邪道입니다. 왜냐하면 법에는 삿됨도 바름도 없기 때문입니다."

묻기를 "어떻게 하면 부처가 될 수 있겠습니까?"

선사가 대답했다.

"중생의 마음을 버릴 필요는 없습니다. 자신의 본성을 더럽히지 않도록 하기만 하면 된다. 경에도 「마음과 부처와 중생, 이 세 가지는 차별이 없다」고 말하고 있습니다."

묻기를, "그와 같이 이해하면 해탈할 수 있는 것입니까?"

선사가 대답했다.

"본래 자기를 속박하고 있는 것은 아무 것도 없기 때문에 푸는 것을 구할 필요가 없습니다. 법은 언어와 문자를 초월한 것입니다. 분석적인 언구 중에서 구해서는 안 됩니다. 법은 과거·현재·미래를 초월한 것이기 때문에 인과의 틀 속에서 구해서도 안 됩니다. 법은 일체의 모든 것을 초월하고 있어서 무엇과도 비교해서는 안 됩니다. 법신은 형상이 없지만 사물에 따라 형상을 나타냅니다. 그러므로 세간을 떠나서 해탈을 구하는 것이 아닙니다."

【注記】

○ **但莫汚染自性**(단막오염자성) : 마조의 사상을 이어받은 것이다. 『마조어록』 제10단, '시중'에 "도는 닦을 필요가 없다. 다만 오염되지 않도록 하면 된다(道不用脩, 但莫汙染.)"이란 말을 토대로 한 것이다. 바로 다음 단에도 이 말이 나온다.

○ **經云**(경운) : 『화엄경』(『대정장』 권9, p.465하)의 글이다. 『제방문인참문어록』 제11단 참조

○ **法過語言文字**(법과어언문자) : 『제방문인참문어록』 제36단 참조

32. 견성에 대하여

僧問, 何者是般若.

師曰, 汝疑不是者, 試說看.

又問, 云何得見性.

師曰, 見卽是性. 無性不能見.

又問, 如何是修行.

師曰, 但莫汚染自性, 卽是修行. 莫自欺誑, 卽是修行. 大用現前, 卽是無等等法身.

又問, 性中有惡否.

師曰, 此中善亦不立.

曰, 善惡俱不立, 將心何處用.

師曰, 將心用心, 是大顚倒.

曰, 作麽生卽是.

師曰, 無作麽生, 亦無可是.

【번역】

어떤 스님이 물었다.

"무엇이 반야입니까?"

선사가 대답했다.

"그대가 반야가 아니라고 의심하는 것을 말해 보십시오."

또 물었다.

"어떻게 하면 견성할 수 있습니까?"

대답하기를, "보는 것, 바로 그것이 본성이다. 왜냐하면 본성이 없으면 볼 수 없기 때문이다."

또 묻기를, "수행이라는 것은 어떤 것입니까?"

선사가 대답했다.

"단지 자신의 본성을 더럽히지만 마십시오. 이것이 수행입니다. 자신을 속이지 않는 것, 이것이 수행입니다. 그래서 생각 그 자체의 큰 작용이 목전에 나타나면 그것이 바로 무등등의 법신 그 자체입니다."

또 묻기를, "본성 중에 악이 있습니까?"

선사가 이르기를, "거기에는 선조차도 定立하지 않습니다."

묻기를, "선도 악도 정립하지 않으면 마음은 어디에서 작용하는 것입니까?"

선사가 이르기를, "마음을 가지고 마음을 부리는 것은 대단히 큰 잘못입니다."

묻기를, "어떻게 하면 좋겠습니까?"

선사가 이르기를, "<어떻게 하면>도 없고, <좋은 것>도 <나쁜 것>도 없습니다."

33. 살생계에 대하여

人問, 有人乘船, 船底刺殺螺蜆. 爲是人受罪, 爲復船當罪.

師曰, 人船兩無心, 罪正在汝. 譬如狂風折樹損命. 無作者, 無受者. 世界之中, 無非衆生受苦處.

【번역】

어떤 사람이 물었다.

"예를 들면 사람이 배를 타고 있는데 배의 밑바닥이 소라나 조개를 찔러 죽였다고 하면 이 사람에게 죄가 있는 것입니까, 아니면 배에 죄가 있는 것입니까?"

선사가 대답했다.

"사람도 배도 모두 마음이 없습니다. 죄는 바로 그대에게 있습니다. 비유하자면 마치 돌풍이 나무를 꺾어서 그 생명을 해쳤다고 할 경우 거기에는 죄를 지은 사람도 없고, 그 피해를 받은 사람도 없는 것과 같습니다. 세계 안에는 중생이 괴로움을 받지 않는 곳이 없습니다."

【注記】

○ 이 단은『절관론』중의 다음 두 가지의 의논과 같은 취지이다. "묻기를, 「어떻게 보살은 非道를 행하여 불도를 통달하는가?」 답하기를, 「선악으로 분별하지 않기 때문이다.」 묻기를, 「무엇이 무분별인가?」 답하기를, 「법에 대하여 마을 일으키지 않는 것이다.」 묻기를, 「작자가 없는가?」 답하기를, 「작자가 있고 없고의 문제가 아니다.」 … 묻기를, 「자주 인연이 있어 살생을 하는가?」 대답하기를, 「산불이 산을 태우고, 맹풍이 나무를 꺾으며, 벼랑이 무너져 짐승이 압사하고, 홍수가 벌레를 표류시킨다. 마음도 이와 같다. 사람조차도 죽인다. 만약 유예심이 있으면 生을 보고 煞을 보며, 중간에 마음이 다하지 않음이 있고, 내지 개미를 죽이는 것도 또한 命業을 묶는다.」(問曰, 云何菩薩行於非道, 爲通達佛道. [答曰,] 善惡無分別也. 問曰, 何謂無分別. 答曰, 於法不生心也. 問曰, 可無作[者]乎. 答曰, 非有無作者也. … 問曰, 叵有因緣得煞生不. 答曰, 野火燒山, 猛風折樹, 崩崖壓獸, 汎水漂蟲, 心同如此. 合人亦煞. 若有猶預之心, 見生見煞, [中有心不]盡, 乃至[煞]蟻子, 亦繫你命也.) →『鈴木大拙全集』<선사상사연구제2>, p.139.

○ **罪正在汝**(죄정재여) : 죄가 있는 곳은 卽物的인 것에는 없고 마음에 있다고 하는 사고방식이다.

○ **無非衆生受苦處**(무비중생수고처) : 중생이 괴로움을 받는 것은 기정사실이다. 그러나 문제는 거기에 있는 것이 아니라 마음을 생기게 하는가, 생기지 않게 하는가에 달려 있다. "보살은 非道를 행하여 불도를 통달한다"고 하는 정신과 통한다.

34. 선문답의 자세

僧問, 未審託情勢, 指境勢, 語默勢, 乃至揚眉動目等勢, 如何得通會於一念間.

師曰, 無有性外事. 用妙者動寂俱妙. 心眞者語默總眞. 會道者行住坐臥是道. 爲迷自性, 萬惑玆生.

又問, 如何是法有宗旨.

師曰, 隨其所立, 卽有衆義. 文殊, 於無住本, 立一切法.

曰, 莫同太虛否.

師曰, 汝怕同太虛否.

曰, 怕.

師曰, 解怕者不同太虛.

又問, 言方不及處, 如何得解.

師曰, 汝今正說時, 疑何處不及.

【번역】

어떤 스님이 물었다.

"도대체 상대의 심정에 입각한 자세, 사물을 가리키는 자세, 말을 하기도 하고 잠잠하게 있기도 하는 자세, 또 눈썹을 치켜 올리기도 하고 눈을 부라리기도 하는 자세 등이 있습니다만 어떻게 이들이 일찰나 사이에 서로 통하는 것을 알 수 있는 것입니까?"

선사가 대답했다.

"그들은 모두 본성 이외의 작용인 것은 아닙니다. 불가사의를 작용이라고 한다면 움직이는 것도 움직이지 않는 것도 불가사의입니다. 마음이 진실하다면 말을 하는 것도 말을 하지 않는 것도 진실입니다. 도를 물건으로 보고 있으면 일상생활이 모두 도입니다. 자신의 본성을 보지 못했기 때문에 모든 미혹이 이로부터 생겨나는 것입니다."

또 물었다.

"法有의 종지라는 것은 어떤 것입니까?"

선사가 대답했다.

"그 세워진 것에 따라서 여러 가지 사고방식이 나옵니다. [『유마경』에 말하기를] 문수여, 어디에도 머무르지 않는 근본으로부터 모든 존재를 낳습니다."

이르기를, "그것은 허공과 같은 것이 아닙니까?"

선사가 대답하기를, "그대는 허공과 같아지는 것이 두렵습니까?"

대답하기를, "두렵습니다."

선사가 이르기를, "두려움을 아는 것은 허공과 같지 않은 것입니다."

또 물었다.

"말로써 미칠 수 없는 곳은 어떻게 하면 이해할 수 있습니까?"

선사가 대답했다.

"그대가 지금 바로 말하고 있을 때 어디가 미치지 않는다고 생각합니까?"

【注記】

○ **託情(탁정)** : 상대의 심정에 응하는 활동을 말한다. 이것 이하는 선문답의 지도적 태도를 여러 가지로 분류하여 말한 것이다.

○ **指境(지경)** : 庭前의 한 그루 꽃이나 栢樹子 등을 가리킨다.

○ **語默(어묵)** : 『제방문인참문어록』제27단 주기 참조

○ **法有宗旨(법유종지)** : 일반적으로 「我空法有」의 종지, 다시 말해서 주관의 我는 空無하지만 객관의 사물은 삼세에 걸쳐서 존재한다고 하는 소승 설일체유부의 설이 이것이다. 그러나 대주는 다른 해석을 하고 있다.

○ **文殊(문수)…** : 『유마경』'관중생품'(『대정장』권14, p.547하)에 이르기를, "묻기를, 무주는 무엇을 근본으로 하는가? 답하기를, 무주는 근본이 없다. 문수사리야, 무주의 근본으로부터 일체법을 세운다(問, 無住孰爲本. 答曰, 無住則無本. 文殊師利, 從無住本, 立一切法.)"는 말이 있다.

○ **太虛(태허)** : 허공을 가리키지만 근원적으로 허무한 것을 말한다.

35. 宿德 10여인과의 문답

有宿德十餘人同問, 經云, 破滅佛法, 未審佛法可破滅否.

師曰, 凡夫外道謂佛法可破滅, 二乘人謂不可破滅. 我正法中, 無此二見. 若論正法, 非但凡夫外道, 未至佛地者, 二乘亦是惡人.

又問, 眞法幻法, 空法非空法, 各有種性否.

師曰, 夫法雖無種性, 應物俱現. 心幻也, 一切俱幻. 若有一法不是幻者, 幻卽有定. 心空也, 一切皆空. 若有一法不空, 空義不立. 迷時人逐法, 悟時法由人. 如森羅萬象, 至空而極, 百川衆流, 至海而極, 一切賢聖, 至佛而極, 十二分經, 五部毘尼, 五圍陀論, 至心而極. 心者是總持之妙本, 萬法之洪源, 亦名大智慧藏, 無住涅槃, 百千萬名, 盡心之異號耳.

又問, 如何是幻.

師曰, 幻無定相. 如旋火輪, 如乾闥婆城, 如機關木人, 如陽焰, 如空華, 俱無實法.

又問, 何名大幻師.

師曰, 心名大幻師, 身爲大幻城, 名相爲大幻衣食. 河沙世界, 無有幻外事. 凡夫不識幻, 處處迷幻業. 聲聞怕幻境, 昧心而入寂. 菩薩識幻法, 達幻體, 不拘一切名相. 佛是大幻師, 轉大幻法輪, 成大幻涅槃. 轉幻生滅, 得不生不滅. 轉河沙穢土, 成清淨法界.

【번역】

덕이 있는 고승 10여인이 함께 물었다.

“경에 이르기를, 「불법을 파괴한다」고 있습니다만 도대체 불법을 파괴할 수 있는 것입니까?”

선사가 대답했다.

“범부나 외도들은 불법을 파괴할 수 있다고 하고, 성문과 연각의 소승인들은 파괴할 수 없다고 합니다. 나의 정법에는 이와 같은 2견은 없습니다. 만약 정법의 입장에서 말한다면 범부나 외도뿐만 아니라 아직 부처의 경지에 이르지 않았다고 하는 점에서 소승인들도 나쁜 사람입니다.”

또 질문하기를, “진실한 법(존재) · 환상의 법 · 공한 법 · 공하지 않는 법 등, 각각에 깨달음을 열 수 있는 종자(소질)가 있는 것입니까?”

선사가 대답했다.

"법(사물)에 깨달음을 열 수 있는 소질이 없을지라도 각각의 사물에 응하여 모두 나타나는 것입니다. 마음은 환상입니다. 따라서 모든 것이 환상입니다. 만약 하나의 법이라도 허환하지 않은 것이 있다면 환상은 實在하는 것이 됩니다. 또 마음은 공합니다. 따라서 일체 모든 것이 공합니다. 만약 하나의 법이라도 공하지 않은 것이 있다고 한다면 공이라고 하는 것은 성립하지 않게 됩니다. 미혹할 때는 사람이 법을 따르지만 깨달았을 때는 법이 사람을 의지합니다. 세상 가운데 존재하는 모든 것은 구극에는 공하며, 모든 내(川)와 흘러가는 물은 구극에는 바다에 있는 것과 같이 일체의 훌륭하고 존경할 만한 사람들은 구극에는 부처가 되며, 일체의 경과 5부의 율과 五論明 등, 그것의 구극은 마음입니다. 마음이라는 것은 다라니의 근본이며, 모든 존재의 큰 근원입니다. 그래서 큰 지혜장이라고도 하고, 무주열반이라고도 합니다. 백 천 가지의 이름은 모두 마음의 異名일 뿐입니다."

또 질문했다.

"환상이라는 것은 어떠한 것입니까?"

선사가 대답했다.

"환상에는 결정된 모습이 없습니다. 마치 빙빙 도는 火輪과 같이, 蜃氣樓와 같이, 실로 조정하는 나무인형과 같이, 아지랭이와 같이, 공화와 같이 모두 실체가 없습니다."

또 묻기를, "위대한 환술사라는 것은 무엇을 말하는 것입니까?"

선사가 대답했다.

"마음을 위대한 환술사라 하고, 몸을 큰 환상의 성이라고 하며, 이름과 형상을 큰 환상의 衣食이라 합니다. 항하사와 같이 무수한 세계에는 환상 밖의 사물은 없습니다. 범부는 환상을 알지 못하여 모든 경우에 환상의 所作에 미혹하며, 소승의 성문은 환상의 현상을 두려워하고 마음을 어둡게 하여 조요한 곳에 자리를 잡고 눌러앉아버립니다. 대승의 보살은 환상의 성질을 알고 환상의 본체를 깨달아 일체의 이름과 형상에 구애되지 않습니다. 부처님은 위대한 환술사이고, 큰 환술의 법륜을 굴리며, 큰 환상의 열반을 이루고, 환상의 생멸을 바꾸어 불생불멸을 얻으며, 항하사와 같이 무수한 예토를 轉回하여 청정한 불법의 세계를 성취합니다."

【注記】

○ **眞法幻法(진법환법)**… : 이하 「盡心之異號耳」까지 『종경록』 권98에 인용되어 있다(『대정장』 권48, p.946중).

○ **若有一法不空(약유일법불공)**… : 『중론』 '觀四諦品'의 제14게(『대정장』 권30, p.33상)에 "공의 뜻이 있기 때문에 일체의 법은 이루어질 수 있다. 만약 공의 뜻이 없다면 일체는 이루어지지 않는다(以有空義故, 一切法得成. 若無空義者, 一切則不成.)"고 한다.

○ **幻(환)** : 일체의 事象에는 실체성이 없고, 단지 환상과 같이 임시로 모양을 現出하고 있는 것에 불과하다는 것을 말하는 것이다. 이 환상에 대해서는 『능가경』 권1과 권2에 자세하게 논하고 있다.

○ **迷時人逐法(미시인축법)** : 달마의 저작이라고 하는 『안심법문』(『대정장』 권48, p.370중)의 구이다. 거기에는 「迷時人逐法, 解時法逐人.」으로 되어 있다.

○ **十二分經(십이분경)** : 일체의 모든 장경.

○ **五部毘尼(오부비니)** : 五部律을 말한다. 즉 법장부의 사분율, 유부의 십송율, 화지부의 오분율, 음광부의 율, 대중부의 마하승지율의 다섯 가지이다. 소승의 대표적인 율.

○ **五圍陀論(오위타론)** : 5베다라고 하는 설도 있지만(宇井伯壽, 岩波文庫本), 5베다라고 하여 나누는 방법은 없고, 베다에 論이라고 하는 말은 이상하다. 지금은 五明論이라고 이해해 두고 싶다. 五明은 다섯 가지 學藝로 聲明・因明・內明・醫方明・工巧明이 있다. 오위타론은 Pañcavidyāsthāni의 번역과 음사의 혼성어이다.

○ **無住涅槃(무주열반)** : 4종 열반 중 하나인 무주처열반이 그 출처라고 생각되지만 여기서는 대주의 독자적인 용법이다. 그러나 「열반의 경지에도 머무르지 않는다」고 하는 의미에 변화는 없다. 『돈오입도요문론』 제4단, 제12단 참조

○ **旋火輪(시화륜)** : 예를 들면 線香의 불 등을 빙빙 돌리면 마치 火輪이 있는 것처럼 보이는 것을 말한다.

○ **乾闥婆城(건달바성)** : 신기루를 가리킨다.

○ **空華(공화)** : 흐릿한 눈으로 하늘을 보면 가물가물하게 보이는 꽃과 같은 것.

○ **法輪(법륜)** : 부처님의 가르침을 전륜성왕이 가지고 있는 輪寶에 비유한 말이다. 부처님이 설법하는 것을 전법륜이라 한다. 중생의 번뇌를 부수며, 一人一所에 머무르지 않고 점차로 교

화하기 때문이다.

○ 穢土(예토) : 번뇌로 더럽혀진 俗世間을 말한다.

36. 법은 언어문자를 초월한 것

僧問, 何故不許誦經, 喚作客語.

師曰, 如鸚鵡只學人言, 不得人意. 經傳佛意, 不得佛意, 而但誦是學語人. 所以不許.

曰, 不可離文字言語, 別有意耶.

師曰, 汝如是說, 亦是學語.

曰, 同是語言, 何偏不許.

師曰, 汝今諦聽, 經有明文, 我所說者義語非文, 衆生說者文語非義. 得意者越於浮言, 悟理者超於文字. 法過語言文字, 何向數句中求. 是以發菩提者, 得意而忘言, 悟理而遺教. 亦猶得魚忘筌, 得兎忘蹄也.

【번역】

어떤 스님이 물었다.

"무엇 때문에 경을 독송하는 것을 허용하지 않으며, 그것을 通譯 등이라고 말씀하십니까?"

선사가 대답했다.

"앵무새는 단지 사람 말의 흉내를 낼 뿐 사람의 마음은 모릅니다. 경은 부처님의 마음을 전할 뿐 부처님의 마음은 알고 있지 않습니다. 그것을 단지 소리만 내어 읽는 것은 말을 흉내내는 사람에 불과합니다. 그러므로 허용하지 않는 것입니다."

질문하기를, "문자와 언어를 떠나서 따로 마음이 있는 것입니까?"

선사가 대답했다.

"그대가 이와 같이 말하는 것도 역시 말을 흉내내는 것입니다."

묻기를, "똑 같은 말인데 어째서 조금도 허용하지 않는 것입니까?"

선사가 대답했다.

"그대는 지금 자세히 들어십시오. 경전에 분명히 쓰여 있습니다. 「내가 설한 것은 근원적인 의미이며, 단순한 문장이 아니다. 중생이 말한 것은 문장의 말뿐이고, 근원적인 의미는 없다」고 합니다. 근원적인 의미를 얻은 사람은 표면적인 말을 초월하고, 진리를 깨달은 사람은 문자를 초월합니다. 법은 언어와 문자를 초월해 있습니다. 그런데 어떻게 분석적인 언구 가운데서 구하려고 하는 것입니까? 그러므로 깨달음을 구하는 사람은 근원적인 의미를 얻으면 말을 잊으며, 진리를 깨달으면 가르침을 잊습니다. 마치 고기를 잡고나면 통발을 잊고, 토끼를 잡고나면 올가미를 잊는 것과 같은 것입니다."

【注記】

○ **客語**(객어) : 통역을 말한다. 단지 기계적으로 사람의 말을 다른 사람에게 전하는 것이기 때문에 그렇게 말한 것일 것이다.

○ **不可離文字言語**(불가리문자언어)… : 여기의 「不可」는 조금 이해하기 어렵다.

○ **經有明文**(경유명문) : 뒤의 두 구는 어떤 경의 글인지 알 수 없다.

○ **筌**(전) : 고기 잡는 漁具(통발)의 하나이다. 가는 대나무를 엮어서 고기를 포획하는 도구이다. 즉 고기를 잡는데 쓰는 竹製의 통발을 말한다.

○ **蹄**(제) : 토끼를 잡는 올가미.

○ **得魚忘筌, 得兎忘蹄**(득어망전, 득토망제) : 『장자』'外物篇'에 「得魚而忘筌」(고기를 잡고나면 통발이 필요 없다)·「得兎而忘蹄」(토끼를 잡고 나면 올무가 필요 없다)·「得意而忘言」(뜻을 얻으면 말이 필요 없다)이라는 말이 있다. 또 王弼의 『周易略例』'明象篇'에 「得象忘言」(모양을 얻으면 말이 필요 없다)·「得意而忘象」(뜻을 얻으면 형상이 필요 없다)이란 말이 있는데 이는 支遁의 「大小品對比要鈔序」에 받아들여지고 있다. 고기를 잡으면 도구인 통발은 잊어버린다고 하는 것은 이는 목적을 달성하면 그것을 위하여 사용한 수단(방편)은 무용한 것이 된다고 하는 비유이다. 蹄도 마찬가지이다.

37. 염불과 정토에 대하여

有法師問, 念佛是有相大乘. 禪師意如何.

師曰, 無相猶非大乘, 何況有相. 經云, 取相凡夫, 隨宜爲說.

又問, 願生淨土. 未審實有淨土否.

師曰, 經云, 欲得淨土, 當淨其心, 隨其心淨, 卽佛土淨. 若心淸淨, 所在之處, 皆爲淨土. 譬如生國王家, 決定紹王業. 發心向佛道, 是生淨佛國. 其心若不淨, 在所生處, 皆是穢土. 淨穢在心, 不在國土.

又問, 每聞說道, 未審何人能見.

師曰, 有慧眼者能見.

曰, 甚樂大乘, 如何學得.

師曰, 悟卽得, 不悟不得.

曰, 如何得悟去.

師曰, 但諦觀.

曰, 似何物.

師曰，無物似.

曰，應是畢竟空.

師曰，空無畢竟.

曰，應是有.

師曰，有而無相.

曰，不悟如何.

師曰，大德自不悟，亦無人相障.

又問，佛法在於三際否.

師曰，見在無相，不在其外. 應用無窮，不在於內. 中間無住處，三際不可得.

曰，此言大混.

師曰，汝正說混之一字時，在內外否.

曰，弟子究檢內外無蹤跡.

師曰，若無蹤跡，明知上來說不混.

曰，如何得作佛.

師曰，是心是佛，是心作佛.

曰，衆生入地獄，佛性入否.

師曰，如今正作惡時，更有善否.

曰，無.

師曰，衆生入地獄，佛性亦如是.

曰, 一切衆生皆有佛性, 如何.

師曰, 作佛用是佛性, 作賊用是賊性. 作衆生用是衆生性. 性無形相, 隨用立名. 經云, 一切賢聖, 皆以無爲法, 而有差別.

【번역】

어떤 법사가 물었다.

"염불은 형상이 있는 대승이라고 합니다만 선사의 의견은 어떠 하십니까?"

선사가 대답했다.

"無相조차도 오히려 대승이 아니거늘 하물며 有相이 대승이겠습니까? 경에도「형상에 집착하는 범부는 그 경우에 따라 설해 준다」고 말하고 있습니다."

또 물었다.

"정토에 태어나기를 원합니다만 도대체 정말로 정토가 있는 것입니까?"

선사가 대답했다.

"경에「국토의 청정을 바란다면 자기의 마음을 청정하게 해야 한다. 마음의 청정함에 의하여 불국토의 청정이 있기 때문이다」고 설하고 있습니다. 만약 마음이 청정하게 되면 거주하는 곳은 모두 정토가 되는 것입니다. 비유하자면 국왕의 집에 태어나게 되면 반드시 왕의 직위를 이어받는 것처럼 보리심을 일으켜 불도에 향하게 되면 반드시 청정한 불국토에 태어나게 될 것입니다. 만약 그 마음이 청정하지 않게 되면 거주하는 곳은 모두 예토가 됩니다. 청정하다든가 청정하지 않다고 하는 것은 모두 마음가짐에 달려있는 것일 뿐 국토에 달려 있는 것은 아닙니다."

또 물었다.

"항상 불도를 말씀하시는 것을 보고 있습니다만 도대체 어떤 사람이 불도를 볼 수 있습니까?"

선사가 대답했다.

"지혜의 눈을 가지 사람이 볼 수 있습니다."

묻기를, "저는 마음으로 대승불교를 매우 좋아합니다만 어떻게 하면 배워 얻을 수 있습니까?"

선사가 대답하기를, "깨달으면 얻을 수 있고, 깨닫지 못하면 얻을 수 없습니다."

질문, "어떻게 하면 깨달음을 얻을 수 있습니까?"

선사가 대답하기를, "단지 확실하게 잘 보는 것입니다."

질문, "그것은 무엇과 비슷합니까?"

대답, "비슷한 것은 아무 것도 없습니다."

질문, "그것이 바로 구극의 공이겠군요."

대답, "공에는 구극이라는 것이 없습니다."

질문, "그렇다면 그것이 바로 有임에 틀림없겠군요."

대답, "有相(작용)이나 無相(본질)입니다."

질문, "깨달을 수 없는 것은 어떻게 된 것입니까?"

대답, "대덕 스스로가 깨닫지 못했을 뿐 아무도 당신을 깨닫지 못하도록 가로막지 않습니다."

또 물었다.

"불법에 삼제가 있습니까?"

선사가 대답했다.

"현재는 무상이기 때문에 밖에는 있지 않습니다. 그 응용은 극히 자유롭기 때문에 안에 있지 않습니다. 중간은 머무를 곳이 없기 때문에 삼제는 얻을 수 없습니다."

질문, "그 설명이 대단히 어지럽습니다."

대답, "지금 어지럽다고 말할 때의 그대는 안에 있습니까, 밖에 있습니까?"

질문, "제자는 안팎을 잘 조사하여 찾아보았지만 흔적도 없습니다."

대답, "흔적이 없다면 지금까지 말한 것이 어지럽지 않은 것이 확실합니다."

또 질문했다.

"어떻게 하면 부처가 될 수 있습니까?"

선사가 대답했다.

"마음이 바로 부처이며, 마음이 부처가 되는 것입니다."

또 묻기를, "중생이 지옥에 들어갈 때 불성도 함께 들어가는 것입니까?"

대답하기를, "지금 마침 악한 짓을 행할 때 거기에 선이 있습니까?"

이르기를, "없습니다."

선사가 말했다.

"중생이 지옥에 들어 갈 때 불성도 또한 이것과 같은 것입니다."

질문, "그러나 모든 중생은 모두 불성이 있다고 합니다만 어떠합니까?"

선사가 이르기를, "부처의 작용을 하는 것이 불성이고, 도적의 작용을 하는 것이 도적이며, 중생의 작용을 하는 것이 중생성입니다. 그러나 성에는 형상이 없습니다. 그 작용에 따라 이름을 세울 뿐입니다. 경에도 말하기를, 「모든 존경할 만한 훌륭한 사람들은 열반의 깨달음을 얻었지만 차별의 세계에 산다」고 합니다."

【注記】

○ **念佛是有相大乘(념불시유상대승)** : 대승은 有相도 無相도 모두 초월한 것이다. 유상대승이라는 말은 불교학에는 없지만 정토는 마음에 있어야만 하기 때문에 염불이 내세에 왕생하고자 하는 것을 선 또는 『유마경』의 입장으로부터 비판한 말이다.

○ **有相 · 無相(유상 · 무상)** : 『돈오입도요문론』 제33단 주기 참조

○ **經云, 取相凡夫(경운, 취상범부)…** : 『제방문인참문어록』 제29단 주기 참조

○ **經云, 欲得淨土(경운, 욕득정토)…** : 『돈오입도요문론』 제2단 주기 참조

○ **三際(삼제)** : 원래는 과거 · 현재 · 미래라는 것이지만 여기서는 대주의 독자적인 해석으로써 외 · 내 · 중간이라는 공간적인 개념으로 슬쩍 바꾸어 각각 無相 · 無窮 · 無住處라고 해설하고 있다.

○ **是心是佛(시심시불)** : 『관무량수경』(『대정장』 권12, p.343상)의

글이다. 그러나 경에는 「是心作佛, 是心是佛.」이라고 한 것처럼 그 순서가 다르다.

○ **衆生入地獄**(중생입지옥) : 『돈오입도요문론』 제33단과 같이 보라.

○ **經云, 一切賢聖**(경운, 일체현성)… : 『금강경』(『대정장』 권8, p.749중)에 "결정된 법을 여래는 설하지 않은 것이다. 왜냐하면 여래가 설한 법은 모두 취할 수도 없고, 설할 수도 없기 때문이다. 법도 아니고 법이 아닌 것도 아니다. 왜냐하면 일체의 현성은 모두 무위법을 얻었지만 차별에 있기 때문이다(無有定法如來可說. 何以故. 如來所說法皆不可取不可說. 非法非非法. 所以者何. 一切賢聖皆以無爲法而有差別.)"고 하는 말이 있다.

38. 법신에 대하여

僧問, 何者是佛.

師曰, 離心之外, 卽無有佛.

曰, 何者是法身.

師曰, 心是法身. 謂能生萬法, 故號法界之身. 起信論云, 所言法者, 謂衆生心. 卽依此心, 顯示摩訶衍義.

又問, 何名有大經卷, 內在一微塵.

師曰, 智慧是經卷. 經云, 有大經卷, 量等三千大千界, 內在一微塵中. 一塵者是一念心塵也. 故云, 一念塵中, 演出河沙偈. 時人自不識.

又問, 何名大義城, 何名大義王.

師曰, 身爲大義城, 心爲大義王. 經云, 多聞者善於義, 不善於言說. 言說生滅, 義不生滅. 義無形相, 在言說之外. 身爲大經卷, 心爲大義王. 若不了了識心者, 不名善義, 只是學語人也.

又問, 般若經云, 度九類衆生, 皆入無餘涅槃. 又云,實無衆生得滅度者, 此兩段經文, 如何通會前後. 人說皆云, 實度衆生, 而不取衆生相. 常疑未決. 請師爲說.

師曰, 九類衆生, 一身具足, 隨造隨成. 是故無明爲卵生, 煩惱包裹爲胎生, 愛水浸潤爲濕生, 倏起煩惱爲化生. 悟卽是佛, 迷號衆生. 菩薩只以念念心爲衆生. 若了念念心體俱空, 名爲度衆生也. 智者於自本際上, 度於未形. 未形旣空. 卽知實無衆生得滅度者.

【번역】

어떤 스님이 물었다.

"어떤 것이 부처입니까?"

선사가 대답했다.

"마음을 떠나서 따로 부처가 없습니다."

묻기를, "무엇이 법신입니까?"

대답하기를, "마음이 법신입니다. 그렇게 말하는 것은 능히 만법을 생기게 할 수 있기 때문에 법계의 몸이라고 합니다. 『대승기신론』에 「이른바 법이라는 것은 중생심을 말한다. 즉 이 마음에 의하여 대승의 의미를 명확하게 보이는 것이다」고 말하고 있습니다."

또 물었다.

"많은 경전이 있지만 그것이 하나의 미진 속에 들어가 있다고 하는 것은 어떠한 뜻입니까?"

선사가 대답했다.

"지혜가 경전이다. 경에도 「많은 경전이 있어서 그 분량이 삼천대천세계와 같은 정도가 있을지라도 그것이 하나의 미진 속에 들어가 있다」고 합니다. 하나의 미진이라는 것은 일찰나의 마음의 티끌입니다. 그러므로 「일찰나의 티끌 속에서 항하사와 같은 무수한 게송이 나온다」고 한 것입니다. 지금 사람들이 알지 못하고 있을 뿐입니다."

또 물었다.

"무엇을 大義城이라 하고, 무엇을 大義王이라고 것입니까?"

선사가 대답했다.

"몸이 대의성이고, 마음이 대의왕입니다. 경에 「많이 들으면 의미와 내용은 잘 알 수 있지만 말로 설명하는 것이 능숙하지 않다」고 말하고 있습니다. 말의 설명은 생멸하지만 의미와 내용은 불생불멸입니다. 의미와 내용은 형상이 없어서 말의 설명 밖에 있습니다. 몸이 많은 경전(大經卷)이고, 마음이 대의왕입니다. 만약 확실하게 마음을 알지 않으면 의미와 내용을 잘 알고 있다고 말할 수 없고, 단지 말을 흉내내는 사람에 불과할 뿐입니다."

또 물었다.

"『반야경』에 이르기를, 「아홉 종류의 중생을 구제하여 모두 괴로움이 없는 영원한 평안의 경지로 이끈다」고 하고, 또 이르기를, 「실제로 어느 누구도 구제된 사람이 없다」고 합니다. 이 二段의 경문을 어떻게 통일하여 이해하면 좋겠습니까? 사람들은 모두 다음과 같이 설명합니다. 「실제로 중생을 제도하면서도 더구나 중생의 상을 설정하지 않는다」고 합니다. 그러나 저는 아무래도 의심스러워 이해할 수 없습니다. 부디 선사께서 저를 위하여 설명해 주십시오."

선사가 대답했다.

"아홉 종류의 중생이 모두 우리의 한 몸에 구족하고 있어서 그것에 의하여 만들어지고 성립하고 있습니다. 그러므로 무명을 난생이라 하고, 번뇌의 덩어리를 태생이라 하며, 愛水의 윤택을 습생이라 하고, 문득 번뇌를 일으키는 것을 화생이라 합니다. 깨달으면 부처이고, 미혹하면 중생이라 합니다. 보살은 다만 찰나찰나의 마음에 있어서는 중생입니다. 만약 찰나찰나의 마음의 본체가 공한 것을 확실하게 알면 중생을 구제한다고 합니다. 지혜가 있는 사람은 자신의 깨달음의 경계에 의하여 아직 나타나지 않는 것을 구제합니다. 아직 나타나지 않는 것은 공하기 때문에 그 결과 「실제로 중생의 어느 누구도 구제된 사람이 없다」고 이해한 것입니다."

【注記】

○ **起信論云**(기신론운)… : 『대승기신론』(『대정장』 권32, p.575하)에 "이른바 법이라는 것은 중생심을 말한다. 이 마음은 곧 일체의 세간법과 출세간법을 포섭하거니와 이 마음에 의하여 마하연의 뜻을 현시하기도 한다. 왜냐하면 이 마음의 진여상은 곧 마하연의 본체를 보이기 때문이다. 이 마음의 생멸인연의 모습은 능히 마하연 자체의 체와 상과 용을 보이기 때문이다(所言法者, 謂衆生心. 是心則攝一切世間法出世間法, 依於此

心顯示摩訶衍義. 何以故. 是心眞如相, 卽示摩訶衍體故. 是心生滅因緣相, 能示摩訶衍自體相用故.)"고 한다. →(암파문고본, p.12).

○ **經云, 有大經卷(경운, 유대경권)**… : 『화엄경』(『대정장』 권9, p.624상)에 "저 삼천대천세계과 같은 경권이 하나의 미진 안에 있다. 일체의 미진도 이와 같다(彼三千大千世界等經卷, 在一微塵內. 一切微塵亦復如是.)"고 한다.

○ **經云, 多聞者善於義(경운, 다문자선어의)**… : 어떤 경인지 출전을 알 수 없다.

○ **不善於言說(불선어언설)** : 원문에는 「善」자가 「義」로 되어 있다. 宇井伯壽의 교정에 의거하여 고친다.

○ **般若經云(반야경운)** : 『금강경』에 나온다(암파문고본, p.44). 9류라는 것은 알에서 태어난 것(난생), 모태에서 태어난 것(태생), 습기에서 태어난 것(습생), 다른 것으로부터 태어나지 않고 스스로 태어나는 것(화생), 모양이 있는 것(有色), 모양이 없는 것(無色), 表象作用이 있는 것(有想), 표상작용이 없는 것(無想), 표상작용이 있는 것도 아니고, 없는 것도 아닌 것(非有想, 非無想)을 말한다.

○ **愛水(애수)** : 애욕의 정에 의하여 유출하는 水液, 唾液, 눈물 등을 말한다.

○ **本際(본제)** : 眞際, 實際라고도 한다. 근본궁극의 진실한 邊際(끝)의 뜻. 진여나 열반을 가리킨다.

○ **未形(미형)** : 『漢書』<五被傳>에 "귀가 밝은 사람은 無聲을 듣고 눈이 밝은 사람은 未形을 본다"는 말이 있다. 아직 형상으로 나타나지 않은 것을 이른다.

○ **實無衆生得滅度者(실무중생득멸도자)** : 이 말은 『금강경』(『대정장』권8, p.749상)에 나오는 것이다. 선불교에서 이 말이 최초로 등장하는 곳은 신회의 『남양화상문답잡징의』의 「師資血脈傳」, '제3대 璨禪師傳'에 승찬이 『금강경』에 의지하여 여래의 지견을 설하자 도신은 말끝에 「實無衆生得滅度者」라는 말을 깨달았다고 한다. 사실 『금강경』의 이 말에 최초로 주목한 사람은 신회이다.

39. 언어와 마음

僧問, 言語是心否.

師曰, 言語是緣, 不是心.

曰, 離緣何者是心.

師曰, 離言語無心.

曰, 離言語旣無心, 若爲是心.

師曰, 心無形相, 非離言語, 非不離言語, 心常湛然, 應用自在.

祖師云, 若了心非心, 始解心心法.

【번역】

어떤 스님이 물었다.

"말이 마음입니까?"

선사가 대답했다.

"말은 緣일뿐 마음은 아닙니다."

질문, "연을 떠나서 도대체 무엇이 마음입니까?"

대답, "말을 떠나서 마음은 없습니다."

질문, "말을 떠나서 마음이 없다면 무엇이 마음입니까?"

대답, "마음에는 형상이 없습니다. 말을 떠나 있는 것도 아니고, 말을 떠나 있지 않은 것도 아닙니다. 마음은 언제나 고요하며, 더구나 사물에 응하여 생각하는 대로 작용합니다. 조사가 이르기를, 「만약 마음이 곧 마음이 아니라는 것을 확실하게 알면 비로소 마음의 본래 모습을 안다」고 말하고 있습니다."

【注記】

○ **緣(연)** : 좁은 의미에서는 결과를 야기하기 위한 직접적 내적 원인을 인이라고 하는데 대하여 이것을 밖에서 도우는 간접적인 원인을 연이라고 하지만 넓은 의미에서는 양쪽을 합하여 인이라고도 연이라고도 한다.

○ **祖師云(조사운)** : 인도에 있어서 선종의 제6조 彌遮迦尊者의 전법게 후반이다(『경덕전등록』 권1 →『대정장』 권51, p.208중). "마음이 없어서 얻을 것이 없고, 얻는다고 말하는 것은 법이라고 이름붙일 수 없다. 만약 마음이 곧 마음이 아닌 줄 알면 비로소 마음의 본래모습을 안다(無心無可得, 說得不名法. 若了心非心, 始解心心法)."

40. 정혜일체

僧問, 如何是定慧等學.

師曰, 定是體, 慧是用, 從定起慧, 從慧歸定. 如水與波, 一體更無前後. 名定慧等學. 夫出家兒, 莫尋言逐語, 行住坐臥, 並是汝性用. 什麽處與道不相應. 且自一時休歇去. 若不隨外境之風, 性水常自湛湛無事. 珍重.

【번역】

어떤 스님이 물었다.

"어떤 것이 선정과 지혜를 평등하게 배우는 것입니까?"

선사가 대답했다.

"선정이 본체이고, 지혜는 그것의 작용입니다. 선정에서 지혜가 일어나고 지혜에서 선정으로 돌아가는 것입니다. 마치 물과 물결과 같이 일체이어서 앞뒤의 관계가 성립하지 않습니다. 그렇기 때문에 <선정과 지혜를 평등하게 배운다>고 하는 것입니다.

대개 출가라고 하는 것은 말을 찾아 추구해서는 안 됩니다. 일상생활의 모두가 여러분 본성의 작용인 것입니다. 어디인들 도와 일치하지 않겠습니까? 단번에 [추구하는 것을] 모두 그만두어 버려라. 만약 외부로부터의 8풍에 따르지 않으면 여러분의 본성은 물결 하나 일어나지 않는 물과 같이 조용하게 자리잡아 무사할 것입니다. 몸조심 하세요."

【注記】

○ **定慧等學**(정혜등학) : 『열반경』 권30 '師子吼菩薩品'(『대정장』 권12, p.547상)에 "제불세존은 선정과 지혜가 평등하기 때문에 명확하게 불성을 본다(諸佛世尊, 定慧等故, 明見佛性.)"고 하는 말이 있다. 돈황본 『육조단경』 제13단에 "여러분, 남종돈교의 최상대승 법문에서는 선정과 지혜로써 근본을 삼는다. 어리석어 알지도 못하면서 선정과 지혜가 다르다고 말해서는 절대 안 된다. 선정과 지혜의 본체는 하나이지 둘이 아니다. 다시 말해서 선정은 지혜의 본체이고 지혜는 선정의 작용인 것이다. 즉 지혜가 작용할 때 선정은 지혜에 있으며, 선정의 상태에 있을 때 지혜는 선정에 있는 것이다. 여러분, 이러한 의미가 바로 선정과 지혜가 평등한 것이다(善知識, 我此法門, 以定惠爲本. 第一勿迷言惠定別. 定惠體一不二. 卽定是惠體, 卽惠是定用. 卽惠之時定在惠, 卽定之時惠在定. 善知識, 此義卽是[定]惠等.)"고 한 것이 있고, 또 『신회어록』에도 "선정에 들어 있을 때를 이름하여 지혜의 본체라 하고, 지혜가 發現될 때가 바로 선정의 작용이다. 入定해 있을 때 지혜와 다르지 않고, 지혜가 발현될 때 선정과 다르지 않다. 선정에 들어 있을 때가 바로

지혜가 발현되는 때이고, 지혜가 발현될 때가 바로 선정에 들어 있는 때이다. 선정에 들어 있을 때도 선정에 들어 있다는 생각도 없고, 지혜가 발현될 때 지혜가 발현된다는 생각도 없다. 왜냐하면 본성 그 자체가 如如하기 때문이며, 그래서 선정과 지혜는 같다고 하는 것이다(卽定之時, 名爲慧體, 卽慧之時, 卽是定用. 卽定之時不異慧, 卽慧之時不異定. 卽定之時卽是慧, 卽慧之時卽是定. 卽定之時無有定, 卽慧之時無有慧. 何以故, 性自如故, 是名定慧等學.)"고 한다.

○ **若不隨外境風, 性水常自湛湛無事**(약불수외경풍, 성수상자담담무사) : 이 발상은 『기신론』(『대정장』 권32, p.576하)에 "마치 큰 바다의 물이 바람에 의하여 파도가 일어날 때 물의 모양과 바람의 모양은 서로 떨어지지 않지만 물은 움직이는 성질이 아니어서 만약 바람이 그치면 움직이는 모양(물결)은 소멸할지라도 습성은 없어지지 않는 것과 같다. 이와 같이 중생의 자성청정의 마음도 무명의 바람으로 인하여 움직일 때 마음과 무명이 모두 형상이 없어서 서로 떨어지지 않지만 마음은 움직이는 성질이 아니어서 만약 무명이 없어지면 상속하는 것은 곧 소멸하지만 지혜의 본성은 소멸하지 않는다(如大海水因風波動, 水相風相不相捨離. 而水非動性, 若風止滅動相則滅, 濕性不壞故. 如是衆生自性淸淨心, 因無明風動, 心與無明俱無形相不相捨離. 而心非動性, 若無明滅相續則滅, 智性不壞故.)"고 한 것에 의거한 것이다.

『諸方門人參問語錄』 終

妙叶由來書

昔披閱祖燈, 至大珠和尙傳云有頓悟入道要門論一卷. 思仰之久, 未如所願. 後於洪武己酉歲, 從壞篋中, 得一故册. 信手展卷, 隨覽數分, 如熱得涼. 踊躍歡喜, 不能自勝, 方視其首, 卽斯論也. 復詳披究, 見其義理, 質直詣實, 如飮醍醐, 如得至寶. 後較他錄, 得無差謬. 所願旣獲, 不敢私秘. 願與一切衆生, 同霑法味. 復綴諸宗所問語錄一卷於後, 略分上下, 共成一册, 並達磨大師安心法門, 附於卷末, 總名曰頓悟要門. 謹捐布帛, 命工繡梓, 垂於不朽, 流布十方, 使天下學佛之士, 各各了知正修行路. 不墮邪見, 頓悟自心, 咸開佛慧, 實叶之所志願矣.

洪武七年歲在甲寅春三月丙戌日

比丘妙叶焚香稽首拜題

【번역】

이전에 조사들의 전등록을 拜見할 때 대주화상전에 「돈오입도요문론」이라는 1권의 저술이 있다고 말하고 있었다. 이후 그것을 배견하고 싶은 생각과 영원히 마음에 간직하고 싶었지만 그 소원은 좀처럼 실현되지 않았다. 훗날 홍무2년(1369)에 부서진 상자 속에서 일책의 고본이 나왔다. 훨훨 넘기면서 5, 6분 정도 계속해서 읽어 가는 중에 마치 더운 날에 서늘한 바람을 만난 것 같은 마음이 솟구쳐 올라 뛰어 오르듯이 기뻐서 그것을 다 억누를 수 없을 정도였다. 거기에서 수부를 보자마자 확실히 이 논이었음을 알 수 있었다. 또 상세하게 그 내용과 의미를 조사해 보니 소박하고 조예가 깊어서 마치 제호를 마신 것 같았고, 無上의 보배를 얻은 것 같은 기분이 들었다. 그 후 다른 어록과 비교해 보고 틀림없이 이 책이라는 것을 확인했다. 소원이 이루어진 이상 감히 이것을 사유물로 숨겨 둘 수 없었다. 세상의 모든 중생과 함께 이 법의 제호미에 잠기고 싶은 소원으로 여러 종파의 사람들과 문답한 기록 1권을 뒤에 첨가하여 대충 상하 2권으로 나누어 그것을 1책으로 만들었다. 또 달마대사의 「안심법문」을 권말에 첨부하여 전체를 『돈오요문』이라고 題名했다. 거기서 삼가 자금을 거두어 職人에게 명령하여 판에 세기도록 했다. 그렇게 한 이유는 말대에 영구히 전하여 널리 세간에 퍼지게 하고, 천하의 불교학도 한 사람 한 사람에게 바른 수행의 길을 깨닫게 하며, 잘못된 사고에 떨어지지 않고, 자기 자신의 마음을 돈오하여 모두 부처의 지혜를 열어 주기 위함이다. 이것이 진정 내가 염원하는 바인 것이다.

홍무7년(1374) 갑인년, 춘삼월, 병술일,

비구 묘협이 향을 피워 예배하고 삼가 적다.

【注記】

○ **洪武己酉(홍무기유)** : 홍무2년, 1367년이다.

○ **醍醐(제호)** : 5味의 하나이다. 우유에서 만든 맛 중에 가장 뛰어나다. 『열반경』권14(『대정장』권12, p.539중)에 부처님의 교설에는 廣說로부터 요약에 이르기까지 다섯 단계가 있다는 것을 우유를 정제하여 酪(치즈) 등을 생기게 하는 순서를 모방하여 乳・酪・生酥・熟酥・醍醐의 5味와 같다고 설한다.

○ **布帛(포백)** : 베와 견직물의 총칭, 화폐가치가 높은 것으로 옛날에는 通貨 대신 사용되었다. 여기서는 자금을 의미한다.

○ **繡梓(수재)** : 문서를 板에 아름답게 조각하는 것. 梓本에 새긴 書版, 전하여 책을 출판하는 것을 이른다.

後序

曩閱傳燈錄, 至大珠海禪師, 自初見馬祖, 及接人機語, 以至泛應諸宗所問, 使之結舌喪氣, 心悅誠服, 處未嘗不爲之慶快而不已. 蓋師之言, 一本於經律論之要旨, 而卽事卽理, 全體全用, 以發明向上一機, 殺活予奪, 縱橫逆順, 無不合轍而還源也. 所撰頓悟入道要門論, 昔旣盛行, 年來殊不多見. 近四明比丘妙叶來言, 嘗得此論洎他語共一編於弊篋斷簡中, 寧敢私淑, 樂與叢林共之. 輒罄己長, 俾工復鋟諸梓, 願一言識其後, 且出新板之文. 自一至六凡葉以示. 然嘗鼎一臠, 又何待覩其全書. 噫, 大珠此編, 語言文字耶非耶, 謂其語言文字, 則道非語言文字, 謂其非語言文字, 而三藏之文了了在目. 與此老胸襟流出者, 融會貫攝, 羅列而前陳, 其間或自謂我不會禪, 並無一法可示於人. 看他此等語, 直是作賊人心虛, 盡情抖擻不下. 所以今日不免被人再加塗抹. 後之覽者, 若於馬祖所謂大珠圓明光透,自在無遮障處, 當下著得精彩, 則隨色摩尼, 人人無不具足. 其或未然, 滯殼迷封, 有甚麽數. 具頂門眼者, 試爲辨取.

洪武六年歲在癸丑秋九月望日

前龍河比丘萬金書

【번역】

이전에『전등록』을 읽었을 때 대주혜해선사의 이야기에 이르러 스님이 처음 마조대사를 만났을 때의 일로부터 사람을 접인함에 있어서 특별히 啓發的인 말이나 또 다른 종파의 사람들의 질문을 하나하나 받아들여 그들의 입을 다물게 하여 의기소심시키거나 敬服感歎시키기도 한 이야기 등을 접하게 되면 실로 흔쾌하기 짝이 없는 기분이 들었다. 생각건대 선사의 말은 모두 경・율・론의 중요한 부분을 근거로 하여 현실에 대응하고, 理法에 입각하면서 모든 정신의 전면적 발휘에 의하여 새로운 전진을 향한 계기를 개발해 주며, 죽이기도 하고 살리기도 하며, 주기도 하고 빼앗기도 하며, 종횡, 순역 모두 본분사에 필적하여 근원의 도리에 귀착하지 않는 것이 없다. 그 찬술된『돈오입도요문론』은 옛날에 성대하게 읽혀졌지만 근래는 전혀 보이지 않게 되었다. 지난날 四明의 翠山 스님 妙叶이 와서「이 논과 다른 어록과를 합하여 1책으로 만든 것이 낡아서 망가진 상자 속에서 조각난 문서와 함께 나왔습니다. 나만의 보물로 하는 것은 아까워 널리 선림의 사람들과 함께 은혜를 입고 싶다고 생각하여 즉시 저의 생활비를 전부 털어 職人에게 명령하여 판본에 새기도록 했습니다. 아무쪼록 한마디, 後序를 부탁합니다」라고 말해서 인쇄한 본문의 1에서부터 6까지의 6매만을 꺼내어 봐 주었다. 그러나 솥 안의 고기를 전부 맛본 것만으로 충분하여 책 전체를 볼 필요가 없었다. 아 ―, 대주선사의 이 어록은 과연 말인 것인가? 말이 아니라고 한다면 그러나 실제로 일체경의 글이 제대로 존재하고 있고, 이 노사의 흉중에서 흘러나온 것과 혼연일체가 되어 서로 관통하고 통일되어 날씬하게 책의 모양으로 나열되고 있다. 때로 스님은 스스로 「나는 선을 모른다」라든가 「어떤 하나의 법도 사람에게 보일만한 것이 없다」고 말했다. 보라! 이들의 말은 참으로 <도둑질을 하는 사람은 마음이 여기에 있지 않다>고 말하는 것이며, 그러한 心境은 아무리 심혈을 다해도 떨어뜨릴 수 없는 것이다. 그렇기 때문에 오늘 나와 같은 인간에게 장황한 말을 늘어놓는 형편이 된 것이다. 후세 이것을 읽는 사람들이 만약 마조가 대주를 비평하여 말한 「큰 진주가 圓明하여 그 빛이 제 마음대로 통하고, 자유자재로 차단되는 곳이 없다」고 한 점에 대하여 정확히 훌륭한 이해를 할 수 있었다면 그러한 보주가 한 사람 한 사람에게 모두 갖추어지게 될 것이다. 만약 그렇지 않으면 완전히 두문불출하여 갈피를 못 잡고 성불할 전망도 없을 것이다. 頂門의 눈을 갖추고 있는 사람이라면 그 곳을 간파하여 보는 것이 좋다.

홍무6년(1373) 계축, 가을 9월 15일,

전 용하사의 비구 만금이 쓰다.

【注記】

○ **長**(장) : 자양분의 저축, 생활비를 의미한다. 「罄己長」으로 「자기가 저축한 것을 전부 털어」라는 뜻이다.

○ **賊人心虛**(적인심허) : 속어이다. 도둑질을 하는 인간은 마음이 안절부절하여 끝이 없다는 의미이다.

○ **盡情**(진정) : 마음이 하고 싶은 대로 마음껏.

○ 抖擻(두수) : 「흔들어 떼다, 뿌리치다」, 번뇌 등을 털어서 떨어뜨리는 것.

○ **隨色摩尼**(수색마니) : 마니보주는 색을 가지지 않고, 대하는 사물의 색에 따라서 색상을 바꾼다고 한다.

○ **數**(수) : 가망, 가능성.

○ **頂門眼**(정문안) : 摩醯首羅天에 三眼이 있는데 그 세로의 한 눈을 말한다. 보통의 시야를 뛰어넘은 것을 보는 눈.

<부록>

『제방문인참문어록』 제11단, 제35단의 각 주기에 보인 『종경록』의 인용문은 해설에서도 이미 언급한 것처럼 현재의 『돈오입도요문론』에 없는 부분을 포함하고 있어서 귀중한 자료이기 때문에 여기에 원문을 게재해 둔다. 또 같은 口繪(본 譯書에는 없음)와 해설에 보인 금택문고본의 『돈오입도요문론』의 서문도 유포본에는 없는 극히 중요한 자료이기 때문에 여기에 병기해 두었다.

○ 『종경록』 권98로부터

大珠和尙云, 心性無形, 卽是微妙法身. 心性體空, 卽是虛空無邊身. 示行莊嚴, 卽是功德法身. 此法身是萬化之本. 隨處立名, 智用無盡, 是無盡藏.

問, 何者是法身.

答, 心能生恒沙萬法, 故號法家之身. 經云, 一念心塵中, 演出恒沙偈, 時人自不識.

問, 眞法幻法, 各有種性不.

答, 佛法無種, 應物而現. 若心眞也, 一切皆眞. 若有一法不眞, 眞義則不圓. 若心幻也, 一切皆幻. 若有一法不是幻, 幻法則有定. 若心空也, 一切皆空. 若有

一法不空，空義則不圓．迷時人逐法，悟罷法由人．森羅萬像，至空而極．百川衆流，至海而極．一切賢聖，至佛而極．十二部經，五部毘尼，四圍陀論，至心而極．心是總持都院，萬法之原．亦是大智慧藏，無住涅槃，百千名號，皆是心之異名．(『대정장』권48, p.946중)

【번역】

대주화상이 말했다.

"심성은 형상이 없는 것, 이것이 곧 미묘하여 알기 어려운 법신이다. 마음의 본성도 형상도 그 실질은 공하다고 하는 것, 이것이 바로 허공에 편만한 법신이다. 모든 행으로 아름답게 장엄한 것, 이것이 많은 행의 공덕을 쌓아 태어난 법신이다. 이와 같은 법신은 모든 교화의 근본이다. 그 때 그 때에 따라서 이름을 짓는다. 예를 들면 그 지혜의 작용이 다하지 않는 점에서 <무진장>이라 한다."

질문, "무엇이 법신인가?"

대답, "마음은 항하사와 같이 무수한 법을 생기게 하기 때문에 법신이라고 한다. 그렇기 때문에 경에 이르기를, 「일찰나의 티끌 속에서 항하사와 같은 무수한 게송이 나온다」고 한 것이다. 지금 사람들이 그 사실을 알지 못하고 있을 뿐이다."

질문, "진실한 법(존재)과 환상의 법 등에 각각 깨달음을 열 수 있는 종자(소질)가 있는가?"

대답, "불법에 깨달음을 열 수 있는 소질이 없을지라도 각각의 사물에 응하여 모두 나타난다. 만약 마음이 진실하면 일체가 모두 진실하다. 만약 하나의 법이라도 진실하지 않으면 참된 뜻은 원만히 드러나지 않는다. 만약 마음이 환상이라면 일체가 모두 환상이다. 만약 하나의 법이라도 허환하지 않은 것이 있다면 환상은 實在하는 것이다. 만약 마음이 공하다면 일체 모든 것이 공하다. 만약 하나의 법이라도 공하지 않은 것이 있다면 공이라고 하는 것은 성립하지 않게 된다. 미혹할 때는 사람이 법을 따르지만 깨달았을 때는 법이 사람을 의지한다. 세상 가운데 존재하는 모든 것은 구극에는 공하다. 모든 내(川)와 흘러가는 물은 구극에는 바다에 있다. 일체의 훌륭하고 존경할 만한 사람들은 구극에는 부처가 된다. 일체의 경과 5부의 율과 사위타론 등, 그것의 구극은 마음이다. 마음이라는 것은 다라니의 근본이며, 모든 존재의 큰 근원이다. 또 큰 지혜장이며, 무주열반이다. 백천 가지의 이름은 모두 마음의 異名일 뿐이다."

○ 金澤文庫本『頓悟入道要門論』의 序文

頓悟入道要門論

建安魏信刊

唐沙門 慧海撰

夫學道者,[①] 須知用定慧是出世要宗, 而不勤修, 是眞聾俗. 只如妙道, 豈有多聞. 但解一而千從. 若迷一而萬惑, 欲求超三界, 豈越頓悟之門. 直示卽色卽空, 唯論卽凡卽聖. 吾說空者, 卽不以空爲空. 吾說聖者, 不以聖爲聖, 乃至見定證淨等亦然也. 說皆以無二性而成理, 亦無無二性也. 竊見世間學者, 多墮二迷, 不能了達是非, 遂乃長淪生死. 今集此論, 以度有緣, 令執滯者, 發廻向心, 使邪見者, 卽歸正見. 此論不傳無信, 唯傳決定之人, 是非悋法不傳, 恐淺智聞之, 招謗法之咎. 必須擇人, 不可槪耳. 若是不相應者, 千金不示, 父子不傳. 若有相應者, 卽立而付. 要須徒師口訣, 不便可錯解,[②] 用之無功. 若差之毫釐, 卽失之千里, 此非謬言也.

【校記】

① 원문은「夫學者道」로 되어 있지만 의미에 따라서 고쳤다.

② 이 구 이대로는 뜻이 성립되지 않지만 지금 원문에 따라 그대로 둔다.

찾아 보기

【가】

【나】

【다】

【 마】

【 바】

【 사】

【 아】

【 자】

【차】

【 카】

【 타】

【 파】

지은이 소개

活空 唯眞

1986년 동국대학교 영어영문학과 졸업

1987년 해인사에서 득도

1992년 해인사 승가대학 대교과 졸업

1996년 동국대학교 대학원 불교학과 석·박사과정 졸업 철학박사

현 재 동국대학교 선학과 교수

著 書 : 『돈황본 육조단경 연구』 『돈오입도요문론 연구』
『윤회의 주체와 실상』 『번뇌장·소지장의 연구』

論 文 : 「하택신회의 선사상연구」「남종선의 三學一體연구」「신회어록상에 나타난 반야사상」「하택신회의 북종선 비판」「남종선의 실천구조와 수행방법」「돈황본 육조단경의 실천사상」「無念에 대한 고찰」「유마경의 반야사상을 의용한 신회의 선사상」「신회와 혜능의 삼무관에 대하여」「혜능이 선학에 준 공과」「말나식의 성립과 현대적 의미」「신수와 혜능의 득법게에 대하여」「돈황본 <단경>상의 心病에 대하여」 외 다수

頓 悟 入 道 要 門 論

불기 2551(2007)년 4월 10일 초 판 발행

불기 2553(2009)년 3월 20일 증보판 발행

지은이 정 유 진

펴낸이 이 규 택

펴낸곳 경 서 원

110-170 서울시 종로구 견지동 55-2

등록번호 제 1-37호 (1980. 7. 22)

☎ 편집부 02) 733-3345
영업부 02) 733-3346
전 송 02) 722-7787

ISBN 978-89-92062-37-4

파본은 바꾸어 드립니다. 값 30,000 원